Q&A 中小企業事業承継のすべて

― そのときあわてないための73問 ―

弁護士 福原哲晃 [監修]
中小企業事業承継・実務研究会 [編]

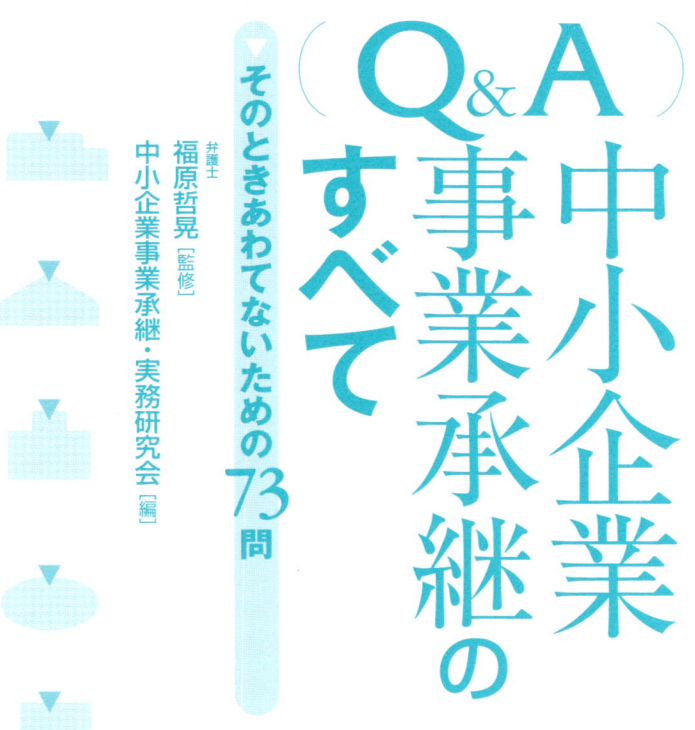

発行 民事法研究会

本書を強くお薦めします

　わが国の製造業には、平成18年12月末現在で約48万の工場があり、そのうち従業者300人未満の工場は全事業所の99.3%、全従業者数の71.8%、製造品出荷額全体の48.2%を占めています。大量生産型企業が支配的な製造業においてさえこの状況ですから、流通業やサービス業においてはそのほとんどが中小規模の事業所が占めるとみられます。このように中小企業はまさにわが国経済を支えている事業所であるわけですが、その貢献はこれらの量的指標が示すものを超えて、中小企業経営が生み出した企業文化（家族的雰囲気での労使の協調、技術やノウハウの継承・開発での企業努力から生まれる企業に対する忠誠心と仕事に対する誇り）にあると考えられます。というのは、この企業文化こそが安くてしかも良質な製品を生み出す源泉としてアメリカの識者（たとえばエズラ・F・ヴォーゲル）が称賛し、かつ恐れていたものだからです。

　しかし、市場のグローバル化や規制の緩和・撤廃によって、世界のどこにおいても企業の経営環境が厳しさを増してきている折しも、わが国では中小企業の経営者の高齢化を迎え、その事業を誰に承継させるのか、事業承継の問題がクローズアップされるところとなりました。世界に誇れる中小企業経営の文化をもつわが国としては、中小企業の火を消すようなことがあってはなりません。そのために官民あげて最善の努力をすることが必要です。

　ところで、中小企業における事業承継は、会社法や相続などの法律面、相続税や贈与税などの税務面、さらには企業や個人の有する不動産の評価や株式の評価、登記の整備、社会保険の適用、そして何よりも承継者の中小企業経営者としての育成、教育など、さまざまな問題を抱えたるつぼといえます。そのため、なるべく早い段階から時間をかけてこれに対応する必要があります。

　このため、わが国では、平成20年5月には「経営承継円滑化法（中小企業における経営の承継の円滑化に関する法律）」が成立し、また平成21年4月には

本書を強くお薦めします

経営承継円滑化法改正施行規則、改正税法などが施行され、
　(1)　相続税・贈与税の納税猶予制度（事業承継税制）
　(2)　民法の遺留分に関する特例
などの支援策が整備されました。しかしこれらには、当事者についてかなり厳しい限定がなされていること、またその手続が煩雑であることなどから、使い勝手がよくないとの声も上がっていました。そのため本年度（平成25年度）では、税制の改革がなされ、経営承継円滑化法施行規則の一部が改正されて、上記の問題は少しずつ解消されるところとなりました。

　本書は、以上のような認識の上に立って、大阪の弁護士、公認会計士、税理士、不動産鑑定士、司法書士、社会保険労務士などの各分野の専門家から成るグループが、具体的に大阪の中小企業を念頭において「事業承継」に関して論議してきた結果生まれたものです。

　本書の特色を一口でいえば、
　(1)　第1部で想定的に具体的な事例（夢咲家の場合）を設定したうえで、中小企業の事業承継にかかわるあらゆる面の問題を網羅して解説していること
　(2)　第2部では、各問題についてQ&Aの形式で問題の核心についての簡潔な解答とその一般的な解説を行ったうえで、夢咲家の場合に当てはめた解説を加えているので、読者としてなお一層よく理解して納得できること
　(3)　前記平成25年度の改正に対応した最新の実務書であること
といえるでしょう。

　今から事業承継に取り組もうとされる企業経営者だけでなく、法律実務家にもぜひお薦めしたい書物です。

　平成25年12月

神戸大学名誉教授　　大野　喜久之輔

序　文

　わが国の、中でも中小企業の町といわれている大阪の経済を支えてきたのは、まさしく数多（あまた）の中小企業です。これらの中小企業の大半はいわゆる同族会社ですが、近年、経営者が高齢化する一方で、経営や労働に対する人々の考え方も変化し、事業を誰に承継するのか、さらにはそもそも事業を承継する者がいるのか、といった問題が懸念されています。

　そのようなときに、弁護士、公認会計士、税理士、不動産鑑定士、司法書士、社会保険労務士などの各分野における専門家が集まって、大阪の中小企業を念頭において「事業承継」に関する研究会「中小企業事業承継・実務研究会」が立ち上がりました。

　中小企業の経営者は、ついつい相続税や贈与税などの「税金」に関心がいきがちですが、事業の承継にあたっては会社法や相続、債務の保証など、法律の仕組みを正しく押えておく必要があります。さらには、企業や経営者個人が有する不動産の評価や株式の評価にも目を配る必要があります。登記の整備や、社会保険への対応も欠かせません。もちろん、事業を承継する者の育成、教育には、相当の時間がかかることはいうまでもありません。これらの点を考慮に入れて、長期間のスケジュールを組んだうえで早い段階から対応する必要があります。その結果、事業の承継そのものを断念することも考えなければなりません。

　研究会では、メンバーの専門分野を活かして、長時間にわたり活発に議論してきました。大阪の中小企業経営者を念頭におきながら、具体的な事例を想定したうえで、より実務に近い議論をめざしました。

　本書は、このような議論をもとにして、中小企業の事業承継にかかわるあらゆる面を網羅して解説したものです。平成25年度の税制改革や経営承継円滑化法施行規則の一部改正も取り入れ、アップ・トゥ・デートな実務書として、まさに今から事業承継に取り組もうとされる企業の方はもちろんのこと、法律実務家の方々にもお役に立つことができれば幸いです。

序　文

　本書の発刊にあたっては、企画段階より出版に至るまで長時間が経過し、この間各方面の方々にご迷惑をおかけし、また多くの御教示をいただきました。特に、辛抱強く出版の労をとっていただきました民事法研究会の山田政弘氏に対して心から感謝申し上げます。

　平成25年12月

中小企業事業承継・実務研究会代表　弁護士　福原　哲晃

目　次

第1部　事例編

- ある朝のこと ———————————————————— *2*
- ストーリーの前提 ——————————————————— *6*
- 対策を講じていなかったら？ ————————————— *7*
- 資産状況 ——————————————————————— *10*

第2部　Q&A

第1章　法律関係

1　経営の承継

Q1　私は、自分の事業（会社）を自分の代で終わらせるのではなく、何とか継いでもらいたいと考えています。自分の身体が丈夫なうちに、私の想いを残せるように事業を承継したいと思うのですが、どのように考えていけばよいのでしょうか。———————— *18*

Q2　事業承継に向けて、あらかじめ考えておく必要があるのでしょうか。必要だとすれば、どの程度の時間が必要でしょうか。———————————————— *20*

COLUMN ①　社長交替率が低迷してます。——————— *22*

Q3　私は、ぜひ自分の息子に事業を承継してもらいたいと考えているのですが、息子が継いでくれるか、あるいはその能力があるかどうか、いろいろと心配です。長

　　　　　男という選択肢も含めて、具体的に誰に承継させると
　　　　　いう方法が考えられるでしょうか。ーーー 23
　　Q4　これから事業の承継を進めていくにあたって、まず具
　　　　　体的に何に注意しなければならないでしょうか。ーーー 26
　　Q5　これからの会社経営にあたって、事業の承継を意識し
　　　　　たときに、普段から何に留意すればよいのでしょうか。
　　　　　今後の会社の経営計画にも影響するのでしょうか。ーーー 29
　　Q6　事業承継計画はどのようにつくればよいのでしょう
　　　　　か。ーーー 32

② 後継者の決定
　　Q7　私は、息子に事業を承継させたいと考えているのです
　　　　　が、息子に対して、何か働きかける必要があるでしょ
　　　　　うか。また、周囲に対して、配慮しなければならない
　　　　　ことはありますか。ーーー 35
　　Q8　親族外の役員や従業員への承継をするのであれば、ど
　　　　　のようにすればよいでしょうか。ーーー 39
　　Q9　困ったことに、親族内や会社の役員・従業員の中に、
　　　　　後継者として適任な者がいません。同業の方が、私の
　　　　　会社を引き受けてよいと言ってくれているのですが、
　　　　　どのような手続をとればよいでしょう。ーーー 42
　　Q10　M&Aを行えば、私の会社の役員や従業員は辞めなけ
　　　　　ればならなくなるのでしょうか。ーーー 45
　COLUMN②　M&Aは怖くない。ーーー 46
　　Q11　「信託」という方法を使った事業承継というものが
　　　　　あると聞きましたが、どのような方法なのでしょう
　　　　　か。ーーー 48

③ 株式の承継（経営権の承継）
　　Q12　私のもっている株は、もし相続になれば妻や子どもた
　　　　　ちに分割されると考えてよいですか。ーーー 52

目次

- Q13 私は、長男を後継者にしたいと考えています。そこで、保有している株式を長男に承継したいと考えているのですが、どのような方法がありますか。……… 55
- Q14 株式を事前に承継するにあたり、最近、遺留分に関する民法の特例等を定めた法律が制定されたと聞きました。この法律によれば、どのようなメリットがあるのですか。……… 58
- Q15 株式を後継者に集中させるのが困難な事情がある場合、長男以外の株式の議決権を制限してしまうということは可能ですか。……… 63
- Q16 相続クーデターという言葉を聞いたのですが、どのようなものですか。……… 67
- Q17 名義株とはどのようなものですか。名義株がある場合にはどのように対処したらよいですか。……… 71

④ 社内体制の整備

- Q18 子どもたちは、会社を承継すれば会社の借入れについて保証人にならなければならないことを気にしています。どうしても保証人にならなければならないのでしょうか。……… 73
- Q19 事業承継を進めるにあたり、どのような費用がかかるのでしょうか。……… 75
- Q20 後継者が事業承継のための資金を確保するために、融資を受けることはできますか。そのために事前に準備できることはありますか。……… 77
- Q21 私には2人の子ども（長男と長女）がいるのですが、2人がけんかをしないように、2人ともに、私の会社を承継させたいと考えるようになりました。どうすればよいでしょうか。……… 79

5 資産の承継

Q22 もし、私が相続について何の対策もとっていなかった場合、私の個人資産はどのように相続されるのでしょうか。 82

COLUMN ③ 生命保険金は遺産？ 85

Q23 遺言等がなく法律に従って相続された場合、事業の承継、経営に何か不都合が生じるのでしょうか。相続の問題を生じることなく、スムーズに事業を継続するためには、どのような対策をとっておけばよいでしょうか。 86

Q24 売買や生前贈与によって資産を譲渡する場合に、どのような点に注意すればよいでしょうか。 91

Q25 遺言や死因贈与によって資産を譲渡する場合に、どのような点に注意すればよいでしょうか。 93

Q26 贈与や遺言、死因贈与によって後継者に事業用資産を承継させようとする場合に、後継者以外の相続人への財産の分配については、何か注意することがありますか。 95

Q27 事業用資産を後継者に集中させようとすると、どうしても遺留分を侵害する可能性があります。遺留分については、どのような対応を講じることができますか。 98

Q28 遺言にはどのような種類があるのですか。 100

第2章　不動産関係

1 主となる建物

Q29 会社が所有する不動産（本社ビル）の価格に影響を及ぼす大きな要因にはどのようなものが考えられますか。

COLUMN ④　不動産（宅地）の評価のポイント ———— *106*
- **Q30**　不動産の経済価値を把握（評価）するうえで、よく問題になる点は何ですか。———— *108*

COLUMN ⑤　価格の安い不動産には要注意 ———— *111*
COLUMN ⑥　権利が複雑に絡んだ不動産には要注意 ———— *112*
- **Q31**　社宅に借地借家法が①適用されない場合と②適用される場合では、不動産の評価上どのような考慮が必要でしょうか。———— *113*

2　遊休不動産

- **Q32**　私は、会社の近くに個人名義の土地を所有しており、現在、駐車場として、一部を第三者に、残りを会社に賃貸しています。①第三者に賃貸している場合と会社に賃貸している場合で、評価上差は発生するでしょうか。また、②駐車場をやめて、土地を活用するとしたら、どのような選択肢が考えられますか。———— *116*
- **Q33**　第三者に賃貸しているアパートがありますが、この不動産（複合不動産。土地は妻名義、建物は私名義）の経済価値を把握するうえで、妻、私、第三者の借家人間で問題になる点は何ですか。———— *119*
- *and more* ①　アパートの2階を寮として会社が利用しているが半分空室の状態である場合 ———— *120*
- **Q34**　アパートを有効に活用するためには、どのような対応が考えられますか。———— *122*

3　自宅および貸家

- **Q35**　私（会社の代表者）が住んでいる「自宅」は、土地は会社名義で、建物は私の個人名義です。借地権価格が発生していると想定した場合、将来に備えてどのような選択肢がありますか。———— *127*

and more ② 不動産鑑定評価基準──借地権 ─── 129
and more ③ 地　代 ─── 130
and more ④ 地代の減額請求 ─── 131

Q36 ①代表者が会社から土地を購入する、②会社が代表者から建物を買い取る、それぞれの場合に、不動産をどのように評価すればよいでしょうか。─── 133

and more ⑤ 不動産鑑定評価基準──借地権の態様 ─── 136

Q37 貸家を私（会社の代表者）個人で所有し、会社に賃貸しています。将来のことを考えると、この貸家をどうしたらよいかと悩みます。どのような選択肢があるのでしょうか。─── 137

and more ⑥ 不動産鑑定評価基準──借地権の価格 ─── 140

第3章　登記関係

Q38 そういえば、私の貸家は、亡くなった父の名義のままだったと思います。抵当権も付いていたような気がします。このまま私が死んでも、家族が継いでくれれば、特に問題ないと思います。そのままでも構いませんか。─── 141

Q39 私の会社でも、事業承継を見越して種類株式を発行できるようにしておきたいと思います。どのような手続が必要ですか。─── 143

第4章　保険関係

Q40 もし、私が死亡した場合、残された家族は遺族年金を受け取れるのでしょうか。─── 146

Q41 もし、私が死亡し、今、他企業で働いている長男が、

　　　　　　私の会社を継いだ場合、あるいは、妻が継いだ場合、
　　　　　　私の会社の社会保険の手続はどのようになりますか。
　　　　　　　　　　　　　　　　　　　　　　　　　　　　149

　COLUMN ⑦　年金法の改正　　　　　　　　　　　　　　*152*
　　　Q42　もし、私が死亡したら、妻の社会保険の資格はどのよ
　　　　　　うになりますか。　　　　　　　　　　　　　　*153*

第5章　税務関係

1 相続税の全体図

　　　Q43　そろそろ相続のことを考えないといけない年齢になっ
　　　　　　てきました。相続そのものの法律的なことも気になり
　　　　　　ますが、それに伴う税金もどれくらいの負担になるの
　　　　　　かとても心配です。最初に相続税の全体図について簡
　　　　　　単に説明してください。　　　　　　　　　　　　*156*
　　and more ⑦　遺産分割の方法　　　　　　　　　　　　*159*
　　and more ⑧　生前相続と相続時精算課税制度　　　　　*160*
　　and more ⑨　相続税法は1税法2税目　　　　　　　　*160*
　　and more ⑩　「相続人」と「法定相続人」　　　　　　*161*
　　and more ⑪　連帯納付義務　　　　　　　　　　　　　*161*
　　and more ⑫　準確定申告　　　　　　　　　　　　　　*162*

2 相続税の計算の仕組み

　　　Q44　相続税はどのように計算すればよいですか。計算の仕
　　　　　　組みを教えてください。　　　　　　　　　　　　*163*
　　　Q45　Q44の相続税の総額の計算にあたって必要となる相続
　　　　　　人とその相続分について、簡単に説明してください。
　　　　　　　　　　　　　　　　　　　　　　　　　　　　169
　　and more ⑬　税額計算と相続分　　　　　　　　　　　*170*
　　and more ⑭　養子縁組と法定相続人の数　　　　　　　*171*

11

Q46 Q44「1　各相続人等の課税価格の計算（Step1）」の算式について、もう少し詳しく説明してください。 *173*

and more ⑮　生命保険金の課税関係表 *177*

and more ⑯　保証債務と債務控除 *178*

Q47 相続税の課税対象となる生命保険金について、妻が4000万円、長女が1000万円を受け取ることにしています。この生命保険金のうち、相続税の課税対象となる金額は、どのように計算すればよいのでしょうか。いずれの相続人も相続放棄をしないとの前提で説明してください。なお、相続人は妻、長男、長女の３人です。 *179*

and more ⑰　相続放棄と死亡保険金 *180*

Q48 たとえば、遺産総額（課税価格の合計額）が３億円、相続人は妻と子２人（A、B。いずれも成年者）で、相続人の課税価格につき、妻・２億1000万円、子（A）・6000万円、子（B）・3000万円の場合、相続税額はそれぞれいくらになるでしょうか。 *181*

③　財産評価一般

Q49 預貯金等、取引相場のあるゴルフ会員権、生命保険契約に関する権利、定期金給付事由が発生している定期金に関する権利の評価について説明してください。 *183*

Q50 上場株式の評価方法について説明してください。 *186*

Q51 土地と家屋の評価方法について説明してください。 *187*

Q52 私は、自宅建物（敷地は会社名義）やアパート（敷地は妻が所有）、貸駐車場、貸家とその敷地など、利用

状況の異なる不動産を所有しています。これらの相続税課税のための評価はどのように行うのでしょうか。 ————— *191*

Q53 私の自宅は、建物は私の名義ですが敷地は会社名義です。もし、敷地も私名義であったならば、減額して評価できる特例があると聞きました。この特例の要件について、詳しく説明してください。 ————— *194*

Q54 「小規模宅地等についての相続税の課税価格の計算の特例」について、減額される割合と限度面積を教えてください。 ————— *200*

4 贈与税

Q55 贈与税（暦年課税）の計算の仕組みについて説明してください。 ————— *201*

Q56 暦年課税の制度とは異なる相続時精算課税制度について説明してください。 ————— *204*

5 所得税

Q57 相続財産を譲渡する場合に適用できる特例について説明してください。 ————— *209*

6 税制改正

Q58 相続税や贈与税について大きな改正が予定されていますが、その内容を簡単に説明してください。 ————— *214*

7 事業承継税制

Q59 私の会社の株式（非上場株式）は、どのような評価を受けますか。私が死んだならば、相続の際、税金はどのくらいかかりますか。 ————— *220*

Q60 それでは、自社株に対する相続税の課税を回避する方法はあるのでしょうか。 ————— *226*

Q61 私が、長男を後継者にしようと思った場合、事業承継

	税制を活用するために、どのような手順が必要ですか。 ……… 229	
Q62	長男が納税猶予を受けるために、Q61の要件のほかにも何か必要なことはあるのでしょうか。 ……… 235	
Q63	仮に、長男が事業承継を拒否した場合は、どうなるのでしょうか。 ……… 237	
Q64	納税猶予の認定要件のうち会社要件について、詳しく教えてください。 ……… 239	
Q65	Q64のほかに、適用が受けられないケースはあるのでしょうか。 ……… 241	
Q66	贈与税の納税猶予期間中に、私もしくは長男が亡くなった場合は、どのようになるのでしょうか。 ……… 243	
Q67	長男が贈与税の猶予を受けた後、私が死亡した場合にはどのようになるのでしょうか。 ……… 245	
Q68	納税猶予期間中に贈与税が免除されるケースがあると聞いたのですが、どのようなものでしょうか。 ……… 247	
Q69	納税猶予制度の要件を満たさなくなった場合はどうなるのでしょうか。 ……… 249	
Q70	生命保険が相続対策に有効だと聞いたのですが、本当でしょうか。 ……… 252	
Q71	非上場株式等にかかわる納税猶予制度や生命保険を活用してもなお、納税資金が不足する場合に、有効な納税原資対策はありますか。 ……… 254	
Q72	会社分割を使った事業承継が節税対策等の観点から有効だと聞いたのですが、本当でしょうか。 ……… 257	
Q73	平成27年に予定されている相続税・贈与税の改正のうち、事業承継税制に関係する改正について教えてください。 ……… 259	

第3部　資料編

(資料1) 書式例1——取締役会議事録 …………………………… *264*
(資料2) 書式例2——臨時株主総会招集通知 …………………… *266*
(資料3) 書式例3——総会用委任状 ……………………………… *268*
(資料4) 書式例4——臨時株主総会議事録 ……………………… *269*
(資料5) 書式例5——株式会社変更登記申請書 ………………… *271*
(資料6) 書式例6——登記用委任状 ……………………………… *273*
(資料7) 遺留分に関する民法の特例を利用するための相続人間での
　　　　 合意書記載例 …………………………………………… *274*
(資料8) 贈与税納税猶予制度認定申請書 ………………………… *276*
(資料9) 相続税納税猶予制度認定申請書 ………………………… *283*
(資料10) 中小企業における経営の承継の円滑化に関する法律 …… *290*
(資料11) 中小企業における経営の承継の円滑化に関する法律施行規
　　　　 則（抄） …………………………………………………… *297*

執筆者一覧

〔監修〕

福原　哲晃（弁護士／瑞木総合法律事務所）

〔執筆〕（執筆順）

中島　清治（弁護士／瑞木総合法律事務所）

　Q1〜5、7〜11

中川　博史（公認会計士・税理士／中川公認会計士税理士事務所）

　Q6、59〜73

西村　隆志（弁護士／西村隆志法律事務所）

　Q12〜17

中塚　雄太（弁護士／寝屋川法律事務所）

　Q18〜21

海野　花菜（弁護士／寝屋川法律事務所）

　Q22〜28

廣内　禎介（不動産鑑定士／エイチ・ビー・ユー廣内不動産鑑定株式会社）

　Q29〜34

仲嶋　保（不動産鑑定士／堂島総合評価システム株式会社）

　Q35〜37

山内　鉄夫（司法書士・日本司法書士会連合会副会長／あおぞら司法書士法務総合事務所）

　Q38〜39、資料編・資料1〜5

古武　真美（社会保険労務士／近畿大学短期大学部准教授）

　Q40〜42

鷲見　昭雄（税理士／鷲見昭雄税理士事務所）

　Q43〜58

第1部
事 例 編

■ある朝のこと

☎ ジリィリィリィリィリィーーーン

　平成35年6月26日、週明けの月曜日、午前9時、絆（きずな）法律事務所のスタッフが「今週も忙しくなるかなぁ」と思いながら出勤してきた矢先に、1本の電話が鳴り響いた。スタッフが電話に出ると、50～60歳代と思われる女性からだった。

　「覚えていらっしゃいますでしょうか？ 以前、主人がお世話になっていました。夢咲（ゆめさき）勇（いさむ）の妻の舞子（まいこ）でございます。実は先日、主人が亡くなりました。遺言も何もなくて、これから、会社の経営はどうしたらよいのでしょうか。」

　確かに、遺言を書かずに亡くなってしまって、相続が発生するケースは決してめずらしいことではない。

　ただ、今朝の夢咲舞子の声色からは、単に相続や遺産分割一般に生じる問題というよりは、兎にも角にも今後の会社の経営をどうにかしなければならないという切迫感が伝わってきた。

　スタッフから電話を替わった所長の此花（このはな）弁護士は、できるだけ早くお会いして、詳しくお話を伺ったほうがよいと思い、舞子に対してすぐさま事務所に来てもらうよう伝えた。そして、その日の午前10時から相談を承ることにした。

　舞子は、よほど慌てていたようで、定刻より前に法律事務所を訪れた。

　舞子の年齢は60歳で、亡き夫と結婚してからは専業主婦をしていたということであった。此花弁護士は、舞子の夫である夢咲勇とは、30歳のときに異業種交流団体で知り合ってからの仲であり、舞子とも何度かその家族会の場で顔を合わせていた。今年も年賀状のやり取りをしていたことから、突然の勇の急逝に驚いた。

　此花弁護士は、舞子から、会社の状況や家族の事情について、時間をかけ

て詳細に事実関係を尋ねていった。

　舞子の夫の勇は、会社経営者であった。まだ65歳という若さであったが、不慮の事故で急逝してしまったようだ。65歳ということもあって、本人はまだまだ現役で働くつもりであったことから、特に会社の後継者を決めていなかった。
　舞子との間に子供は2人いて、35歳の長男夢咲友厚（ともあつ）は、大手企業の従業員、30歳の長女島屋澪（しまやみお）は、1年前に結婚し、現在主婦をしている。此花弁護士も、この2人とは家族会で何度か会ったことがある。
　勇は、平成3年、33歳のときにビルメンテナンスを主たる業とする株式会社ユメサキメンテナンスを設立した。その際、勇が資本金の9割を出資し、舞子が1割を出資した。その後、株主構成・比率に変動はないという。
　以来、勇は、32年間にわたり事業を順調に伸ばしてきた。現在では、従業員30名を雇用し、売上は約5億円、本社ビルを保有するほどになり、株価の時価総額は5～10億円にも及ぶ。
　舞子は、此花弁護士に対して、「夫がこれまで頑張って大きくしていった会社なんです。だから、なんとか息子の友厚に会社経営を引き継いでもらいたいんですけど」と希望を訴えていた。ところが、一方で、「でも、友厚は、会社とは全く別の業種であるメーカーで働いていて、会社のことなんか今まで気にしてくれたこともありませんでした」と残念そうに述べた。どうも友厚には、その気はないようだ。
　此花弁護士は、舞子に会社を引き継ぐ意思がないかを確認した。
「そんな、私なんて無理です。」
　舞子は、監査役として名前を連ねてはいるものの、長年にわたって主婦をしており、会社経営にはいっさいタッチしていない。当然のことではあるが、会社経営のノウハウがないし、従業員や得意先との接点もそれほどないとのことであった。
　また、この会社には、勇の片腕である専務の安治一（あじはじめ）がいるものの、人付き

ある朝のこと

合いは決して得意とはいえない。もともと、勇1人の努力と人脈、信頼によって事業を拡大していった会社である。突如社長が死亡した今、仮に、50歳と仕事盛りで実務能力は高い安治一が会社を引き継いだとしても、得意先が今後も取引を続けてくれるかは疑問である。

　さらに、舞子は、長女の澪の夫である島屋 湊（みなと）について、「湊さんは、この会社の資産価値が高い今のうちに売却をしてしまいたいと考えているようなんです。売却を前提としない会社運営にはいっさい協力しないほうがよいと澪に言っているようです」と顔を曇らせた。島屋湊は、長年銀行員を務めた後、現在、衆議院議員の秘書をしており、次の衆議院選挙の出馬を睨んでいる。島屋湊にとっては、この選挙は絶対に負けられない選挙であり、この際ここで少しでも選挙資金を確保したいと考えているようである。

　このような状況では、遺族の間での遺産分割協議もすんなりといきそうにない。そうなれば、会社の新体制が決まるにも、相当時間がかかりそうだ。此花弁護士は、考え込まざるを得なかった。

　この間に、会社の得意先との関係が、これまでのように続けられるのだろうか。代表者の突然の死亡という事態で、会社そのものの存続自体が危ぶまれる。

　此花弁護士は、舞子に対し、アドバイスをする前に率直な感想として、「遺産分割は、すぐにはまとまらないでしょう。その間、経営もスムーズに進められないでしょうし、取引先も離れてしまうかもしれない。勇さんが亡くなる前に、もっと早くに私のところに来てもらっていたら、円滑な事業承継のためにいろんなアドバイスができたのですが……」と漏らした。

　勇は、舞子と此花弁護士のやりとりを天国へ向かう途中で聞いていた。
「やっぱりそうやったんや……。あの時、相談に行っていれば……。」
「ちょうど10年前に、此花が書いた経営者向けの事業承継の本を贈っても

らって、自分もそろそろ事業承継の準備しなければならないなと思っていたのに、仕事が忙しくて行けなかったなあ。」

「此花の本にも、事業承継は早目に着手するように書いてあったけど、まだまだ自分も元気だったから、『事業承継対策は、今すぐでなくても大丈夫』と思ったのが間違いだったなあ。」

「10年前に戻りたいなあ。」

:
:

🕰 あなた、早く起きて！ 会社間に合わないわよ！

:
:

平成25年6月24日月曜日、舞子は、朝9時になっても起きない勇に大きな声でこう言った。

「うーん、よく寝たなー。それにしても、あれ？夢だったのか……？。夢にしてはかなり現実味があり過ぎて怖かったなあ」とつぶやく勇。

勇は、起きるとすぐに絆法律事務所の此花弁護士に電話をして、今日の夜にでも会えないかと約束を取り付けた。その夜、久々の再開を祝し、居酒屋でビールを飲みながら、勇は、次の言葉を此花弁護士に伝えた。

「会社を設立して22年。息子も育ってくれた。息子に能力があるかわからないけれども、私の丈夫なうちに、息子に継がせる準備を始めたい。アドバイスをくれないか。」

:
:

ストーリーの前提

ストーリーの前提

登場人物

夢咲家

　　夫（夢咲　勇）：社長。55歳。90％株主。
　　妻（夢咲　舞子）：専業主婦。監査役。50歳。10％株主。
　　長男（夢咲　友厚）：会社員（父親の会社とは別の会社）。25歳。
　　長女（夢咲　澪）：学生。20歳。

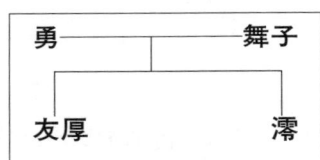

　　専務（安治　一）：40歳。

夢咲勇の資産

自宅　時価500万円（建物のみ。土地は会社所有）

遊休不動産等　時価合計1億4600円

預金　5000万円

生命保険　5000万円【受取人妻：4000万円　長女：1000万円】

株式　時価4億6900万円

会社（株式会社ユメサキメンテナンス）の概要

業種　ビルメンテナンス

設立　平成3年
従業員数　30名
売上　4〜5億円
株価　5〜10億円
資産　本社ビル（時価1億6700万円）、投資用不動産（時価2億円）
負債　なし
将来性　？

対策を講じていなかったら？

　この状況で、夢咲勇さんが、相続や会社の今後について決めずに、かつ遺言も残さずに突然死亡したとすると、どうなるでしょうか。

〈会社の問題〉

　まず、会社の代表者がいなくなってしまったので、誰かが代表者になる必要があります。
　この場合、たとえば子どものうちの誰かが会社を継ぐと言ってくれればよいですが、子どもが別の会社の会社員をしており、父親の会社には興味はなく継ぐつもりはないということも十分考えられます。そうなると、せっかく父親（夫）が一代で築き上げた会社なので、簡単に第三者に渡したくないと考えれば、妻が社長になるしか方法がありません。
　勇さんのケースでも、長男の友厚さんは別の会社に勤めており、勇さんの会社を継ぐつもりはないということになると、勇さんの妻の舞子さんが社長になることになります。
　しかし、舞子さんは、いわゆる専業主婦だったので、そもそも勇さんの会社について何も知りません。そのため、会社としての判断を求められる事態に直面した場合に、迅速な判断を行えず会社の業務が停滞してしまいます。

また、得意先の社長さんも、勇さんが亡くなったことについては気の毒に思ってくれていますが、何も知らない舞子さんが社長になっていると、勇さんが社長だった時代からの仕事の質が維持されるのか不安になって、取引を打ち切られるかもしれません。また、突然舞子さんが社長になったところで、これまで会社に関与していなかったことから求心力に欠け、従業員の士気も下がってしまうこともあるでしょう。

　次に、会社の株式についても、相続人の間で遺産分割協議が整うまでは、相続人が共有することとなります。そのため、議決権などの株主権を行使する場合に、舞子さんの保有株（10%）がなければ、舞子さんのほかに、友厚さん・澪さんの少なくともどちらかの協力が得られない限り、過半数を確保することができなくなります。結果として、株主総会の意思決定が難しくなり、重要事項（たとえば、取締役の変更、決算の承認、定款の変更等）について、会社の意思決定ができなくなるおそれがあります。

〈家族の問題〉

　基本的には、すべての相続財産は法定相続分（妻2分の1、長男・長女それぞれ4分の1ずつ）に従って分割することになります。しかし、相続分は決まっていても、誰がどの財産を相続するかについては、相続人間で話し合いをする必要があります。そして、友厚さんも澪さんも、これまで会社にかかわってこなかったため、「会社の株式はいらないから現金が欲しい」などと主張し、話し合いがまとまらないかもしれません。

　また、勇さんの財産を相続するにあたっては、相続税を支払う必要があります。ところが、本件の場合、会社の株の評価が高いため、相続税の計算をすると、約2億円を支払わなければならないことになります。しかし、勇さんの残した財産のうち、相続税の支払いに充てられるのは預金の5000万円だけです。仮に、舞子さんや澪さんが受け取った生命保険金（5000万円）も税金の支払いに充てるとしても、ようやく合計1億円で、これだけでは到底相続税を支払うことはできません。そうなると、金融機関からお金を借りるか、

遊休不動産を売却することも考えざるを得なくなります。

　このように、何も対策を取らずに急に経営者が亡くなってしまうと、家族も困った状況に陥りますし、これまで頑張って大きくしてきた会社もたちまち経営が行き詰まってしまうということもあります。
　最近の調査では、事業承継をどのように考えているのかについて、明確に決まっていないとする回答が3割近くもあります（独立行政法人中小企業基盤整備機構「事業承継実態調査報告」（平成23年3月））。
　では、このような状況を避けるために、会社の社長はどのような対策を講じておけばよいのでしょうか。その方法について、本書第2部以降でわかりやすく解説します。

資産状況

● 資産状況

1　主となる不動産（本社ビル）
 (1)　概　要
　・土地、建物は会社名義。1〜4階を会社が利用。
　・5階は安治一専務が利用し、専務－会社間は借家契約（普通借家）があるが、家賃は通常より割安に設定し（12万円/月）、現在に至っている。
 (2)　場所等
　・大阪市福島区野田1丁目付近にあって、府道大阪臨港線（幅約18m）に接面。
　・幹線道路沿いに低層店舗、中層の事務所ビル等が混在する路線商業地域。
　・大阪中央卸売市場に近く、左記施設の利用者が多い。
　・地下鉄千日前線玉川駅、JR環状線野田駅いずれも徒歩圏。
　・商業地域（建ぺい率80％、容積率400％。主に防火地域）。
 (3)　個別的要因
　・土地
　　　間口×奥行　約15m×約20m
　　　面積　約300m²
　　　平坦地、道路と等高
　・建物
　　　S（鉄骨構造）5階建
　　　平成9年建築
　　　床面積1〜4階約150m²、5階約100m²、延床面積約700m²
　　　エレベーター1基
　　　設備の劣化、建物の修繕等が増加傾向にある。

エレベーターが１基であり狭い。専務が５階を住居として一緒に利用。

(4) 価　格

- 土地　9300万円　31万円/m²（路線価：26万円/m²）
- 建物　7400万円
- 計　　１億6700万円

2　遊休不動産

〔その１〕

(1) 設　例

- 会社近くに有料の駐車場を持っている。
- 土地所有者は勇。駐車場は一部第三者に賃貸し、一部会社に貸している。各契約書あり。
- 主となる不動産の西側約75ｍにあって、幅約６ｍの市道に接面。
- 大阪中央卸売市場の影響大。最寄り鉄道駅徒歩圏にある。
- 近隣商業地域（建ぺい率80％、容積率300％。準防火地域）。

(2) 個別的要因

- 土地

　　間口×奥行　約20m×約20m

　　面積　約400m²

　　平坦地、道路と等高

　　14台駐車。２万円/台/月。336万円/年。空きなし。

(3) 価　格

- 土地　１億1000万円　27万5000円/m²（路線価：23万円/m²）

〔その２〕

(1) 設　例

- 西区に勇所有のアパートがある。

資産状況

- 土地は妻（舞子）名義。建物は勇名義。
- 各部屋を第三者に賃貸（借家契約あり）している。
- 舞子―勇間には借地契約（ただし、契約書なし）はあるが、勇は公租公課のみ支払う。
- 家賃収入は勇が取得し、家計費として、家賃収入の一部（30万円）を舞子に支払っている。
- 景気の悪化等を受け、空室率は40％近くになっている。

(2) **場所等**
- 大阪市西区九条3丁目付近。
- 地下鉄九条駅北西側の「九条新道西商店街」のほぼ端に位置する。
- 幹線道路の背後にあり、アパート、古くからの中小規模住宅が混在。土地の細分化、賃貸住宅が多くなっている。
- 商況はなく、今後も鉄道駅徒歩圏内の普通住宅地域として推移していく地域。
- 市道（幅約4.5m）に接面。
- 商業地域（80％、400％。準防火地域）。

(3) **個別的要因**
- 土地

    間口×奥行　約25m×約19m

    面積　約480m²

    平坦地、約4.5m市道路と等高

- 建物

    S　2階建、築後約45年経過し、老朽化が進む。

    床面積1～2階各約320m²、延床面積640m²

    実効容積率　640m²/480m²≒133％

    外階段、各階8戸、計16戸

    1階、2階いずれも第三者に賃貸。

    家賃　1階：月額4万円、敷金3月、権利金3月。2戸空室（空

室率25％）。随分前から現行家賃で推移。

　　　2階：月額3万5000円、敷金3月、権利金3月。4戸空室（空室率50％）。随分前から現行家賃で推移。

(4) 価　格
- 土地　8160万円（路線価：17万円/m²）
- 建物　1000万円
- 合計　9160万円

3　投資用不動産

(1) 設　例
- 会社は、投資用収益物件を持っている。
- 土地、建物いずれも会社名義。ワンルーム用収益物件。

(2) 場所等
- 吹田市垂水町3丁目付近にあって、地下鉄御堂筋線江坂駅の北東徒歩圏にあり、大阪中心へのアクセス、周辺の住環境も良好で、ほとんど満室を期待できる地域。なお、上記江坂駅周辺は大阪南北軸の北の1拠点になっている。
- 街路は碁盤目状に整備されている。
- 近くには、上記駅を核とする大規模店（東急ハンズ等）、飲食店等が集中し、また住環境に欠かせない公園（江坂公園）等が位置している。
- 商業地域（建ぺい率80％、容積率400％）。

(3) 個別的要因
- 土地
　　間口×奥行　約16m×約20m
　　面積　約320m²
　　平坦地、6m市道路と等高
- 建物

S（鉄骨構造）6階建、平成9年建築

床面積1～6階約166m²、延床面積約996m²

ワンルームマンション、各階約34m²、約7万3700円/戸。敷金2月、権利金1月。

総戸数22戸。インターネット、クローゼット、エアコン、ITキッチン、シャワー等あり。

(4) 価　格

- 土地　7280万円（路線価：22万5000円/m²）
- 建物　1億2720万円
- 合計　2億円

(5) 収益内容

- 総賃貸収入は、年額約1946万円。
- 家賃収入に対する土地建物価格の利回りは約9.7％（1945万円／2億円）
- 建物が中古になり、利回りが高くなっている。しかし今後維持修繕費等が増加することを考慮すれば、ほぼ妥当な利回りといえる。

4　自　宅

- 所在　兵庫県尼崎市塚口町4丁目
- 交通　阪急電鉄神戸線塚口駅徒歩9分
- 土地　345.32m²
- 建物　木造2階建

　　　　建築年　平成10年11月

　　　　間取り　6 SLDK

　　　　延床面積　209.57m²

- 用途地域　第1種住居専用地域（建ぺい率60％、容積率200％）
- 価格　8800万円

　　　　土地：会社名義　8300万円

　　　　建物：勇名義　500万円
　　※自宅は環境が良く、駅から近く買い物にも便利でアパート経営も
　　　可能である。

5　貸　家
　・所在　滋賀県大津市木戸
　・交通　JR湖西線志賀駅徒歩12分
　・土地　1270.63m²
　・建物　木造2階建　建築年　昭和63年6月
　・用途地域　無指定
　・価格　2600万円（土地2600万円。建物は無価値と評価）
　・周辺環境　びわこバレー（400m）
　　　　　　　松の浦水泳場（1.0km）
　※勇の父名義（勇が父から相続）。

第2部

Q & A

第1章　法律関係

1　経営の承継

Q1

> 私は、自分の事業（会社）を自分の代で終わらせるのではなく、何とか継いでもらいたいと考えています。自分の身体が丈夫なうちに、私の想いを残せるように事業を承継したいと思うのですが、どのように考えていけばよいのでしょうか。

A　あなたの想いを残していくには、資産と人、さらに顧客やノウハウ、そしてこれらを含めた「経営理念」を承継するものと考えましょう。

■解　説

　事業の承継というのは、つい相続の問題、ひいては相続税対策と捉えられがちですが、決してそれだけではありません。

　事業の承継を考えるにあたって、第一に想定しなければならないのは、そもそも承継するのは何なのか、ということです。

　承継の対象となるのは、まず事業用の「資産」であり、それを支配（所有）しているといえる「株式」です。「会社とは誰のものですか」と問われることも多いのですが、会社法上、会社を所有しているといえるのは、株主です。中でも、過半数以上の株式数を所有している多数株主が、役員を選び、

その事業（会社）の経営を左右できるわけですから、当該事業（会社）を支配しているといえます。そのため、この株式を承継の対象として想定しなければなりません。

次に、役員や従業員といった「人」です。事業（会社）のことをよく理解している役員や従業員がいなければ、事業は即座に動かなくなります。そのため、社長が交代した途端、他の役員が付いてこない、従業員が離れていく、という事態は避けなければなりません。

また、事業（会社）は、それだけで成り立つわけではなく、当然のことですが「顧客、取引先」が付きものです。同様に、顧客離れ、取引先離れという事態も避けなければなりません。

さらに、その事業に特有の「商品、ノウハウ」が考えられます。社長交代と同時に、従前と全く異なる商品を扱ったり、商売のスタイルが変わったりすれば、従業員や顧客の離反に繋がるかもしれません。

結局のところ、事業の承継とは、これらの「資産」や「人」、「顧客や商品、ノウハウ」などをトータルで承継することだといえます。そして、これを、事業を経営する側からみれば、「経営の理念」と言い表すことができます。また、この事業が存在する社会の側から見れば、「経営の理念」とは、その事業（会社）の存在意義そのものだといってもよいでしょう。

あなたが長年培ってきた経営の理念、事業の存在意義を具現したものが、その事業が扱う商品であり、事業用資産であり、従業員であり、その事業に付いてきてくれた顧客なのです。

事業承継の対象がどのようなものであるかを理解できれば、次に承継する側（後継者）についても、このような「経営の理念」を十分に理解し、それを承継する覚悟と能力があるかどうかが問われることになります。

Q2

事業承継に向けて、あらかじめ考えておく必要があるのでしょうか。必要だとすれば、どの程度の時間が必要でしょうか。

A 遺された人間に迷惑をかけたくなければ、事前の対策は必須です。しかも、相当の時間（できれば10年、最低でも5年）をかける必要があります。

■解　説

1　後継者の候補は？

「自分が死んだら、きっと子どもたちが会社を継いでくれるから心配ない」、「事業承継なんて、事前に考える必要はない」と考えている方は、なかなかいないと思います。では、どうすればよいでしょうか。

まず、あなたの周りに後継者になるべき人物が見当たるでしょうか。

それは、単に、事業を継いでくれそうな家族、子どもがいるかどうか、という意味ではありません。その家族や子供に、事業を継ぐ意欲や能力があるか、という意味なのです。あなたは、当然継いでくれる、と思っていても、いざという時に、その人物に意欲がなければ、あるいは周りから能力がないと判断されたならば、結局会社をつぶすことになりかねません。

2　事業承継の道筋を考えたことは？

次に、そのような後継者に対して、事業（会社）の経営権（支配権）を確実に承継させることができるかどうか、を考えなければなりません。詳しく

は後で説明しますが、何も対策をしなければ、継いでもらいたい人物が経営権をもつことができずに社長になれない、会社の株式をその人物に渡せない、という事態が想定されます。

　また、社長個人の資産（たとえば、社長名義の不動産）を事業用の財産として提供して、会社が使用しているというケースも多くみられますが、そのような場合に、そうした個人の資産が後継者に引き継がれなければ、事業の根幹をなす事業用財産が使えなくなって、たちまち事業が立ち行かなくなるという事態も想定されます。

　さらには、相続税が支払えるのかという問題もあります。統計では、中小企業の経営者がもっている資産（個人名義の資産）の3分の2は、会社の株式と事業用の資産（特に不動産）であるといわれています。そうなれば、莫大な相続税に対して、税金を支払うことができずに、事業用の資産を切り売りしなければならなくなることも想定されます。

3　今すぐ承継して大丈夫？

　このような事態を避けるためには、経営者として、どうしてもあらかじめ事業承継に向けた対策が必要なのです。

　しかも、この対策には、相当の時間がかかります。

　まず、後継者になってほしい人物が、本当に事業を継ぐ意欲があるのかどうか、その能力があるのかどうかということが問題となりますが、本当に後継者にふさわしい人物になってもらうには、そのための時間が必要なのがわかるでしょう。一朝一夕にというわけにはいかないのは自明の理です。

　また、いわゆる相続税対策をとってみても、相続税が極力かからないようにするにはどうすればよいのか、逆に相続税に充てる資産をどのように確保するのか、ということを時間をかけて検討しておく必要があります。

4　事前の対策

　では、具体的には、どの程度の時間が必要でしょうか。

第1章　法律関係

　あなたが後継者を決めた後、その候補者をふさわしい人物に育て、経営権と資産を確実に引き継ぐための準備を行い、相続税の対策も行う期間として、10年をみておけばよいと思います。どんなに時間がないとしても、最低でも5年は必要です。ぜひ、早めに準備を始めてください。

　夢咲さんの場合、あなた（勇さん）は、現在55歳ですが、何歳になったときに後継者に、事業を承継したいとお考えですか。

　たとえば、65歳頃とお考えならば、これから10年間ありますので、今から準備を始めれば、いろいろな対策を練りながら事業を承継させることができるはずです。タイムスケジュールを考え出すと、教育期間や資産承継のための準備期間、関係者への周知期間など、あまり時間がないと思えるかもしれません。

　事業承継の対策は、早ければ早いほどよいわけです。

COLUMN ①

●社長交替率が低迷しています。

　民間の調査によれば、社長交替率が低迷しています。

　その原因には、中小企業における後継者難の増加や事業承継の遅れなどに伴う社長在任期間の長期化が考えられます。

　中小企業が成長を持続していくためには、事業承継による企業の若返りが急務といえます。

（株式会社帝国データバンク「特別企画:全国社長分析」（2012年1月30日付）1頁参照）

Q3

私は、ぜひ自分の息子に事業を承継してもらいたいと考えているのですが、息子が継いでくれるか、あるいはその能力があるかどうか、いろいろと心配です。長男という選択肢も含めて、具体的に誰に承継させるという方法が考えられるでしょうか。

A まずは、親族への承継をめざします。次善の策として、親族以外を考えましょう。

■解　説

1　親族内承継

　具体的に、夢咲家の場合で考えてみましょう。
　希望のとおり、長男（夢咲友厚さん）に承継させる方向で考えるのがベストです。
　Q1で解説したとおり、事業承継というのは、経営の理念を継いでもらうものです。そのためには、先代であるあなたの考え方を理解しなければなりません。そこで、先代と生活を共にし、先代の考えをよく理解できる親族が一番なのです。
　長男を含めた親族のほうに承継させる（親族内承継といわれます）メリットには、次のようなものが考えられます。

① 　内外の関係者らへの受け入れやすさ
② 　準備のしやすさ

一方で、デメリットとしては以下のものが考えられます。

> ① 経営の能力や意欲がない場合がある
> ② 複数の相続人がいる場合の相続人間のバランスをとるのが難しい場合がある

2 親族外承継

どうしても、長男の友厚さんも長女の澪さんも難しい場合には、親族以外の人間で、会社の幹部、あるいは従業員に承継させることを考えましょう（親族外承継といわれます）。

親族以外の方で、幹部や従業員に承継させるメリットには、次のようなものが考えられます。

> ① 比較的、経営の一体性を保つことができる
> ② 候補者を広く探しやすい

一方で、デメリットとしては、以下の3点が考えられます。

> ① 親族内承継との比較で、関係者らへ納得が得にくい
> ② 株式の取得のための資金の確保が難しい
> ③ 会社の負債（保証）に対する対応が難しい

3 M&A

親族や社内の人間を探してもダメな場合、会社の外の人間を探して、事業を売却等により承継させることになります（いわゆる「M&A」です）。

この場合のメリットには、次のようなものがあります。

① 候補者を広く対外に求めることができる
② 売却益を確保できる

デメリットとしては、以下の3点があげられます。

① 譲渡（売却）の条件の一致が困難な場合がある
② 経営の一体性を確保するのが難しい
③ 会社の負債（保証）に対して、どのように対応するのか

4 廃　業

　最終的に、どうしても承継させる人間がいない場合には、廃業・解散という選択肢も考えておかなければなりません。
　後述のとおり、負債に対する対応も念頭におきながら、最終的な決断をしなければならないこともあるでしょう。

第1章　法律関係

Q4

これから事業の承継を進めていくにあたって、まず具体的に何に注意しなければならないでしょうか。

A 事業（会社）の経営権（支配権）を確実に承継させることが最優先です。

■解　説

1　株式の承継（鍵は会社法）

具体的な後継者を想定したならば、その後継者に、事業（会社）の経営権（支配権）を確実に承継させることです。

これは、単に後継者に「社長の椅子」を譲る、「代表取締役」「社長」という役職（肩書）を承継させる、ということだけではありません。

夢咲勇さんの場合、長男の友厚さんと長女の澪さんの2人の子どもがいますが、その中で友厚さんを後継者にしたいと考えていますね。その場合、あなたが、友厚さんと澪さんは仲のよい兄妹なので、2人が協力し合って会社を盛り立てていくだろうと思っていても、決して、友厚さんに「社長」という肩書をもたせるだけで、あなたの株式を2人の子どもに対して公平に2分の1ずつ承継させようと考えてはいけません。長女の澪さんも人間ですので、欲も出ます。また、澪さんの周りにも、さまざまな人間関係があり、また今後生まれるはずです。澪さんの思惑だけで進むとは限らないのです。仮に、澪さんが、他の誰かと協力して、友厚さんを追い落とそうと考えるかもわからないのです。

そうした事態を防ぐため、会社の支配権を確実に承継させるという意味で、株式の承継を考える必要があります。

　これには、会社法の理解が必要です。

　事業（会社）の経営権（支配権）を握っているといえるには、株主総会で議決権を行使することができる株式の3分の2以上の株式を押さえている必要があります。

　なぜ3分の2以上の株式が必要かというと、それだけの株式を押さえておけば、株主総会において重要事項（たとえば、定款の変更や事業譲渡、減資など）を決めるための特別決議（議決権を行使することができる株主の議決権の過半数を有する株主が出席し、出席した当該株主の議決権の3分の2以上に当たる多数をもって行う決議）をすることができるからです。この特別決議が必要となる事項には、自己株式（自社株）の有償による取得の場合もあげられます。後でも述べるとおり、相続税の負担に備えて、社長がもっている自社株を会社に買い取ってもらいたい場合には、この自社株の有償取得に該当するため、特別決議が必要になります。あるいは、累積投票によって選任された取締役の解任の場合もあげられます。たとえ自分に都合のよくない取締役が現れても、3分の2以上の株式さえ押さえておけば、最終手段として一存で解任することができるのです。

　そこで、後継者に対しても、是が非でも、この3分の2以上の株式を承継させる必要があります。

2　相続人間のバランス（鍵は民法）

　このように、株式の承継を確実に押さえたうえで、次に注意しなければならないことは、相続人を中心として、株式以外のあなたの個人資産を、どのようにバランスよく配分（承継）するのかということです。

　これには、民法（相続法）の理解が必要です。

　相続人には、最低限の保障として、遺留分という権利が認められています。そこで、この遺留分を理解しつつ、バランスのよい資産の承継を考えなけれ

ばなりません（遺留分についてはQ26を参照してください）。

夢咲さんの場合も、長男の友厚さんに対して、きちんと3分の2以上の株式を承継させたうえで、次に長女の澪さんが不満に思わないように、株式以外の資産をもって応えてあげることです。

3　税金の対策

また、資産を承継（移動）させるにあたって、税金の問題は常に付きまといます。贈与税や相続税がその主たるものになりますが、その前提として資産をどのように評価するのかを考えなければなりません。その意味で税法の理解は必須です（Q43以下を参照してください）。

4　業界の規制

ほかにも、事業（会社）が属している業界には、特有の規制がされている場合があります。その場合には、事業の承継がどのように影響するのかを見定めておく必要があります。

Q5

これからの会社経営にあたって、事業の承継を意識したときに、普段から何に留意すればよいのでしょうか。今後の会社の経営計画にも影響するのでしょうか。

A あなたの事業（会社）に魅力があるかどうかが問題です。そのためには、事業の価値を高め続ける努力が必要です。

■解　説

1　事業の魅力を高めること

　まず、第一には、あなたが勝手に事業承継を想定するだけではなく、後継者となるべき人物が、事業に魅力を感じて、事業を承継する意欲をもってもらわなければなりません。周りを見渡したときに、あなたの事業に魅力を感じてくれる人がいなければ、誰も事業を承継したいと思わないでしょう。また、周りの人間さえ魅力を感じないのに、会社の外の人間が事業を承継したいと思うはずがありません。普段から先代の事業をみている人間が、事業に魅力を感じ、事業の価値を感じてくれなければ始まらないのです。

　ところが、先代が資金繰りに苦しむ姿だけを見ていれば、そのようなつらい思いをしたいと思わないでしょう。仮に、資金繰りは苦しくても、自らの仕事に意義を感じ、誇りに思い、事業の価値を高めようと努力されているならば、その姿は、必ず周りの人間を惹きつけるはずです。

　そのためにも、まずは、普段からあなたの事業の価値を高め続ける努力をすることが必要です。

2　株式の評価は別途注意すること

　他方で、自社株式の評価については、常に目を光らせる必要があります。

　現経営者が頑張って業績を上げ、事業も拡大して資産が増えれば、株式の評価も自然と上がります。ところが、事業の承継のことを考えると、株式の買取りや相続対策の面から、長期的に株式の評価をコントロールしておく必要があります。

　一般的に、株式の買取や相続税の負担を減らすという点から、自分の会社の株式の評価を下げておきたいという発想が起こります。これは、親族内承継を念頭においた発想です。逆に、M&Aによって第三者に株式を譲渡するケースでは、自社株を高く買い取ってもらいたいという点から、自社株の評価をきちんと高めておく必要があります。

　結局のところ、事業承継を考えるにあたって、誰に承継させるのかを念頭におきながら、株式の評価をどのように考えていくのか、ということがポイントなのです。

3　承継のタイミングを計っておくこと

　次に、具体的な承継の時期を念頭においたうえで、逆算的にスケジュールを考えていく必要があります。

　まず、具体的に、自分が何歳になったときに後継者に事業を承継させるのか、ゴールの位置を明確にします。ここでは、事業を承継した後の人生の過ごし方（セカンドライフ）も見越したうえで考えましょう。事業の承継がそのままセカンドライフの始まりにつながるのですから、そのために必要な環境や資金も、事業承継とともに準備しておく必要があります。多くの方は、「会長」職として、会社の中に自らの位置を準備するでしょう。そうすることなく、会社から完全に離れて、悠々自適に余生を過ごすのもよいですし、別の事業にチャレンジするのもよいでしょう。そこで、たとえば、「何歳から別の事業を始めたい」ということも意識して、ゴール（承継）の位置を明

確にするわけです。

そして、「そのゴールの時まで、あと何年ある」ということから、逆算的にスケジュールを決めていくことになります。

承継する時期の何年前に後継者を公表するのか、承継者を教育する時間がどの程度残されているのか、などを意識すれば、スケジュールはわかってくるはずです。

Q2で述べたとおり、事業承継の対策に必要な期間として、10年、最低でも5年は必要とされます。

そして、この期間の間に、承継者の教育と株式の対策や相続の対策、税金の対策を行っていくことになります。

4　負債の処理も誤らないこと

なお、忘れがちなのですが、負債の処理についても、事業承継がなされるまでの間に対応が必要です。

会社の負債について、先代が保証人になっているケースがほとんどだと思います。そして、事業の承継においては、金融機関からは後継者が保証人の地位を引き継ぐことを要求されるでしょう。

このことを想定しながら、自分の会社の状況を見定めていかなければなりません。自分の会社の「力」を冷静に客観的に見据えたうえで、事業が利益を生み出すことができず、赤字が膨らむようであれば、清算、廃業という方法も考えざるを得ません。

第1章 法律関係

Q6

事業承継計画はどのようにつくればよいのでしょうか。

A 　事業承継計画は、事業承継の視点から現状の課題を抽出し解決するために作成します。主に承継時期、経営理念、ビジョン、目標数値、後継者育成と関係者の理解、地位と財産の承継等について検討し作成します。一般的には、中長期の計画に、事業承継の時期、具体的な対策を盛り込みます。

■解　説

　事業承継計画は、中長期の経営計画の一部として、事業承継はどうあるべきかという視点で作成する必要があります。事業承継には現経営者と後継者とのバトンタッチのための一定期間の伴走も含まれます。経営権や財産権の承継ばかりでなく、会社内外の関係者の理解と協力が不可欠となるからです。
　したがって、事業承継を円滑に進めるためには、できるだけ早いうちから計画を立て実行することが必要となります。
　具体的には、まずはじめに会社を取り巻く以下の状況を把握することから始めるべきでしょう。

①　会社の経営資源の状況
　ⓐ　従業員数、年齢等の状況
　ⓑ　資産の額および内容やキャッシュ・フロー等の現状と将来の見込み　等
②　会社の経営リスクの状況

> ⓐ　会社の負債の現状（何年で返済可能か）
> ⓑ　会社の競争力の現状と将来見込み　等
> ③　現経営者自身の状況
> 　ⓐ　保有株式の現状
> 　ⓑ　個人名義の土地・建物の現状
> 　ⓒ　個人の負債・個人保証等の現状　等
> ④　後継者候補の状況
> 　ⓐ　親族内に後継者がいるか
> 　ⓑ　社内や取引先等に後継者候補がいるか
> 　ⓒ　後継者候補の能力・適正はどうか
> 　ⓓ　後継者候補の年齢・経歴・会社経営に対する意欲はどうか　等
> ⑤　相続発生時に予想される問題点
> 　ⓐ　法定相続人および相互の人間関係・株式保有状況等の確認
> 　ⓑ　相続財産の特定・相続税額の試算・納税方法の検討
> 　ⓒ　金融機関・取引先等の対応　等

　会社の現状をよく把握したうえで、「何を」「いつ」「どのように」実施していくかスケジュール化していきます。事業承継計画のイメージは〔表1〕のとおりです。これを参考に作成してみるのがよいでしょう。

第1章　法律関係

〔表1〕　事業承継計画

【基本方針】
①中小太郎から、長男学への親族内承継。
②7年目に社長交代。（代表権を学に譲り、太郎は会長へ就任。10年目に完全に引退。）
③10年間のアドバイザーを弁護士D氏と税理士E氏に依頼する。

項目		現在	1年目	2年目	3年目	4年目	5年目	6年目	7年目	8年目	9年目	10年目
事業の計画	売上高	8億円	→	→	→	→	9億円	→	→	→	→	10億円
	経常利益	3千万円	→	→	→	→	3千5百万円	→	→	→	→	4千万円
会社	定款・株式・その他		相続人に対する売渡請求の導入	Cから金庫株取得	Aから金庫株取得				黄金株の発行			黄金株の取得・消却
現経営者（中小太郎）	年齢	60歳	61歳	62歳	63歳	64歳	65歳	66歳	67歳	68歳	69歳	70歳
	役職	社長	→	→	→	→	→	→	会長	→	相談役	引退
	関係者の理解	家族会議		社内へ計画発表	役員の刷新（注1）		取引先・金融機関に紹介					
	株式・財産の分配		公正証書遺言の作成（注2）						黄金株の取得			黄金株の会社への売却
	持株(%)	80%	75%	70%	65%	60%	55%	50%	20%+黄金株	20%+黄金株	20%+黄金株	20%
		暦年課税制度[贈与] ──────────────→							相続時精算課税制度[贈与] →			
	その他						任意後見契約					
後継者（中小学）	年齢	30歳	31歳	32歳	33歳	34歳	35歳	36歳	37歳	38歳	39歳	40歳
	役職	従業員	取締役	→	常務	→	専務	副社長	社長	→	→	→
	後継者教育 社内	Y工場		Z工場	→		本社営業	本社管理	総括責任			
	後継者教育 社外			経営革新塾								
	持株(%)	0%	5%	10%	15%	20%	25%	30%	60%	60%	60%	60%
		暦年課税制度[贈与] ──────────────→							相続時精算課税制度[贈与] →			
補足	（注1）Aが退任し、Bが取締役に就任。 （注2）株式及び預貯金（5千万円）を学に、自宅を花子に、預貯金（5千万円）を梅子に相続させる旨を記載。											

出典：中小企業庁「事業承継ガイドライン20問20答」〈http://www.chusho.meti.go.jp/zaimu/shoukei/shoukei20/download/shoukei.pdf〉7頁

2 後継者の決定

Q7

私は、息子に事業を承継させたいと考えているのですが、息子に対して、何か働きかける必要があるでしょうか。また、周囲に対して、配慮しなければならないことはありますか。

A 後継者に対する教育と関係者へ理解を求めることは不可欠です。

■解　説

1　後継者への教育

　夢咲さんの場合、長男の友厚さんに事業を承継したいと考えていますが、まずは友厚さんの意思を確認することが先決です。

　友厚さんは、大学を卒業してすぐに大手企業に入社されているとのことですが、他の会社に就職しているとはいうものの、友厚さんが父親であるあなたの姿を見て育ったのは、まぎれもない事実です。「いずれ父親の跡を継ぎたい」という気持ちがまったくない、とは限りません。

　そして、友厚さんにその気があるのであれば、周囲の人からも後継者にふさわしいと思われるよう、友厚さんに対して教育が必要になります。

　後継者に選んだ理由が、単に「子どもだから」とか「長男だから」ということでは、結果的に周りの人たちが納得せず、従業員や取引先、顧客の離反につながりかねません。

そこで、後継者が会社の新しい経営者、代表者であると誰もが納得できるよう、後継者候補（夢咲家の場合、友厚さん）に対する教育が必要になります。

会社の経営者には、経営能力だけでなく、組織のトップとしてのリーダーシップ力、先見性、財務に関する知識など、さまざまな能力、スキル、知識が必要になります。そして、それらは、一朝一夕に身に付くものではなく、座学のみならず現場における実践も必要です。そのような能力を備えられるよう、時間をかけての教育が求められます。

特に、親族内承継では、どうしても身内に甘くなってしまいがちです。あなたが、「大丈夫」と合格点を出していても、周囲の評価が同じであるとは限りません。その点で、社内に限らず、社外での修行も必要になるでしょう。

後継者に対する教育として、具体的には、次のようなものが考えられます。

---

① 社内における教育

　ⓐ 社内の主要部門をローテーションして経験させる

　　会社の各部門（営業や財務、労務など）をローテーションして、それぞれ経験をさせることです。必要な知識を得られるだけでなく、後継者が社内の人間関係を築くきっかけとなります。

　ⓑ 経営幹部として経営に参画させる

　　責任のある地位に就けることで、意思決定やリーダーシップを発揮する機会を与えることができ、自覚と責任感を生じさせることができます。

　ⓒ 現経営者から直接指導する

　　事業承継は経営の理念を継いでもらうものなので、現経営者の考えの理解につながります。

② 社外における教育

　ⓐ 他社での勤務経験

　　先に述べたように、社外において厳しく指導してもらえます。もちろん、後継者が自分なりの人脈を形成するきっかけとなり、さま

ざまな経営感覚を得ることができます。
　ⓑ　社外セミナーの受講
　　経営者に必要な知識全般を習得する機会となります。

2　関係者への周知と理解

　夢咲家の場合、このような後継者を育てるための教育と並行して、友厚さんが後継者であると関係者に理解してもらい、さらには正式に後継者になった後に協力を得られるよう、周知、働きかけを行っていかなければなりません。

　友厚さんに後継者候補になる意思があるのであれば、次に妻の舞子さんや長女の澪さんなど他の親族の理解を求めることになります。

　この時、Q4で述べたとおり、父親であるあなたの資産の大半（株式や事業用不動産）を友厚さんに確実に引き継がなければならないので、澪さんに不満が生まれる可能性があります。澪さんにも相応の資産を遺せるよう、今後時間をかけた対策が当然必要ですし、そのことを澪さんにも説明して理解を求めておく必要があります。

　家族、親族の理解を得られたならば、次は会社の役員や従業員への周知を行います。後継者自身の人柄と力量が試されることになりますが、先に説明したように、身内の評価はどうしても甘くなりがちです。後継者の周知のタイミングを間違うと、社内から「まだ早い」「子供に甘い」などと不平不満が飛び出しかねません。

　ユメサキメンテナンスには、安治専務というあなたの右腕がいます。まずはこの安治専務を味方にしましょう。勇さんの想いと友厚さん自らの力量をもって、安治専務の信頼を勝ち得るならば、後はもう大丈夫です。他の従業員らに対しても、安治専務がフォローして回ってもらえます。

　最後に、社外への周知、発表も考えなければなりません。

　これは、会社としても大きなイベントとなります。新しい経営者を基軸と

する新しい経営組織、またそれに伴った新しい経営ビジョン、経営計画などを練り、発表することも考えられます。

　ただ、あまり肩肘を張ることもありません。経営者が新しくなったからといって、すぐさま奇をてらった方針を打ち出すこともないのです。先代の想い、経営理念を承継した者として、しっかりと事業（会社）を引き継いでいく姿勢を示していけばよいでしょう。

Q8

親族外の役員や従業員への承継をするのであれば、どのようにすればよいでしょうか。

A

後継者に株式を譲渡することによって承継させるべきです。具体的には、①MBO、②EBOの2つの方法があります。

■解　説

　親族に適切な後継者がいない場合、役員や従業員の中に、後継者として適任の方がいるのであれば、その方を後継者とすることも、もちろん可能です。

　夢咲勇さんの場合、長男の友厚さん、そして妻の舞子さんや長女の澪さんも事業を承継できないというのならば、安治専務をはじめ会社のことをよく理解してくれている方に承継してもらうのが、一番よいかもしれません。

　この場合、事業承継のつもりで、単に社長の地位のみ交代して、株式についてはそのままあなたと舞子さんが保有し続ければどうなるでしょうか。

　いわゆる株式会社においては、株主が会社を所有するが、日常の会社経営は株主総会によって選任された取締役がこれに当たるものとされています（これを「所有と経営の分離」といいます）。ただ、中小企業では、株主・(＝所有者)と取締役（＝経営者）は同一人物であるのが通常です。そのため、株主は変わらないのに、社長の地位のみ交替した場合、せっかく新しい社長として新たな方針を打ち出したり、業績を守るため日常の経営に努力しているにもかかわらず、株主であるあなたがその行動について不満をもち、株主総会において解任の手続をとることもできるのです。

　これでは、後継者は、いつでも社長の座から降ろされかねないという危険

感を背負い続けることになり、後継者の方の意欲が低下することにもなりかねません。これによって、長期的かつ安定的な経営をすることができなくなり、結果として会社のためにもならないことが多いと思われます。

　また、相続が発生してしまった場合には、Q11で述べるように、相続人全員で株式を共有する状態となります。夢咲さんの場合は、舞子さんと友厚さん、澪さんの3人が株式を相続することになりますが、この場合、後継者も、相続人間の相続争いに巻き込まれてしまいます。その中で、後継者の意思のとおりに会社の運営を決定していくことができなくなると、最悪の場合、後継者が退任に追い込まれてしまう可能性もあります。

　そこで、円滑な事業承継のためには、後継者に対して、株式の譲渡を行っておくのが妥当です。

　このうち、役員が、旧経営者から株式を買い取り、事業を承継する方法を「MBO（Management Buy-out）」といい、従業員が株式を買い取る方法を「EBO（Employee Buy-out）」といいます。MBOやEBOは、これまで、大企業の子会社の経営陣や事業部門の責任者が親会社から事業を買い取り、独立するといった形で活用されるケースとして紹介されてきましたが、中小企業における事業承継の方法としても利用されるものです。

　これまで会社のために貢献してきた役員や従業員であれば、旧経営者であるあなたの経営方針を十分に理解し、また、他の従業員との信頼関係も築いているため、事業承継後の円滑な会社運営が可能でしょう。そのため、親族内に後継者がいない場合には、役員や従業員への承継も、積極的に考えてもよいと思われます。もちろん、後継候補（夢咲勇さんの場合、安治専務）が経営者としての資質、能力を備えていることが大前提になるので、引き継ぎ期間を設け、能力を見極めることが必要です。

　株式を後継者に売却するためには、後継者に買取資金が必要になりますが、役員や従業員には、株式を買い取るだけの十分な自己資金がないことが多いため、必要な資金をどのようにして調達するかが、大きな問題になります。

　まずは、株価の算定が必要です。一般的な過去の経営実績や将来の収益性

の予測等のほかに、後継者の資金負担能力やオーナーの引退後の生活資金確保などの買い手・売り手の事情、税務上の問題などを多面的に検討し、適正な価格を決定する必要があります。他方で、後継者に対して、自己資金の範囲で株式をどの程度買い取れるかを確認し、不足分の対策を検討します。

　事前に役員や従業員の報酬・給与額を上げておくこともできますが、これだけでは不足するかもしれません。公的な融資制度の利用や、金融機関から資金を調達する必要もあるでしょう。融資については、Q20を参照してください。また、事業の収益性や将来の成長性が見込めれば、投資ファンドからの出資を得られる可能性があります。全株式ではなく、会社の議決権（3分の2）を超える株式を譲渡し、株式の一部を現経営者が保有しつづけることにより、後継者の負担を軽減し、経営状況を見ながら段階的に事業承継を進めるといった選択肢もあります。

　なお、検討過程においては、株価の算定、資金調達方法、株式譲渡に関する契約の内容など、必要に応じて専門家に相談しながら進めてください。

Q9

困ったことに、親族内や会社の役員・従業員の中に、後継者として適任な者がいません。同業の方が、私の会社を引き受けてよいと言ってくれているのですが、どのような手続をとればよいでしょうか。

M&Aには、株式の譲渡、合併、事業譲渡等の方法がありますが、この場合は株式の譲渡による方法が妥当でしょう。

■解　説

1　M&Aの検討

　他の企業に事業を承継してもらうことは、一般的に、合併（Merger）と買収（Acquisition）の頭文字をとって、「M&A」といわれています。
　近年は、少子化の影響からか、特に親族内に適当な後継者が見当たらない事例が多くなってきているようです。そのため、他の企業に承継させる方法がとられる例も増えつつあります。
　M&Aというと、あまりよい印象をもたれない方もいるかもしれませんが、うまく活用すれば、親族内や役員・従業員に適当な後継者が見当たらない場合でも、これまで努力して築き上げた事業を廃業させることなく、会社を存続させていくことができます。
　また、経営者にとっても、事業承継の対価を得ることができますので、いわゆる「ハッピー・リタイヤ」を実現することも可能となります。

2　M&Aの手段

　事業承継のための手段としては、株式の譲渡のほか、事業譲渡や合併等の手法があります。

(1)　株式譲渡

　株式の譲渡による事業の承継は、売り手側の会社が自己の発行済株式を買い手側に売却して経営権を引き渡すものです。売却の対価は、株式を有している売り手側の経営者個人が得ることになります。

　株式譲渡は、売り手側の株主が代わるだけであり、会社はそのまま存続します。社名を変更する必要もありませんし、会社が取得している許認可にも影響を与えません。

　他の手法に比べて、手続が最も簡単であり（売り手の会社が株式の譲渡に取締役会の承認が必要ならば、取締役会決議で済みます（会社法107条1条1号・108条1項4号・139条1項））、迅速に行うことができますので、中小企業同士の買収には株式の譲渡の手法によるのが一般的です。

　ただ、株式譲渡をする場合には、買い手側（承継先）の会社が、新しい株主として、株主総会において、定款の変更等の重要事項についても決議できるようにしておく必要があります。会社法では、定款の変更等を行うには特別決議（議決権を行使することができる株主の議決権の過半数を有する株主が出席し、出席した当該株主の議決権の3分の2以上に当たる多数をもって行う決議）が必要ですので、少なくとも全株式の3分の2以上は譲渡する必要があるでしょう。

(2)　事業譲渡

　事業譲渡とは、会社の事業の全部または一部を、承継先に売却する方法です。この場合、売却の対価は、経営者個人ではなく、譲渡をする会社が受け取ることになります。

　会社自体は事業を譲渡した後も存続しますので、譲渡をする会社自体を消滅させるためには、別途、清算等の手続を取らなくてはなりません。

(3) 合　併

　合併とは、契約によって、2つ以上の会社を1つの会社にすることをいいます。手続は、どうしても複雑になります。

　売り手と買い手が同一法人となるので、統合の効果は早く表れてきます。

3　どの手法を選択するか

　株式譲渡や合併の手法は、会社の有形・無形すべての資産を「そっくりそのまま」譲り受けることになります。そのため、経理処理・税務処理などの体制が十分でない規模の会社においては、売り手の潜在債務・簿外債務などを引き継いでしまうリスクがあります。

　事業譲渡の場合には、会社の中から、一つの部門や事業所、さらには不動産や営業権、売掛金等の資産を個別に譲渡の対象にするため、債務を自動的に引き継ぐことはありません。他方で、事業上の許認可を引き継ぐことができません。顧客・取引先も、場合によっては事業譲渡を機に離れてしまうおそれも多分にあります。また、従業員を承継するには、従業員の同意が必要とされています。そして、このように資産等を個別に譲渡（承継）するため、手続が煩雑になります。

　合併においては、2つの会社がいきなり同一法人となるので、お互いの会社風土、文化を慎重に考慮しておく必要があります。摩擦が起こってしまう場合もあります。

　ユメサキメンテナンスのような中小企業におけるM&Aの場合、規模も大きくなく、役員や従業員の人的なつながりが強いこともあって、よほど経理処理等の体制がしっかりしていない場合でなければ、これまでの会社の組織環境がほとんど変わらず、手続も簡単な株式譲渡の手法によって行うのが妥当でしょう。

　もちろんそれぞれの手法には、メリット、デメリットがあり、どの手法を選択すべきかは事案によって異なりますので、専門家にアドバイスを求めるのがよいでしょう。

Q10

M&Aを行えば、私の会社の役員や従業員は辞めなければならなくなるのでしょうか。

A 当然に辞めなければいけないことにはなりませんが、承継先とあらかじめ合意しておくのが無難でしょう。

■解　説

1　役員は辞めなければならないか？

株式の譲渡による事業の承継の場合（Q12～14参照）、株式が譲渡されても役員はそのままであり、役員が当然に解任されるわけではありません。

しかし、会社法の規定により、過半数の株式を取得した承継先の会社は、株主総会の普通決議（株主総会に出席した株主の有する議決権の超半数をもって行う決議）によって株式を譲渡した役員をいつでも解任することができます。したがって、新たな経営者の意向によっては、旧役員を解任することもあり得ます。

なお、合併や事業譲渡の手続によった場合には、承継先の会社の株主総会で役員として新たに選任されない限り、承継先の会社の役員となることはできません。

2　従業員は辞めなければならないか？

従業員については、株式の譲渡による承継の場合や合併の場合には、承継先でも雇用関係が承継されます。

事業譲渡の場合には、当然には雇用関係は承継されないため、新たに承継先と雇用契約を締結し直す必要があります。

3 対応策

承継先の会社としては、これまでの事業の円滑な継続を望むのが通常でしょうから、役員や従業員を当然に辞めさせたいと考えるわけではありません。しかし、役員を一新したい、または、従業員の数も減らしたいと考えているかもしれません。いずれにせよ、役員の地位を維持させたい者がいる場合や、従業員の地位を維持させたい場合には、承継先の会社との間で、あらかじめ合意しておくのが無難でしょう。

具体的には、単に口頭での合意ではなく、買収契約書に被買収企業の雇用条件についての条項を設け、現状の雇用を維持し、雇用条件も変更しない旨の記載しておくべきです。これらについては、弁護士に作成を依頼しておくべきです。

COLUMN ②

●M&A は怖くない

　M&A については、いまだに「大企業が行うもの」とのイメージがあるうえ「敵対的買収」といったイメージが残っていて、抵抗感が大きいようです。そのため、M&A を戦略的に活用するというよりも、経営状態が悪化してからしか相談を持ち込まない経営者が多く、たとえば商工会議所などの窓口や金融機関、会計事務所などが相談を受けても、譲渡先を探すことが難しく、成約にまで至るケースが少ないというのも現状です。

　しかし、譲受側にとって、M&A は、新規事業立ち上げにかかる時間が短縮できること、一から事業進出するよりもすでに実績がありマーケットもある既存事業を買収する方が低コストで済むこと、業績予測がしやすいこと等のメリットがあることから、友好的な買収が主流なのです。

しかも、近年、小規模企業（たとえば、平成23年に大阪商工会議所が創設した『スモールM&A市場』の対象は、簿価純資産5000万円未満の企業、個人事業者）に関するM&Aに注目が集まっています。
　M&Aは、戦略的に活用するものであり、怖くはありません。
(独立行政法人中小企業基盤整備機構「事業承継実態調査　報告書」(平成23年3月) 31頁参照)

Q11

「信託」という方法を使った事業承継というものがあると聞きましたが、どのような方法なのでしょうか。

A 信託による事業承継には、①遺言代用信託、②他益信託、③跡継ぎ遺贈型受益者連続信託があります。特に、信託法の改正によって明文化された後継ぎ遺贈型受益者連続信託は、受益者が死亡した場合に他の者が新たな受益権を取得する旨の定めのある信託であり、委託者となる現経営者の思いを順次継がせることができる方法として注目されています。

■解　説

1　第4の方法

　信託よる事業承継は、これまでの親族内承継、親族外承継、M&Aという3つの方法とは別の、第4の方法といわれています。

　まず、信託というのは、「委託者」が自己の財産を信頼できる人（「受託者」。信託銀行などが考えられます）に譲渡し、自分の指定した第三者（「受益者」）の利益のために管理または処分させることで、契約または遺言によって設定されます。

　平成19年9月30日に、改正信託法が施行されていますが、同法においては、後述の後継ぎ遺贈型受益者連続信託や遺言代用信託をはじめとして、中小企業の事業承継の円滑化に活用可能な信託の類型が創設または明確化されました。

そして、この信託の利用には、①事業承継の確実性・円滑性、②後継者の地位の安定性、③議決権の分散化の防止、④財産管理の安定性などといった面で、メリットがあると考えられています。
　事業承継において想定される信託の手法としては、代表的に次のようなものが考えられています。

2　遺言代用信託

　まず、遺言代用信託（信託法90条1項1号・2号）を利用した事業承継スキームが考えられます。これは、現経営者が委託者となって、その生前に、所有している自社株式を対象に信託を設定し、信託契約の中で、自らを当初受益者とし、自分が死亡した時に後継者が受益者として権利を取得する旨を定めるものです。あわせて、経営者が信託設定以後に受益者の変更権を有しない旨を定めておきます。
　このスキームは、経営者が、その生存中は、引き続き経営権を維持しつつ、あらかじめ自分の死亡時に後継者が受益権を取得する旨を定めることによって、後継者が確実に経営権を取得できるようにするものです。
　自社株式を対象に信託を設定するので、受託者が株主となり、当該自社株式を管理することになるため、たとえば、その後経営者の気持ちが変わって、第三者に自社株式を処分してしまうようなリスクを防止することができ、後継者への事業承継を安定的かつ確実に行うことができます。
　後継者（経営者が死亡した後の受益者）は、経営者の相続開始と同時に「受益者」となるので、経営上の空白期間が生じません。遺言の場合、その執行にはどうしても時間がかかってしまうことから、遺言と比較してもメリットがあるといえます。
　さらに、後継者への資産の集中を避けるために、信託契約の中で、経営者が死亡した時には、受益権を分割して後継者だけでなく非後継者にも取得させることとして非後継者の遺留分にも配慮しつつ、議決権行使の指図権（議決権をどのように行使するかを受託者に指図できる権利）を後継者のみに付与す

ることも定めておけば、議決権の分散を防止し、後継者への安定的な事業承継を図ることも可能です。

3　他益信託

他益信託を利用した事業承継スキームは、現経営者が委託者となってその生前に、自社株式を対象に信託を設定し、信託契約において、後継者を受益者と定めるものです。

このスキームでは、経営者が議決権行使の指図権を保持することで、引き続き経営権を維持しつつ、自社株式の財産的部分のみを後継者に取得させることができます。

そして、信託契約の中で、信託終了時に後継者が自社株式の交付を受ける旨を定めておくことで、後継者の地位を確立することができ、後継者は、安心して経営にあたることができます。さらに、信託終了時の定め方について、信託設定から数年経過時、あるいは経営者（委託者）の死亡時など、経営者の意向に応じた柔軟なスキームを構築することができます。

4　後継ぎ遺贈型受益者連続信託

後継ぎ遺贈型受益者連続信託（信託法91条）を利用した事業承継スキームは、経営者（委託者）が自社株式を対象に信託を設定し、信託契約において、後継者を受益者と定めつつ、当該受益者たる後継者の死亡により、その受益権が消滅した場合には、次の後継者が新たな受益権を取得する旨も定めるものです。

このスキームは、委託者が現在の受益者のみならず、その次の受益者を指定することができます（そのまた次の受益者を指定することも可能です）。すなわち、受益者の指定を通じて、後継者のさらにその次の後継者を決めることが可能になるのです。たとえば、あなたの場合に、受益者の指定を長男の友厚さんのみならず、友厚さんが亡くなった場合の後継者として、長女の澪さんの子どもに決めておくことも可能です。これにより、適任と思われる者へ

順次会社の支配権を移すことが可能になります。

　さらに、議決権行使の指図権は、後継者たる長男に取得させつつ、受益権を分割して非後継者たる長女に取得させることで、遺留分にも配慮し、長男および長女の死亡後は、長男の子（経営者の孫）が完全な受益権を取得する、というスキームも可能です。

　このように、後継ぎ遺贈型の受益者連続信託は、信託の定めを工夫することによって、委託者のニーズに応じたきめ細かな財産承継を実現できる制度であり、事業承継の分野への活用が大いに期待されています。

5　デメリットは？

　もちろん、信託による方法は、他の方法によっても（たとえば、種類株式の発行により）、同様の効果が得られる場合もあります。

　他方で、信託を活用するスキームは、受託者（信託銀行など）との契約が必要となり、受託者に対する報酬も発生することになります。また、税務面や信託業法の規制についても検討する必要があります。

　まずは、専門家に相談してみるのがよいと思われます。

③ 株式の承継（経営権の承継）

Q12

私のもっている株は、もし相続になれば妻や子どもたちに分割されると考えてよいですか。

A 相続になれば、あなたが保有するすべての株が妻や子どもたちの準共有状態となります。

■解　説

1　株式の準共有状態

　誤解される方が多いのですが、相続が発生した場合、たとえば、代表者（被相続人）が保有していた自社株式については、相続人が妻と長男、長女の場合、遺産分割協議が整うまで妻が2分の1の数の株式を、長男が4分の1の数の株式を、長女も4分の1の数の株式をそれぞれ分割して持ち合うわけではありません。

　株式ごとに、妻が2分の1の割合で、長男が4分の1の割合で、長女が4分の1の割合で共有する状態（このような所有権以外の権利を共有することを「準共有」といいます）が生じることになります（民法898条・900条）。

2　株式の準共有状態の不都合性

　このような株式の準共有状態の場合、原則として、持分の割合に従いその過半数をもって、共有者の中から権利を行使する代表者1人を定めて会社に

対して通知しない限り、その株式については権利行使をすることができません（会社法106条）。

すなわち、法定相続によると、妻も長男も長女も、1人では過半数を占めているわけではないので、それぞれが自分の主張をすれば、結局代表者を決めることができず、権利を行使することができないのです。

そのため、株式を相続した妻、長男、長女の間で、権利を行使する者を誰にするか、今後の経営方針等をめぐって対立が生じる可能性があり、迅速な経営ができなくなるという不都合が生じる可能性があります。

3　株式承継対策の必要性

事業承継を円滑に進めるという観点からすれば、あらかじめ定められた後継者（その協力者を含みます）に対し、会社の重大事項を決する特別決議を可決できる3分の2以上の株式を確保しておくことが望ましいといえます。

したがって、株式が準共有になることで生じる不都合さを回避するために、経営者はあらかじめ後継者を決めて、その後継者や協力者に対して、生前贈与、遺言等の形で自らが保有する株式を承継しておく必要性が高いといえます。

4　夢咲家の場合

夢咲家の場合、勇さんが死亡すれば、勇さんが保有する全株の90パーセントの株式が、妻の舞子さんが2分の1の割合で、長男の友厚さんが4分の1の割合で、長女の澪さんが4分の1の割合で共有する状態が生じることになります。

前述のとおり、このような株式の準共有状態の場合、原則として、持分の割合に従いその過半数をもって、共有者の中から権利を行使する代表者1人を定めて会社に対して通知しない限り、その株式については権利行使をすることができません。

夢咲家の場合、友厚さんに経営を引き継いでほしいと考える舞子さんと、

その気があるのかはっきりしない友厚さん、そして、まだ学生である澪さんとの間で意見が対立することが予想されます。

したがって、勇さんはあらかじめ後継者（たとえば、友厚さん）を決めて、その後継者や協力者（たとえば、舞子さんや専務の安治一さん）に対して、生前贈与、遺言等の形で自らが保有する株式を承継しておく必要性が高いといえます。

Q13

私は、長男を後継者にしたいと考えています。そこで、保有している株式を長男に承継したいと考えているのですが、どのような方法がありますか。

A 生前贈与や遺言によって、株式を承継させる方法が考えられます。

■解　説

1　生前贈与

まず、生前に株式を後継者に贈与するということが考えられます。

この方法を考える場合、次の2点に留意してください。

(1) 特別受益・遺留分

相続人の一部の者が、生前贈与や遺贈（遺言による贈与のことをいいます）を受けるなどしたことにより、他の相続人に比べて特別の利益を受けていることがあります。

このような場合に、残された相続財産を基礎として法定相続分をそのまま適用すると相続人の間に分配された財産に不公平が生じることから、生前贈与や遺贈により受けた特別の利益は相続財産として扱われ、相続分の算定の基礎となります（民法903条）。

また、生前贈与や遺贈により受けた財産は、遺留分算定の基礎財産にも算入されることになります（民法1029条）。

したがって、生前に株式を後継者に贈与したのはよいものの、これが特別

利益として扱われたり、遺留分算定の基礎財産として扱われたりして、それ以外の財産を後継者が取得できないといった事態も考えられます。

(2) 贈与税

贈与税の課税方法には、暦年課税と相続時精算課税の2種類があります。

暦年課税とは、1年間の贈与額に応じて贈与税を計算するという方法をいい、原則的な計算方法です。

暦年課税では、年間の基礎控除額は110万円となっていますので、1年ごとに時価で110万円分の株式を贈与した場合であれば、課税されないことになります。

相続時清算課税とは、贈与を受ける者（贈与者の推定相続人のことを指します）は、贈与により取得した財産の価額（相続税評価額）につき、累計で2500万円まで贈与税が課税されず、これを超える額につき贈与税が課されるとの贈与に対する課税方式をいいます。

相続時清算課税を選択した被相続人の相続時には、相続財産の価額に相続時清算課税を適用した贈与財産の価額を合算して相続税額を計算します。算出された相続税額から、相続時清算課税を適用して納付した贈与税額を控除し、控除しきれない額は還付されます。

相続時清算課税を選択すると、通常の暦年課税を適用することはできません。いったん相続時清算課税を選択すると、その贈与者からのその後の贈与はすべて相続時清算課税に取り込まれます。

大株主が比較的若いときに株式の承継を決めた場合、大株主が死亡するまでに時間がありますので、しばらくの間は暦年課税で年間の基礎控除額110万円の範囲で一部の株式を贈与していき、その後に、相続時精算課税を選択して残りの株式を贈与すれば、節税のメリットを最大限活かせることになります。詳しくは、Q55を参照してください。

2　遺　言

次に、遺言で株式を後継者に承継させることが考えられます。

遺言を書く場合には、特に「遺留分」（民法1028条以下）に留意をする必要があります。

　遺留分とは、相続財産（遺産）のうち、一定の相続人に法律上、必ず残しておかなければならないとされている一定の割合額をいいます（詳しくはQ26を参照してください）。

　兄弟姉妹以外の相続人、すなわち、配偶者、子および直系尊属（孫や曽孫などを指します）は遺留分を有します。これらの者の遺留分を侵害する贈与・遺贈は遺留分減殺請求権の行使されることによって、遺留分の限度で効力を失います。

　遺留分の割合（遺留分率）は、①直系尊属のみが相続人である場合は被相続人の財産の3分の1、②その他の場合は被相続人の財産の2分の1です。

　このように、遺言で株式を後継者に承継される場合であっても、必ずしも遺言者の意思が反映されない場合もありますので、遺言を作成するにあたっては遺留分に留意する必要があります。

3　夢咲家の場合

　夢咲家の場合、暦年課税で年間の基礎控除額110万円の範囲で一部の株式を長男の友厚さんに贈与していき、その後、相続時清算課税を選択して残りの株式を贈与するという方法や、遺言で友厚さんに株式の相続をさせることを決めておいて、暦年課税で年間の基礎控除額110万円の範囲で一部の株式を贈与し続けていくなどの方法が考えられます。さまざまな方法が考えられるところでありますが、税制の変更などもありますので、どのような方法をとるべきかは公認会計士・税理士等に相談して決めるとよいでしょう。

第 1 章　法律関係

Q14

株式を事前に承継するにあたり、最近、遺留分に関する民法の特例等を定めた法律が制定されたと聞きました。この法律によれば、どのようなメリットがあるのですか。

A 経営承継円滑化法により、民法の遺留分の規定のため株式の承継が円滑にいかないといった弊害が解消されるケースもあります。

■解　説

1　特例の内容

中小企業における経営の承継の円滑化に関する法律（平成20年10月 1 日施行。以下、「経営承継円滑化法」といいます）では、次のように遺留分に関する民法の特例が定められました。なお、同法全文と同施行規則の一部を資料編に掲載しています。

① 生前に贈与した株式を遺留分算定の基礎財産に算入しないこと
② 生前に贈与した株式について、遺留分算定の基礎財産への算入に際し、その価額をあらかじめ合意により決めることができること（ただし、その価額は、弁護士、公認会計士、税理士等がその時における相当な価額として証明したものに限ります）

この経営承継円滑化法の定めにより、旧代表者が死亡した後に、相続人間

で相続に関する争いが生じたとしても、生前に贈与した株式・事業に必要不可欠な財産（土地、建物等）については、遺留分算定の基礎財産に算入されないことになりますので、生前に贈与した株式・事業に必要不可欠な財産（土地、建物等）は後継者に確定的に引き継がれることになり、事業承継を円滑に行うことが可能となるのです。

　ちなみに、経営承継円滑化法が定める遺留分に関する民法の特例が、平成21年3月1日より平成25年1月末までの期間では、後述の遺留分に関する民法の特例の基礎となる経済産業大臣の確認が57件実施されており（中小企業白書（2013年版））、今後も活用されていくことが見込まれます。経営承継円滑化法を活用した場合の税制上のメリット等については、Q60を参照してください。

2　特例が適用されるための要件

(1)　特例が適用される会社の規模・合意内容

特例が適用されるためには、次の各要件の充足が必要となります。

---

① 中小企業（経営承継円滑化法2条各号に規定する企業〔表2〕参照）であって、一定期間（3年。経営承継円滑化法施行規則2条）以上継続して事業を行っていること（以下、「特例中小企業者」といいます）

② 特例中小企業者の代表者である、または、あった者（以下、「旧代表者」といいます）が、その推定相続人（現状のままで相続が開始した場合、ただちに相続人となるべき者をいいます）であって、特例中小企業者の代表者である者（以下、「後継者」といいます）に対し、特例中小企業者の株式の贈与を行い、その結果、後継者の保有する株式数が総株主の議決権の過半数を有することとなったこと（なお、「推定相続人」にはそもそも遺留分を有していない旧代表者の兄弟姉妹およびその子は含まれません）

以上の各要件に該当する場合には、後継者とその他の推定相続人は、全員でもって、次の合意をすることができます。

ⓐ　後継者が贈与によって取得した株式の全部または一部について、その価額を遺留分を算定するための財産の価額に算入しないこと
ⓑ　後継者が贈与によって取得した株式の全部または一部について、遺留分を算定するための財産の価額に算入すべき価額を、当該合意の時における価額とすること

〔表2〕　経営承継円滑化法2条各号に規定する企業

業種	資本金の額		従業員の数
製造業、建設業、運輸業、その他	3億円以下	or	300人以下
卸売業	1億円以下		100人以下
サービス業	5000万円以下		100人以下
小売業	5000万円以下		50人以下
政令で定める業種	政令で定める		

(2)　**後継者以外の推定相続人がとることのできる措置**

　この合意をし、あわせて、後継者が合意の対象とした株式を処分する行為をした場合、または、旧代表者の生存中に後継者が特例中小企業者の代表者として経営に従事しなくなった場合に、後継者以外の推定相続人がとることができる措置に関する定めをしなければならないとされています。たとえば、後継者に違約金の支払いをさせる等の措置が考えられます。

(3)　**事業に不可欠な財産の承継**

　また、上記合意をする際に、あわせて、後継者が旧代表者から贈与により取得した不動産等の財産の全部または一部について、その価額を遺留分を算定するための財産の価額に算入しない旨の定めをすることができます。これにより、特例中小企業者の株式のほかに、その事業に必要不可欠な財産（土地、建物等）を円滑に後継者に承継することができるようになります。

さらに、上記合意をする際に、あわせて、推定相続人間の衡平を図るための措置に関する定めをすることができ、その場合、後継者以外の推定相続人が旧代表者から贈与を受けた不動産等の財産の全部または一部について、その価額を遺留分を算定するための財産の価額に算入しない旨の定めをすることができます。

3　特例を受けるための手続

　特例を受けるための手続は次のとおりです。
(1)　推定相続人全員の書面による合意
　本合意および各定めはすべて、後継者を含む推定相続人全員でもって、書面にて行わなければなりません。
(2)　経済産業大臣に対する申請
　本合意がなされた場合には、合意の日から1カ月以内に、当該合意に関し、経営の承継の円滑化を図るためにされたものであること等の確認を受けるために経済産業大臣に書面にて申請をしなければなりません。
(3)　家庭裁判所に対する許可申立て
　さらに、経済産業大臣の確認を受けた場合には、受けた日から1カ月以内に、後継者は、家庭裁判所に上記合意の許可を求める申立てをしなければなりません。現行民法上の遺留分の放棄の制度は、遺留分放棄をする推定相続人本人が、個別に家庭裁判所に対し申立てをしなければならないことと比較すると利益を受ける後継者が一括で手続をすることとなりますので、他の推定相続人の負担が軽減され、手続がより簡易になっています。

4　特例の効力が発生するための要件

　本合意は家庭裁判所の許可でもってその効力が生じることとなります。
　本合意については、次の場合には効力が失われることになりますので、特に②ないし④については注意が必要です。

第1章　法律関係

> ①　経済産業大臣の確認が取り消された場合
> ②　旧代表者の生存中に後継者が死亡し、または後見開始もしくは保佐開始の審判を受けた場合
> ③　上記合意の当事者以外の者が新たに旧代表者の推定相続人となった場合
> ④　上記合意の当事者の代襲者が旧代表者の養子となった場合

5　夢咲家の場合

　夢咲家の場合、代表者である夢咲勇さんは長男友厚さんに、経営承継円滑化法に基づいて事業を承継させることが考えられます。この場合、勇の妻舞子さん、長男友厚さん、長女澪さん全員の合意が必要となります。舞子さんはともかく、澪さんにはそれ相応の財産を贈与することを講じておかないと、おそらく澪さんは納得しないでしょう。

　そこで、前述した推定相続人間の衡平を図るための措置に関する定めをすることで推定相続人全員の合意が得られるようにするとよいでしょう。

Q15

株式を後継者に集中させるのが困難な事情がある場合、長男以外の株式の議決権を制限してしまうということは可能ですか。

A 可能です。そのための手法として、会社法に規定されているさまざまな「種類株式」（株式会社が、剰余金の配当その他の権利の内容が異なる2種類以上の株式を発行した場合、その各株式をいいます）を活用することが考えられます。

■解　説

1　種類株式の活用

事業承継を行うにあたり、すでに分散している株式を買い取り後継者に集中させることができれば、そのような方法をとることが一般的には望ましいといえます。

もっとも、株式の買取価格が高額であり、しかも、株式の分散が著しい場合にはそのような方法をとることは困難です。

そこで、現在の株主に株式はもってもらったまま、議決権を制限する方法をとることにより経営権を確保することを考えていきます。

会社法（平成18年5月1日施行）では、「種類株式」の活用の幅が拡大しました。

平成13年の商法改正以前は、配当優先の株式以外は、いわゆる「普通株式」の発行しかできませんでした。普通株式というのは、株主平等の原則によって、どの株主も持株数に応じて議決権や利益の配当などが平等に扱われ

る株式のことをいいます。

その後、種類株式の発行が認められるようになりました。「種類株式」とは、利益の配当や議決権などで他の株式と異なる取り扱いをするものをいいます。

この種類株式の発行により議決権を制限することが可能になります。

2 現在の株式を無議決権株式にしてしまう方法

議決権を制限するためには、次のようなスキームを用います。

① まず、従来発行されている普通株式のほかに、「完全無議決権株式」（株主総会での議決権が全く認められない株式です）を発行する旨の定款変更をして（登記をする必要もあります。Q39参照）、「種類株式発行会社」（剰余金の配当その他の権利の内容が異なる2種類以上の株式を発行する株式会社を指します）にします。ここで、完全無議決権株式の発行枠をつくります。

② 次に、従来発行されている普通株式に「全部取得条項」（会社が株主総会決議に基づいてその全部を取得できる旨の条項をいいます）を付する定款の変更をします。これによって、従来発行されていた普通株式は「全部取得条項付種類株式」に転換されます。このときに、反対株主は株式買取請求権の行使をすることができますので、反対株主に対してだけは株式買取の対価として現金の支払いが必要になります。

③ その後、全部取得条項付種類株式にある全部取得条項を発動し、全部取得条項付種類株式を会社が全部取得し、その取得の対価として完全無議決権株式を交付します。このときに、反対株主は株主総会決議の日から20日以内に、裁判所に対し、取得対価の決定の申立てをすることができます。

④ このような手順を踏むことにより、会社の株式はすべて「完全無議決権株式」だけになりますので、同時にオーナーに普通株式1株を時

価発行します。
⑤　この結果、この会社は完全無議決権株式と普通株式1株とを発行する会社になります。

3　その他の方法

(1)　拒否権付種類株式（黄金株）の発行

その他の方法として、まず、拒否権付種類株式（黄金株）を発行することが考えられます。

黄金株とは、株主総会または取締役会で決議すべき事項のうち、その決議のほか、種類株主総会の決議を必要とする株式で、これを1株保有していれば、種類株主総会の決議で拒否できます。

黄金株を発行する場合には、定款で次の事項等を定め、登記をする必要があります。

①　株主総会等の決議事項のうち、その種類株主総会の決議を必要とする事項（たとえば、「株主総会・取締役会の決議事項のすべてについて、種類株主総会の決議を必要とする」と定めることで、黄金株を保有することで経営に関するおよそすべての決定事項について拒否権を有することができます）

②　その種類株主総会の決議を必要とする条件を定めるときは、その条件、発行可能種類株式総数

(2)　取締役・監査役選任付種類株式の発行

また、取締役・監査役選任付種類株式を発行することが考えられます。

取締役・監査役選任付種類株式は、委員会設置会社でない非公開会社のみが発行できる株式で、種類株主総会において取締役または監査役を選任する権利を有した株式です。

したがって、取締役会設置会社で、すべての取締役・監査役の選任権を有する株式を1株所有しておけば、経営権を集中することができます。

取締役・監査役選任付種類株式を発行する場合には、定款で次の事項等を定め、登記をする必要があります。

---

① 種類株主総会で取締役または監査役を選任することおよび選任できる人数
② ①の事項を変更する条件があるときは、その条件および条件が成就した場合における変更後の①に掲げる事項

---

(3) 属人的種類株式の発行

さらに、属人的種類株式（株式を取得する者が誰かによって株式の内容が変わるというもの）を発行することが考えられます。

具体的には、定款に「代表取締役である株主が議決権の全てを有するものとする」という規定を定めて、代表取締役に後継者を就任させることで、その後継者は全議決権を有することになります。

この方法によると、属人的種類株式発行の定款変更することに反対の株主による株式買取請求権の適用もありませんので、その点においては、後継者に議決権を集中させる手法としては優れているものと思われます。

4　夢咲家の場合

夢咲家の場合も、長男の夢咲友厚さんに株式を集中させることが困難であったとしても、このような「種類株式」を活用することで、友厚さん以外の株式（夢咲勇さんが保有していた株式が相続されたものも含む）の議決権を制限することができます。

Q16

相続クーデターという言葉を聞いたのですが、どのようなものですか。

A　会社の発行済総株式の3分の2以上株式を保有するような大株主に相続が発生した場合に、100分の3以上の議決権をもつ少数株主グループが株主総会を招集して、オーナー家の相続株を会社にて強制買取りをするというものです。相続クーデターが予想される場合は、あらかじめ対策を講じることをおすすめします。

■解　説

1　相続クーデターの危険性

　定款で相続人等に対する株式の売渡しの請求に関する規定を定めておくと、会社は相続その他一般承継（権利・義務の一切を承継すること）があったことを知った日から1年以内に株主総会の特別決議（議決権を行使することができる株主の議決権の過半数を有する株主が出席し、出席した当該株主の議決権の3分の2以上に当たる多数をもって行う決議）により株式相続人等に対して強制売渡請求を行うことが可能となります（会社法174条）。これは、株主間の密接な信頼関係の下で成り立っている会社において、そのような信頼関係にない株主の会社経営への参加を排除することを狙いとしたものです。価格面の協議を除いて、相続人等はこの売渡請求を拒むことはできません。

　しかし、この規定を定款におくことで、大株主の相続人にとって裏目に出ることもあります。大株主に相続が発生したときには、会社が相続人に相続

株の売渡請求をするか否かを決定する株主総会において、相続人はその決議に関しては特別な利害を有することから、議決権がありません（会社法175条2項）。そのため、残存株主のみが相続人に相続株の売渡請求をするか否かを決定することができることになり、相続株の売渡請求が決定されれば、残された配偶者等相続人は株主としての地位を失うことになります。

葬儀の疲れが残る相続人が、わけのわからない間に少数株主からの株主総会の招集通知を受け、そこに議題として「株式売渡請求の件」と書かれていても理解できないかもしれません。

やがて株主総会が開催され、名義株主から「株式売渡請求の件」の説明があります。

前述のとおり、ここで相続人は議決権を行使することができませんので、残る名義株主や少数株主が議決権のすべてとなり、これらの者の満場一致という形で可決され、相続人が相続した株式は相続人等に対する株式の売渡しの請求に関する規定により会社が強制的に買い取ることになってしまいます。

そして、新たな代表取締役の選任にあたっては、相続人はすでに株主ではなくなっていますので、従来の少数株主の意向が反映されることになります。

結果、従来の少数株主かその息のかかった者が選任され、会社が第三者等に売却されてしまう可能性があります。

2　相続クーデターを未然に防ぐ対策

そこで、残存株主が「相続クーデター」を起こす可能性があるような場合には、事前に次のような対策を講じておくとよいでしょう。

---

① 生前贈与
　　大株主の所有株式のすべてを、相続時精算課税制度を活用して生前贈与します。これにより、相続時には所有株式はなくなりますので、相続クーデターのおそれはなくなります。
② 持株会社の設立

大株主の生前中に、大株主の持株を現物出資して持株会社を設立します。相続の開始があった場合は、その持株会社の出資（株式）が相続人に相続されますので（もともとあった会社の株式を直接相続人が相続するわけではありません）、相続人等に対する売渡請求は適用を受けません。

③　種類株式の活用1——大株主の株式の譲渡制限を外す方法

　　大株主の生前中に、会社を種類株式発行会社にし、大株主の所有株式については株式譲渡制限を外しておく（株式譲渡を取締役会等の承認を得なくても自由に行うことができるようにする）方法です。相続人等に対する売渡請求の制度は相続株が譲渡制限株式である場合の特例ですので、相続人等に対する売渡請求の制度の対象外となります。

④　種類株式の活用2——取得条項付株式

　　大株主の生前に、関係する少数株主の同意を得られる場合には、少数株主の所有する普通株式を、大株主の相続開始時に会社が所定の条件で取得することができるという取得条項付株式に転換しておくことも考えられます。これにより、大株主の相続開始時に少数株主の株式は会社が取得することとなり、会社は自社株式について議決権を行使できないので、結局大株主の相続人が株主総会において議決権を行使することが可能となります（会社法175条2項ただし書）。

⑤　種類株式の活用3——完全無議決権株式

　　大株主の生前中に、上記④が不可能な場合には、すべての普通株式を全部取得条項付種類株式（会社が株主総会決議に基づいてその全部を取得できるとの定款の定めがある種類株式）経由にて完全無議決権株式（株主総会での議決権が全くない株式）に転換し、同時に大株主には別に普通株式を発行しておく方法です。これにより、少数株主は大株主の相続開始時に株主総会における議決権を行使できなくなり、株式会社からの売渡請求を回避できます。

⑥　種類株式の活用4——黄金株

> 　大株主の生前中に、事業後継者に譲渡制限付拒否権付種類株式（黄金株。Q15参照）を発行しておく方法も考えられます。これを1株保有していれば、種類株主総会の決議で拒否できます。事業後継者が黄金株をもっていれば、相続人に対する売渡請求に関する株主総会とは別に、種類株主総会の決議を必要とするため、この種類株主総会の決議によって売渡請求決議を拒否することが可能となります。

Q17

名義株とはどのようなものですか。名義株がある場合にはどのように対処したらよいですか。

A 名義株とは、実質的に出資した人ではない人が名義上株主になっている株をいいます。円滑な事業承継のために、早期に名義変更をしておくことが必要です。

■解　説

1　名義株とは

　平成2年の商法改正前は、株式会社の設立のためには最低7人の発起人が必要で、しかも、発起人は最低1株を引き受けなければなりませんでした。そのため、創業者が出資金をすべて出して、発起人としての名義だけ借りるといった事態が生じたことなどから、実質的に出資をしていない人が株主となっている名義株が存在するケースがあるのです。

2　名義変更の必要性

　円滑な事業承継を行うためにも、創業時の事情をよく知っている創業者が存命のうちに名義株主のもとに出向いて、名義変更をしておくことが必要です。

　創業者や名義株主が存命のうちに名義変更をしておかないと、事情を知る者がいなくなりますし、創業者側においても、また、名義株主側においても相続が発生することで権利関係がより一層複雑化していきます。

3 名義変更の手続

(1) 名義株主の承諾が得られる場合

　名義変更にあたっては、事前に内諾をとっておいたうえで、名義株であることの確認と名義変更することを承諾する旨が記載され、名義株主の署名・押印（実印により、押印日から3カ月以内に発行された印鑑証明書を添付してもらうことが望ましいです）された書類を受け取っておくとよいでしょう。

　この手続を進めるにあたって、場合によっては、いわゆる「印鑑代」といわれる金員を持参することもあり得るかと思われます。

　また、ケースによっては、贈与税等の問題が発生する可能性がありますので、この手続を進めるにあたっては、税理士などの専門家にアドバイスを受けることをお勧めします。

(2) 名義株主の相続人の承諾が得られる場合

　仮に、名義株主から名義変更の承諾が得られないときは、その名義株主が死亡した後にその相続人との間で名義変更の合意ができれば、株主総会の特別決議を経ることで名義株を会社が取得することが可能となります。

(3) 名義株主の承諾が得られない場合

　その合意が困難なときには、あらかじめ定款で相続人等に対する株式の売渡しの請求に関する規定を定めておき、会社はその名義株主の相続があったことを知った日から1年以内に株主総会の特別決議により株式相続人に対して強制売渡請求を行うことにより、株式の対価を支払う必要はありますが、会社が名義株を取得することが可能となります（Q16参照）。

4 社内体制の整備

Q18

子どもたちは、会社を承継すれば会社の借入れについて保証人にならなければならないことを気にしています。どうしても保証人にならなければならないのでしょうか。

A 後継者は、会社の債務の保証人となるよう、金融機関から求められるのが一般的です。

■解　説

1　後継者は保証人となることを求められる

会社が金融機関から借入れを行う場合、金融機関は、通常、代表取締役個人を連帯保証人とするよう求めます。

そのため、会社が金融機関から借入れをしている場合、社長が連帯保証人となっていることが多いと思います。

そして、代表取締役が交代する場合には、後継者は、金融機関から、会社の債務について、新たに連帯保証人になるよう求められるのが一般的です。

夢咲勇さんの場合、友厚さんや他の親族が後継者になるにせよ、安治専務あるいは他に親族外の方が後継者になるにせよ、代表取締役が交代すれば、金融機関は後継者を連帯保証人に加えるよう求めるでしょう。

友厚さんは、連帯保証人となることを気にするでしょうが、これは社長が連帯保証人になっていることが多い中小企業の事業承継において共通の悩み

です。連帯保証人は、自分が借金を背負っているのとほとんど同じですから、後継者が、会社の債務について連帯保証人となることを不安に思うのも当然です。

後継者の負担を軽くするためにも、今から、できるだけ会社の債務の圧縮を図っておく必要があるでしょう。

同時に、後継者を想定するにあたり、自分の会社の魅力をいかに高めていくかということも考えるべきです。連帯保証人になることの不安を上回るほどの会社の魅力や事業の価値があれば、おのずと後継者となるべき者は不安を打ち消すだけの覚悟をもつようになります。

2 旧経営者の保証や担保

後継者が個人保証や担保の提供をするにあたって、旧経営者の個人保証や担保を外してもらうよう、金融機関と交渉すべきです。

会社の経営から退いたからといって、自動的に金融機関に対する責任が免れることにはなりません。金融機関の了承を得て個人保証や担保を外してもらわない限り、金融機関に対する責任を負い続けることになってしまいます。

夢咲家の場合、後継者である友厚さんは、金融機関から、個人保証や担保を求められることになると思われますが、友厚さんが個人保証や担保の提供をするにあたっては、現在の社長である勇さんの個人保証や担保を外すよう交渉すべきでしょう。ただし、金融機関側は、旧経営者の保証や担保を外すことを了承したがらない傾向にあります。後継者の資産が十分でなかったり、後継者が承継した後の会社の業績について不安に思ったりするからです。この点は、会社の経営計画について資料をもとに説明をしたり、保証人を他の役員等から追加したり、会社や後継者名義の他の不動産を担保として追加する等、金融機関と話し合いながら、あなたの個人保証や担保を外すための方策を探っていくしかありません。

何とか保証や担保を外してもらうよう交渉するためにも、やはり借入額を減らしておく等の対策をあらかじめ立てておくべきでしょう。

Q19

事業承継を進めるにあたり、どのような費用がかかるのでしょうか。

A 納税資金や株式・事業用の資産等の買取資金を用意しておく必要があります。

■解　説

　事業の後継者は、会社の決定権を確保しておく必要があることから、会社の株式や、会社で使用している社長個人の資産等を譲り受けておく必要があります。

　夢咲家の場合、会社（ユメサキメンテナンス）の株価の時価総額は5億円以上にも及びます。仮に長男の友厚さんが事前にあなたの株式を取得しないままに、あなたが亡くなって相続が発生するような場合には、友厚さんが経営権を確保するために、他の相続人から株式を取得しなければならなくなり、あなたの妻である舞子さんや長女の澪さんに対して、億単位の代償金を支払わねばならなくなってしまうおそれもあります。もちろん、多額の相続税を納めることも考えておかなければなりません（具体的な相続税の計算の方法は、Q43を参照してください）。

　また、生前に後継者に株式その他の資産を贈与する場合には、多額の贈与税がかかることもあります。この場合には、贈与時までに、納税資金を用意しておく必要があります。

　今から、長男である友厚さんに、売買の形式により、株式を順次譲り渡していく場合には、友厚さんには、株式を買い取るための資金が必要になりま

す。
　さらに、あなたの会社は、社長であるあなた個人の信用で事業を拡大していった会社ですので、経営者が交代することにより、得意先が離れ、資金繰りが悪化することも考えられます。そのため、十分な運転資金も確保しておく必要があります。
　なお、親族外に事業を承継する場合には、承継する人や会社は、株式や事業の買取資金を用意しておく必要があります。
　このように、会社の事業を承継するためには、多額の資金が必要になりますので、資金の確保の方法について、今から検討しておくべきでしょう。

Q21

私には2人の子ども（長男と長女）がいるのですが、2人がけんかをしないように、2人ともに、私の会社を承継させたいと考えるようになりました。どうすればよいでしょうか。

A 「会社分割」の制度を利用して、会社を2つに分けることができます。

■解　説

1　株式を分ける場合

　子どもが2人いて、どちらか一方だけを後継者に選ぶことができない、という場合、子どもたちに会社の株式を半分ずつ分けるというのは、得策ではありません。

　会社の方針を決定する株主総会において、決定権をもつためには、原則として発行済株式数の半数よりも多い株式を確保しておく必要があります。そのため、それぞれ50％以下の株式を有する兄妹間で、経営方針が異なる場合、株主総会が機能しなくなり、いつまでたっても決議をすることができなくなってしまいます。

　そうかといって、長男一人に株式を集中させてしまえば、たとえ長女を副社長に就任させたとしても、長女の意向を会社の方針の決定に反映させることはできません。

2　会社分割の制度

そこで考えられるのが、「会社分割」の制度の活用です。

会社分割というのは、平成12年の商法の改正によって認められるようになった制度です。その名のとおり、1つの会社を2つ以上の会社に分けるための制度です。会社が、その事業に関して有する売掛金等の権利や、買掛金等の義務の全部または一部を、他の会社に承継させることで、会社を分けます。

社長が亡くなって相続が発生してしまう前に、会社を分けて、兄妹それぞれに、分割後の会社の株式を100％ずつもたせてやれば、たとえ兄妹喧嘩が起こったとしても、それぞれの会社において株主総会が機能不全に陥ることはありません。

また、会社を分割させるために、分割前の会社の株式数（議決権）の「3分の2以上」による同意が必要となります。そこで、どのようにして会社を分けるのかについても兄妹間でもめてしまい、それも兄妹喧嘩のタネになりかねませんので、会社を分けるつもりであれば、やはり相続が発生してしまう前に分割をしておいたほうがよいでしょう。

3　活用方法

夢咲家の場合、取引先、従業員や業務等、事業を完全に2つに分けることができるのであれば、分割した会社に事業の一部を承継させ、それぞれの会社を長男の友厚さんと長女の澪さんに継がせるということも可能でしょう。

もっとも、分割した後の両社が取引関係を継続することを前提に会社を分割したのであれば、両社の意向が食い違ってきた場合、両社間の取引が停止することによって、両社とも業務を円滑にすることができなくなってしまうおそれがあります。この点は、分割時に、両社の取引関係を継続させるのか等、どのような関係にしておくのかということは、入念に検討しておく必要があるでしょう。

また、会社（ユメサキメンテナンス）の所有する本社ビルを、新設した会

社に承継させて、不動産管理会社とし、この不動産管理会社の株式を、澪さんに100％承継させるという手法も考えられます。こうすることによって、この新設会社は定期的に賃料収入を得て、澪さんの長期的・安定的な収入を確保することも可能になるでしょう。もっとも、この場合も、澪さんと友厚さんの意向に食い違いが生じてきた場合には、澪さんの経営する会社から、友厚さんの経営する会社に対して、不動産の明渡しを求める等の法的紛争に発展していくことも考えられますので、この点も慎重に検討しておいたほうがよいと思います。

4　会社分割の手続

　会社分割をするためには、会社法上、分割計画書を作成したり、会社の債権者に告知したり、株主総会で決議をしたりと、さまざまな手続をとることを求められています。手続は複雑ですが、うまく活用できれば友厚さんと澪さんそれぞれが満足するような形で事業承継することができるかもしれません。

　まずは会社分割を取扱業務としている弁護士等、専門家に相談してみるのがよいと思われます。

第1章 法律関係

5 資産の承継

Q22

もし、私が相続について何の対策もとっていなかった場合、私の個人資産はどのように相続されるのでしょうか。

A 相続について対策をしていない場合、あなた名義の財産は、法律で定められた相続人が、法律で定められた割合に従って相続することになります。不動産および株式については全相続人が相続分に応じて共有となり、預貯金については相続分に応じて分割して承継されます。

■解 説

1 相続人

ある人が亡くなった場合に、その亡くなった方(以下では「被相続人」といいます)の財産を承継する人(以下では「相続人」といいます)は誰なのでしょうか。

遺言などがない場合に誰が相続人になるかということについては、民法に定められており、これを「法定相続人」といいます(遺言がある場合についてはQ26参照)。法定相続人となるのは、原則として被相続人の配偶者と子どもです(民法890条・887条)。そして、被相続人に子どもがいない場合には、被相続人の直系尊属(被相続人の両親がこれに当たります)、直系尊属もいない場合に被相続人の兄弟姉妹が相続人になります。

夢咲勇さんの場合には、妻の舞子さんと友厚さん、澪さん2人の子どもが法定相続人ということになります。

2　相続財産

次に、何が相続の対象となる財産であるかということですが、被相続人が所有するすべての財産（借金等のマイナスの財産も含まれます）が相続の対象となります。一般的には不動産、預貯金、株式、負債などが相続の対象となる財産（以下では「相続財産」といいます）となります。

勇さんの場合には、個人の資産として自宅建物、青空駐車場、アパート（建物部分）、貸家がありますので、これらの不動産が相続財産になります。また、勇さん名義の預貯金、株式会社ユメサキメンテナンスの株式も相続財産ということになります。

3　相続分

次に、各相続人が相続する財産の割合（以下では、「相続分」といいます）ですが、これも民法に規定があり、各相続人の相続分は誰が相続人かによって〔表3〕のように決められています（民法900条）。

〔表3〕　相続人と相続分

	相続人	相続分
①	配偶者と子ども	各2分の1
②	配偶者と直系尊属	配偶者3分の2、直系尊属3分の1
③	配偶者と兄弟姉妹	配偶者4分の3、兄弟姉妹4分の1
④	配偶者のみまたは子どものみ	配偶者または子どもがすべて
⑤	直系尊属のみまたは兄弟姉妹のみ	直系尊属または姫弟姉妹がすべて

勇さんの場合には、〔表3〕の①に当たりますから、配偶者が2分の1、子どもが2分の1となり、子どもが2人ですので、それぞれ半分ずつの4分の1ずつということになります。

夢咲家のケースで、具体的にそれぞれの相続分を計算してみると以下のようになります。

```
(相続財産)
            総　額                    6億7000万円
            不動産    自宅              500万円
                     青空駐車場      1億1000万円
                     アパート          1000万円
                     貸家             2600万円
            預貯金                     5000万円
            株　式                   4億6900万円

(相続分)
            妻　：舞子               3億3500万円
            長男：友厚               1億6750万円
            長女：澪                 1億6750万円
```

4　遺産分割協議

　このように、各相続人の相続分については、法律で定められていますが、具体的に誰がどの財産を相続するかということについては特に定めがありません。

　そこで、遺言等がない場合には、相続人間で誰がどの財産を相続するかを協議することになります。これを「遺産分割協議」といいます。そして、遺産分割協議が整うまでは、相続財産は相続人全員の「共有」となります。そのため、勇さんのケースでも、不動産および株式は全相続人の共有となります。

　ただし、預貯金などの金銭債権については、被相続人が亡くなった時点で、法定相続分に応じて当然に分割され、相続人それぞれが預金債権等を承継するとされています。金銭債権は、性質上分けることができ、その一部を払い戻すということもできるため、被相続人が亡くなった時点で、各相続人が法定相続分に応じて当然に分割して承継するものと理解されているのです。したがって、本来であれば、各相続人は、それぞれの相続分に応じて預金債権

等を当然に承継するものとして、自身が相続人であることとその相続分を証明すれば、銀行等から預貯金の引き出しができることになります。

ただ、実際の銀行の取引業務では、被相続人が亡くなった後に、相続人のうちの誰かが預金を引き出そうとすると、相続人全員の署名・押印が求められ、1人の相続人が単独で預金を引き出すことはできない取扱いとなっていることがあります。そのため、事実上遺産分割協議が整うまでは預金の引き出し等が困難な場合があります。

COLUMN ❸

●生命保険金は遺産？

被相続人が保険会社と契約を結んで、被相続人が保険料を支払ってきた生命保険の保険金は、相続財産に含まれるのでしょうか。

被相続人の財産から保険料が支払われていますので、相続財産に含まれるように思えます。

実は、生命保険については、保険金の受取人が被相続人である場合には、被相続人の死亡によって保険金請求権がいったん被相続人に帰属し、その保険金請求権を相続人が相続するものとされています。そのため、相続財産に含まれると考えられています。

しかし、保険金の受取人が相続人や他の第三者である場合、被相続人（被保険者）の死亡によって当該受取人が直接に保険金請求権を取得すると考えられています。そのため、被相続人の相続財産には含まれません（ただし、課税関係は *and more* ⑮参照）。

そこで、相続人の一人が保険金受取人になっている場合にも、原則として受け取った保険金を遺産として取り扱うことはできませんし、生前贈与があったのと同様に扱うこともできないとされています。

夢咲勇さんのケースでは、妻の舞子さんが保険金受取人になっていますので、この保険金については、相続財産に含まれないことになります。

第1章　法律関係

Q23

遺言等がなく法律に従って相続された場合、事業の承継、経営に何か不都合が生じるのでしょうか。相続の問題が生じることなく、スムーズに事業を承継するためには、どのような対策をとっておけばよいでしょうか。

A　遺産分割協議が整うまで株式や事業用不動産を含む相続財産が全相続人の共有となってしまいますので、その後の会社経営に支障を来す可能性が考えられます。後継者が事業を承継するために、財産を承継させる方法としては、売買、生前贈与、遺言、死因贈与が考えられます。

■解　説

1　株式共有のデメリット

株式が相続人間の共有となることについてのデメリットについては、すでにQ12で解説していますので、そちらを参照してください。

2　事業用不動産の所有者が現経営者（被相続人）である場合のデメリット

(1)　概　説

会社の建物等事業に使用している不動産（以下では「事業用不動産」といいます）が現経営者（被相続人）の名義である場合、現経営者が相続について何の対策もせずに亡くなってしまうと、この事業用不動産も相続人が相続す

ることとなります。そのため、遺産分割協議が整うまでは全相続人の共有となります。

　民法上、不動産を含めた「物」の所有は単独所有が原則と考えられていますので、「共有」は例外といえます。したがって、共有者は、いつでも自分の持ち分について共有物の分割請求をすることができるということになっています（民法256条1項）。そして、共有物の分割請求をしようと考えると、まずは共有者間で話し合いということになりますが、話し合いがまとまらない場合には、裁判所に共有物分割請求の訴えを提起することができるとされています（民法258条1項）。そのため、すべての共有者が事業に関与しているなど当該不動産を事業に利用することに同意している場合には、事業用不動産が共有となっていても特に問題はありませんが、相続によってこれまで事業に関与してこなかった相続人が事業用不動産の共有者となることもあるのです。その場合、相続人の一部から共有物分割請求がなされる可能性があり、そうなれば次に述べるいずれかの方法によって分割をしなければならないということにもなりかねません。

　共有物の分割の方法としては、①現物分割（実際に共有物を分割して、共有者がそれぞれ単独所有となる方法）、②換価分割（共有物を売却して、その対価を共有者で分配する方法）、③代償分割（共有者の一部が共有物を取得し、他の共有者には持分に応じた代償を支払う方法）があります。そして、裁判による共有物の分割の場合、①の現物分割が原則とされています。②の換価分割がなされるのは例外的な場合で、③の代償分割がなされるのはさらに例外的な場合といえます。したがって、事業用の土地について、共有者の一部から共有物分割請求がなされると、上記のとおり現物分割が原則となりますので、土地が分筆されそれぞれの単独名義になる可能性もあります。また、事業用の建物について共有物分割請求がなされると、分けることができませんので、上記②のように建物自体を売却して対価を分配するか、後継者が建物を取得し代償を支払うかしなければならなくなる可能性があります。いずれにしても、事業に使用していた土地や建物が使えなくなったり、代償金支払いのた

めの資金を準備する必要があったりと事業の継続に大きな支障を来すことになります。

(2) 夢咲家のケース

夢咲家の場合は、事業用の土地・建物は会社名義であるので、問題はないと考えられます。

しかし、これが仮に勇さん名義の不動産だった場合には問題です。勇さんが亡くなると、妻の舞子さんと2人の子どもが相続する結果、3人の共有ということになります。このうち、舞子さんは、夫が築きあげた会社を守りたいという気持ちをもたれるでしょう。ところが、長男の友厚さんは、現在別の会社に勤務しており、父親の会社を継ぐ意思があるのか、今のところわかりません。長女の澪さんにいたっては、まだ20歳なので、会社のことはよくわからないというところでしょう。いずれも積極的に会社を存続させる意思があるとはいえません。そうすると、あなたが亡くなった後、長男である友厚さん、もしくは長女の澪さんから共有物分割請求がなされないとも限らないのです。

なお、事業用不動産が共有であることの不都合は、相続の際に顕著になることが多いといえますが、事業承継に限った問題ではありません。最初は仲良く一緒に事業を始めたとしても、共有者間で仲違いすることも十分にあり得る話ですから、共有状態にあれば潜在的に存在する問題といえます。そこで、共有名義になっている事業用資産については、将来的には共有関係を解消する方法を考えておいたほうが望ましいといえます。

(3) 事業用不動産の共有関係の解消

ここで、事業用不動産の共有関係を解消する方法について触れておきます。

まず、考えられるのが、会社または経営者（後継者）が、他の共有者の持分を買い取る方法です。この場合、完全に共有関係を解消することができます。しかし、会社または経営者（後継者）に買取りのための資金の準備が必要となります。

もう一つの方法としては、共有物である事業用不動産を共有者の合意のも

と会社に現物出資する、もしくは経営者等の持分のみを現物出資するという方法が考えられます。前者の場合は、共有関係を完全に解消できますが、後者の場合には依然として共有物分割請求のリスクはあります。ただ、現に一部が会社に現物出資されているという事情をくんで、上記③の代償分割が認められる可能性が考えられますので、共有関係を存続させるよりは事業に与える影響が小さくなると考えられます。

3　現経営者が個人として会社に貸付をしている場合のデメリット

　次に、現経営者（被相続人）が、会社に対して貸付金債権を有している場合が想定されます。中小企業においては、経営者個人が、会社に対して個人資産の中から貸付をしていることはよくあることです。

　貸付金債権も、預貯金債権等と同様に金銭債権ですから、被相続人が亡くなった時点で、各相続人の相続分に応じて当然に分割され承継されます。したがって、各相続人がそれぞれに会社に対して貸金の返還請求ができることになります。

　そうすると、これまでは会社の代表取締役であった現経営者（被相続人）が会社の経営状態等を考慮して貸金の返還を求めてこなかったのに、会社の内情を知らない相続人や後継者を快く思っていない他の相続人が貸金の返還を求めるという事態も考えられます。そうすると、会社の債務として現実化し、たちまち経営を圧迫するという事態に陥ってしまいます。

　また、会社に対する多額の貸付金債権は、被相続人の資産としてカウントされますので、被相続人の相続税の増大にもつながります。

4　円滑な事業承継のための財産承継の方法

　後継者に会社の事業用資産を承継させる方法としては、まず現経営者の生前に売買や生前贈与によって資産を承継させる方法があります。次に、現経営者の生前に承継の準備を行い、現経営者の死亡によって資産の承継の効果を生じさせる遺言や死因贈与といった方法があります。

生前に資産を承継させる方法として、売買と生前贈与がありますが、両者の違いは、売買が有償であるのに対し、贈与は無償である点にあります。

　売買や贈与は、現経営者の生前に財産の移転等承継の効果が確定的に生じさせることができる点にメリットがあるといえます。売買や贈与によって財産を移転させた後に現経営者が亡くなっても、あらためて後継者が事業用の資産を取得する手続をとったり、そのための資金を調達したりする必要がないため、会社の経営に空白の期間を生じさせる可能性が低いといえます。

　一方、遺言や死因贈与は、現経営者の死亡と同時に承継の効果が生じる方法ですので、現経営者の生前は、できる限り事業用資産を現経営者に保有させ、現経営者が死亡した場合に後継者に事業用資産を承継させたいというような場合にはよい方法です。ただ、遺言や死因贈与は効力が発生するまで、すなわち現経営者が死亡するまで、いつでも変更や撤回が可能ですので、事業承継という観点から考えると不安定な手法といえるでしょう。

Q24

> 売買や生前贈与によって資産を譲渡する場合に、どのような点に注意すればよいでしょうか。

A いずれの方法も、現経営者が元気なうちに計画的に行う必要があります。それぞれの注意点については以下のとおりです。

■解　説

1　はじめに

　売買や生前贈与は、現経営者の生前に後継者に事業用資産を承継させる方法ですが、どちらの方法をとるにしても、現経営者が元気なうちに計画的に行う必要があります。

　万一、現経営者の判断能力の低下といった事態が発生すると、後々売買や贈与の効力自体が問題になります。また、問題が発生した時点から、円滑な事業承継を行うことも難しくなります。

2　売買によって事業用資産を譲渡する場合

　まず、売買によって事業用資産の承継をしようと考えた場合、最も問題になるのは、後継者が事業用資産を買い取るだけの資金を準備できるかということです。この点さえクリアできれば、事業用資産の承継という意味において最も確実な方法といえます。

　ただし、特に親族間での承継を考えている場合には、譲渡の対価を決定する際に事業用資産の評価を厳格に行わずに、時価よりも低い価格で譲渡する

ということが往々にしてあると思います。こうした場合、時価との差額について贈与と評価される可能性がありますし、そうなると後述の遺留分の問題も発生しかねません。

したがって、事業用資産を後継者に承継させるために譲渡する場合には、第三者の専門家に鑑定を依頼するなど客観的評価をしたうえで、適切な対価を決定することが重要になります。

3 生前贈与によって資産を譲渡する場合

次に、生前贈与によって事業用資産を承継させることも考えられます。

この場合、一度にすべての事業用資産を後継者に贈与してしまうことについては、特に現経営者がまだまだ元気な場合には抵抗があるかもしれません。また、贈与は無償ですので一度に資産を失うという面からも不安が残るかもしれません（贈与税に対する考慮も必要です。Q55・56参照）。

したがって、このような場合には、一度にすべての資産を贈与してしまわずに、贈与契約の時点で一定の条件を設け、段階的に権利を移転させる等の工夫をすることが考えられます。この点、一定期間をかけて徐々に贈与していく等の方法もあります。ただ、現経営者が突然亡くなったり、判断能力を喪失したりした場合には、その後の対応が困難になってしまいます。そのため、可能であれば当初の贈与契約で段階的に権利を移転する旨を定めておくほうが、円滑な事業承継という観点からは、より安心ということができます。

なお、贈与契約は、書面で行うことによって、贈与者であろうとも自由に撤回することができなくなります（民法550条）。そのため、遺言や死因贈与に比べて、権利関係を早期に確定させ後継者に資産を承継させることができる方法ということができます。

しかし、生前贈与は、遺留分による制約を受けます（Q26参照）。仮に、相続開始後に遺留分権利者から遺留分減殺請求を受けることになれば、現経営者が思い描いていたとおりに資産の承継が進まないということもありますので、他の遺留分権利者の相続分への配慮が重要となります。

Q25

遺言や死因贈与によって資産を譲渡する場合に、どのような点に注意すればよいでしょうか。

A 遺言や死因贈与については、いずれも遺言者や遺贈者が自由に撤回をすることが可能であることと、遺留分による制約を受けるという点に注意する必要があります。

■解 説

1 はじめに

遺言や死因贈与は、いずれも遺言者や贈与者の死亡によって承継の効力が生ずる制度ですが、現経営者が元気なうちに計画的に行う必要があることは、売買や生前贈与による場合と同じです。

2 遺言や死因贈与を利用する場合の注意点

一方、遺言や死因贈与は、遺言者や贈与者が死亡するまでは効力を生じないため、それまでは自由に何度でも変更や撤回をすることができます。事業承継の観点から考えてみると、現経営者にとっては、「後継者に」と思っていた人物がふさわしくないことが発覚した場合等には、後から変更できるため、遺言や贈与契約の際にそれほど悩まなくて済むという利点はあります。一方で、権利関係が確定しないなど法的安定性を欠くというデメリットもあります。

また、実際に権利関係が移転するのは、現経営者の死亡の時からですので、

遺言作成時には思いもよらない事態が発生し、実際に現経営者の意図したとおりに資産が承継されるか不安定な面もあります。

さらには、現経営者が亡くなるまで経営権を持ち続けることが前提となっていますので、自身の判断能力が低下した際に、適切な経営判断がなされるのかといった点でも不安要素が残ります。

また、形式的なことですが、遺言にはいくつかの種類があり（Q28参照）、その中で自筆証書遺言は自分で作成するものですから、自由に変更・撤回できる半面、形式的要件を満たさない場合には無効となってしまう可能性があります。そこで、遺言を作成する際には、公証人によるチェックが期待でき、裁判所による検認も不要で、公証人役場で安全に確実に保管される公正証書遺言を利用されるほうがよいといえます。

3　遺留分

遺言や死因贈与は、生前贈与と同じように遺留分による制約があることにも注意が必要です。詳しくはQ26を参照してください。

Q26

贈与や遺言、死因贈与によって後継者に事業用資産を承継させようとする場合に、後継者以外の相続人への財産の分配については、何か注意することがありますか。

A 円滑な事業承継のためには、後継者以外の相続人の利益にも配慮し、相続人の遺留分を侵害しないように考慮する必要があります。

■解　説

1　遺留分

　あなたが、事業用の財産をすべて後継者に承継させたいと考え、たとえば「すべての財産を後継者に相続させる」といった内容の遺言を作成したとします。つまり、後継者以外の相続人は何も相続できないという内容です。

　ここで問題となるのが、後継者以外の相続人の「遺留分」です（民法1028条以下参照）。

　本来、自分の財産はどのように使うか、誰にいつどの財産を贈与するかは自由です。そうであれば、自分が亡くなった後についても、残った財産を誰にあげようと本来は自由ということになるはずです。しかし、民法では、残された家族の生活の安定や相続人間の最低限度の平等を確保するために、一定の相続人（この場合の相続人には、兄弟姉妹が含まれません）に対し、被相続人の遺産のうち一定の割合の財産を相続する権利を保障しています。これが「遺留分」といわれるものです。

2　各相続人の遺留分割合

それぞれの相続人の具体的な遺留分の割合は、〔表4〕のとおりです（民法1028条）。遺留分権利者が複数いる場合には、法定相続分に従って遺留分を有します。

〔表4〕相続人と遺留分

	相続人	遺留分
①	直系尊属のみが相続人の場合	被相続人の財産の3分の1
②	それ以外	被相続人の財産の2分の1

夢咲家のケースでは、相続人が妻と2人の子どもですので、〔表4〕の②に当たり、遺留分が被相続人の財産の2分の1となり、これを法定相続分で分けると、妻舞子さんは4分の1、長男友厚さん、長女澪さんは8分の1がそれぞれの遺留分ということになります。

具体的には、以下のとおりとなります。

- 妻（舞子）　　遺留分算定の基礎財産×1/2×1/2
- 長男（友厚）　遺留分算定の基礎財産×1/2×1/4
- 長女（澪）　　遺留分算定の基礎財産×1/2×1/4

※遺留分算定の基礎財産とは、被相続人の遺産の合計価額に、「贈与した財産の価額（生前贈与、遺贈）」と「特別受益（Q12参照）の価額」を加え、債務の合計額を引いたものをいいます。

3　遺留分減殺請求

被相続人は、生前贈与や遺言によっても、遺留分権利者の遺留分を侵害することはできません。

もし、被相続人からの生前贈与や遺言などを根拠として、他の相続人や第三者が遺留分を侵害するような過大な財産を取得することとなり、それによ

って遺留分権利者の遺留分を侵害することになれば、遺留分権利者は被相続人によって贈与された財産を取り戻すことができます。これを「遺留分減殺請求」といいます（民法1031条）。

　事業承継の場面においては、事業用の資産や株式を後継者に生前贈与等の方法によって承継させることが、円滑な事業承継につながると考えられます。しかし、それらの事業用資産も、上記遺留分算定の基礎財産に含まれます。たとえば、あなたの資産のほとんどが事業用資産である場合には、そのような生前贈与等が後継者（たとえば、長男の友厚さん）以外の相続人（たとえば、長女の澪さん）の遺留分を侵害する可能性が大きくなります。そして、遺留分権利者（澪さん）から遺留分減殺請求をされると、あなたが生前贈与等によって、せっかく後継者（友厚さん）に集中させた事業用資産や株式が分散されてしまう結果となってしまいます。

　したがって、遺留分を侵害するような生前贈与や遺言をした場合には、遺留分権利者による遺留分減殺請求を受け、事業用資産の一部を遺留分権利者が取得する結果になる可能性もあり、被相続人が意図したとおりに財産の承継が進まない可能性があるということになります。

　また、あなたが、他の相続人の利益を考慮せずにすべてを後継者に相続させようとすると、親族間に無用の対立を生む結果にもなりかねません。そうすると、円滑な事業承継の妨げになりますし、そもそも相続人間で紛争が生じること自体が、事業承継およびその後の会社経営の大きな障害となってしまいます。

4　遺留分対策

　このような問題を避け円滑に事業承継を行うため、遺言や生前贈与等を考える段階において、遺留分権利者の遺留分に十分に配慮し、遺留分権利者の利益を侵害しないよう注意する必要があります。事業用資産や株式以外の資産について、後継者以外の相続人に配分する必要がありますし、そのような資産を増やしておく必要もあるでしょう。

Q27

事業用資産を後継者に集中させようとすると、どうしても遺留分を侵害する可能性があります。遺留分については、どのような対応を講じることができますか。

A 遺留分については、遺留分権利者に事前に放棄してもらうことや、経営承継円滑化法（遺留分に係る民法の特例）の活用が考えられます。

■解　説

1　遺留分の放棄

　Q26のように、後継者に事業用資産を集中して承継させようと考えた場合に、現経営者の資産のほとんどが事業用資産である場合など、後継者以外の相続人の遺留分を侵害する可能性があります。

　遺留分を侵害することによって生じる親族間の紛争や、遺留分減殺請求によって生じる事業用資産および株式の分散を防止する方法としては、事前の遺留分の放棄ということが考えられます。すなわち、民法では、遺留分を有する相続人は、相続開始前に自分の遺留分を放棄することができると定められていますので（民法1043条1項）、後継者以外の相続人が現経営者の生前に遺留分を放棄することによって遺留分をめぐる問題を回避することができます。

　しかし、そもそも、遺留分を放棄することによって被相続人の財産を大半相続できなくなってしまい、何のメリットもない後継者以外の遺留分権利者

が、遺留分の放棄に同意してくれるかという問題があります。また、仮に放棄に同意したとしても、遺留分を放棄するためには、遺留分権利者自身が家庭裁判所に遺留分放棄の申立てを行い、裁判所の許可をもらう必要がありますが（同項）、わざわざその手続をとってくれるのか、という点も問題です。

　それでも、現経営者のあなたの目の黒いうちに、後継者（たとえば、夢咲家の場合、長男の友厚さん）以外の相続人（たとえば、長女の澪さん）に対して、遺留分の事前放棄を依頼することは有効な手立てです。遺留分権利者である澪さんも、あなたが元気なときには、仮に友厚さんに対してよい感情を有していなくても、あなたの依頼に対しては素直に耳を傾け承諾することは十分に考えられるからです。もちろん、できる限り事業用資産以外の財産を増やしておいて、それを遺してあげることも必要です。

　ただそうはいっても、同意を得られない限りはどうすることもできないのですから、遺留分を侵害することによって生じる問題をすべて解決する方法とはいえません。

2　経営承継円滑化法の活用

　そのほかには、経営承継円滑化法の民法の特例を活用するという方法があります。

　この点については、Q14を参照してください。

Q28

遺言にはどのような種類があるのですか。

A 遺言には、主には「自筆証書遺言」と「公正証書遺言」の2種類があります。

■解　説

1　自筆証書遺言（民法968条）

　自筆証書遺言は、遺言を作成しようとする人（以下では、「遺言者」といいます）が、自分で財産の分割内容や方法を自筆で書いておくものです。自筆証書遺言として法的に有効となるためには、遺言者が全文を自筆で書いたものであることに加え、日付、氏名（これらも自筆）、押印が必要です。また、証書にも一定の方式が定められています。

　自筆証書遺言は、遺言者が1人で作成できますので、費用がかからないという利点があります。一方、上記形式の不備等により無効となる可能性があります。また、公的な機関に保管してもらうことを前提としていませんので、遺言自体がなくなってしまったり、故意に破棄されたりするリスクが考えられます。

　加えて、遺言者が亡くなった後、遺言を実現する際に、家庭裁判所の「検認」という手続をとる必要があります（民法1004条）。

2　公正証書遺言（民法969条）

　公正証書遺言は、遺言者が証人になってくれる方2人と共に公証役場に出

向き、公証人に財産の分割方法等遺言の内容を伝え（これを「口述」といいます）、公証人がこれを筆記する方法によって作成する遺言です。

公正証書遺言は、公証人という公正証書の作成等を行う公務員に作成・保管してもらうので、自筆証書遺言のように形式不備等による無効、紛失・破棄等の危険がありません。また、家庭裁判所の「検認」の手続も不要です。しかし、公証人に作成してもらうことから、公証役場に出向く必要がありますし、一定の費用がかかってしまいます。

公正証書作成手数料は、遺言により相続させる財産の価額によって〔表5〕のように定められています。複数の相続人に相続させる場合は相続人ごとにこの手数料を算出し、合算します。詳しくは公証役場に問い合わせるのがよいでしょう。

3　公正証書遺言が安心

自筆証書遺言と公正証書遺言とどちらが適当でしょうか。

多少の費用と手間はかかりますが、法的に無効になる可能性がなく、遺言の存在がはっきりしている公正証書遺言を作成しておくほうが、遺言者の意思が実現されやすいといえます。また、残された相続人としても、自筆証書遺言であったときのように、本当に遺言者の「自筆」であるかどうかを疑うなど無用な争いをせずに済むと考えられます。

なお、遺言は、一度つくってもその後事情の変更があったり、考えが変わった場合には、何度もつくり直すことができます。遺言者の死後に複数の遺言書が見つかった場合には、日付の新しい遺言を遺言者の最終意思であると考え、その遺言に基づいて執行されることになります。

〔表5〕 法律行為に係る証書作成の手数料

目的の価額	手数料
100万円以下	5000円
100万円を超え200万円以下	7000円
200万円を超え500万円以下	11000円
500万円を超え1000万円以下	17000円
1000万円を超え3000万円以下	23000円
3000万円を超え5000万円以下	29000円
5000万円を超え1億円以下	43000円
1億円を超え3億円以下	4万3000円に5000万円までごとに1万3000円を加算
3億円を超え10億円以下	9万5000円に5000万円までごとに1万1000円を加算
10億円を超える場合	24万9000円に5000万円までごとに8000円を加算

出典：日本公証人連合会ウェブサイト〈www.koshonin.gr.jp/hi.html〉

第2章　不動産関係

① 主となる不動産

Q29

> 会社が所有する不動産（本社ビル）の価格に影響を及ぼす大きな要因にはどのようなものが考えられますか。

A 　経済動向等の一般的要因、路線商業地域としての地域要因・住宅地域としての地域要因、個別的要因を考慮する必要があります。

■解　説

　不動産の価格は不動産鑑定評価により決められます。不動産鑑定評価とは、不動産（土地、建物、またはこれらに関する所有権以外の権利）の経済価値を判定し、その結果を価額に表示することをいいます。不動産鑑定評価は、不動産鑑定士（不動産鑑定士補を含む）が行います。

　不動産鑑定士が鑑定評価をするにあたっての統一的基準として、「不動産鑑定評価基準」が国土交通省により定められています。

　本章では、この「不動産鑑定評価基準」を踏まえて、解説していきます。

1　一般的要因

　一般的要因とは、一般経済社会における不動産のあり方および不動産の価

103

格の水準に対して影響を与える要因であり、自然的、社会的、経済的および行政的要因に大別されます。

2　地域要因

　地域要因とは、不動産の用途が同質と認められるまとまりのある地域の不動産の価格の水準に作用する要因です。具体的には、①街路条件、②交通・接近条件、③環境条件、④行政的条件などがあります。

　たとえば、ユメサキメンテナンスの本社ビルのある地域の地域要因は、以下のとおりです（事例編の資産状況参照）。

---

① 街路条件

　接面する道路は府道大阪臨港線であり、国道1号、土佐堀通り、阪神高速道路等と接続しており、幅員、系統、連続性ともに恵まれています。

② 交通・接近条件

　地下鉄千日前線玉川駅、JR大阪環状線野田駅、京阪中之島線中之島駅等の鉄道駅に近く、上記駅周辺の商業施設、大阪市中央卸売市場等への接近性にも恵まれています。

③ 環境条件

　現状は中低層の営業所、共同住宅、店舗等が見受けられます。

④ 行政的条件

　商業地域（容積率400％）であって、容積率を十分に活用できる地域です。

　ユメサキメンテナンスの場合、近隣地域は、商業用だけでなく、居住用の建物（高層店舗兼共同住宅）としての利用も可能な地域であり、この立地条件は今後も変わらないといえます。

3 個別的要因

個別的要因とは、不動産に個別性を生じさせ、その価格を個別的に形成する要因であり、土地と建物、土地・建物一体とした場合に分けられます。

以下、ユメサキメンテナンスの本社ビルの土地、建物について記載します。

① 土　地

　間口約15m、奥行約20m、敷地面積は約300m²、商業地域（容積率400%）です。更地の場合、店舗、営業所以外に左記と併用型の都心型の高層マンション、単身者用ワンルームマンションとしての利用も可能です。また、更地であれば延床面積約1200m²の建物の建築が可能です。

　ただし、幹線道路に面した土地であることから、車の騒音が終夜あり、居住の快適性を損ねる場合があります。特に奥行きの狭い土地にあっては要注意です。

② 建　物

　5階に専務が居住用として利用しています。エレベーターが1基であり、会社あるいは不特定の顧客等と専務が私用として利用するのは、会社にとって不都合な点が多く、居住の快適性を著しく損ねることも考えられます。

　さらに、築後約15年経過した中古建物であり、物理的、機能的、経済的減価があり、今後維持・修繕費も増加傾向にあります。

③ 土地・建物一体

　さらに、現在の延床面積は約700m²であり、容積率（400%）を十分に活用していないことになります。

　建物の老朽化は、建物だけでなく、土地の価値まで下げる場合があります。建物は、築後15年経過していることからすると、上記に該当する可能性は高いでしょう。

④　権利関係

　　土地、建物いずれも会社所有ですが、5階に専務が居住しており、専務に借家権がある可能性があります。今後の建替え等に問題を残します。

⑤　家　賃

　　5階部分は、12万円/月（共用部分込みで約1200円/m²）と格安であり、第三者を前提にすれば、収益性からの観点では、もっと家賃を上げる必要があります。

COLUMN ④
●不動産（宅地）の評価のポイント

　宅地は、不動産の種別（住宅地域、商業地域等の用途的な観点からの分類）、類型（更地、建付地、底地等不動産の有形的利用および権利関係の態様によって分類される）によって、評価の仕方も大きく異なる場合があります。

　さらに、住宅地地域ですと、同じ住宅地域の中でも普通住宅地域、準優良住宅地域、優良住宅地域、混在地域、普通住宅地域から混在地域へ移行しつつある地域（これを移行地域といいます）等に分類され、また、住宅地域から商業地域へ転換しつつある地域（これも移行地地域です）もあります。上記に不動産の類型が加わり評価の仕方が変わってくることになります。

　たとえば、普通住宅地と優良住宅地では、同じ居住の快適性を求める場合でもその快適性の程度が異なってきます。類似地域内の取引事例を収集する場合、前者は普通住宅地域内の取引事例が中心になるのに対して後者は優良住宅地域内の取引事例が中心になります。同じ普通住宅地であっても、更地（建物等の定着物がなく、かつ、使用収益を制約する権利の付着していない宅地）と建付地（建物等の用途に供されている敷地で建物

等およびその敷地が同一の所有者に属し、かつ、当該所有者により使用され、その敷地の使用収益を制約する権利の付着していない宅地）では、評価の仕方が異なってきます。

第2章 不動産関係

Q30

> 不動産の経済価値を把握（評価）するうえで、よく問題になる点は何ですか。

A 全体として土地の有効活用が十分になされていない、権利関係が曖昧であるといった点があげられます。

■解　説

1　はじめに

　不動産の価格は、一般要因、地域要因、個別的要因が相互に影響しあい形成されていくものです（ユメサキメンテナンスの本社ビルについての地域要因、個別的要因はQ29で述べたとおりです）。
　土地が有効活用されていなければ、その分土地・建物の経済価値が下がることになります。
　また、権利関係が曖昧で、借家権が認められるかわからないといった場合も問題となります。
　以下、ユメサキメンテナンスの本社ビルを例に、評価上問題になる点を述べます。

2　土地の有効活用が不十分

　ユメサキメンテナンスの本社複合不動産は、収益性を重視する不動産ですが、現状は十分収益を上げる状態になっていません。
　評価にあたり、法定の容積率が十分活用されておらず、建物も老朽化して

いるところ、建物の大規模修繕、維持・管理を十分行った場合、収益がどの程度上昇するか等の検討が必要になります。

3 家賃が低いうえに権利関係が曖昧

(1) 借家契約であるか否か

5階に専務が居住していますが、専務から支払われている家賃は格安で、会社と専務との間の権利関係もはっきりしません。仮に、借家契約であるとして借地借家法（建物賃貸借契約）の適用を受けるとすると契約の期間や更新等についても厚い保護を受け、不動産の評価が大きく下がるおそれがあります（Q31参照）。

会社が関係する建物に役員や従業員が居住している場合、いわゆる「社宅」と呼ばれますが、この社宅は借家契約とは異なるものなのかどうかを考える必要があります。実際社宅といっても、工場などのいわゆる住み込みの職場における社員寮や会社が借上住宅として従業員に使用させている場合など、その実態はさまざまです。そのため、権利関係については、具体的な使用目的や賃料負担の実態に即して考える必要があります。

(2) 建物の使用と業務の遂行が密接に関連している場合

たとえば、会社建物の住み込みの管理人などの場合、建物の使用と管理人の業務遂行が直接結びついていて、建物使用は雇用契約と密接不可分の関係にあるといえます。

このような場合、賃貸借契約の実態があるとは考えられませんので、社宅使用契約という特殊な法律関係にあるものとして、借地借家法の適用などもなく、管理人が異動や定年でその労務を離れることになったときは、当然に社宅を明け渡さなければならないと考えられます。

また、新入社員教育等を目的として一定期間の入居が義務づけられる独身寮などの場合、会社の業務上の指示・命令によって居住しているといえます。この場合も、やはり建物の使用は、賃貸借の関係ではなく、雇用契約の履行としての使用関係にあると考えることが可能です。

(3) **建物の使用が福利厚生の一環であると考えられる場合**

　会社が所有ないし賃借している建物を従業員に福利厚生施設として、通勤や生活の便宜を図るために提供しているような場合、(2)のように雇用契約と建物使用が密接不可分とまではいえません。

　ただ、通常、一般の賃貸借契約よりも低額の使用料が設定されている事情などから、賃貸借契約と同視することはできず、社宅使用契約という特殊な法律関係にあると考えられます。

　したがって、この場合も、従業員は退職とともに社宅を明け渡さなければならないといえます。

　もちろん、借上住宅の場合には、会社が家賃の一部のみを負担するというケースも多くあり、会社と従業員の負担割合によっては、社宅使用契約というより、実態は転貸借契約であるとして、借地借家法の適用を認めるべき場合もあると考えられます。

(4) **建物使用の特殊性が希薄で、賃貸借契約と同視できる場合**

　会社が所有している建物を社宅として賃借していても、その使用料が近隣の同種建物の賃料とそれほど変わらないような場合には、もはや当該社宅は福利厚生施設であるとはいえず、むしろ、営利性のある賃貸借契約と同視すべきであると考えられます。

(5) **建物使用の対価性**

　これまでの裁判例をみると、社宅の使用が賃貸借であるかその他の契約関係であるかは、建物使用の対価性をメルクマールとして判断しているようです。すなわち、世間相場の賃料並みの使用料であるときは、建物賃貸借であると判断されることが多いでしょう。

　建物賃貸借であれば、当然に借地借家法の適用を受けます。したがって、会社が更新を拒絶するには「正当事由」を必要とします（借地借家法28条）。ただ、この場合、従業員であることを前提とする賃貸借ですから、従業員の自主退職は「正当事由」に該当すると考えられます。懲戒解雇の場合は、それだけで「正当事由」が発生するとは考えにくいでしょう。正当事由がなけ

れば、一方的な契約解除はもちろんのこと、更新拒絶も許されません。

他方、建物賃貸借に該当しない特殊な使用関係であれば、借地借家法も民法の賃貸借に関する規定も適用を受けません。したがって、会社が必要とするときは（もしくは使用契約の定めに従って）、いつでも退去を求めることができることになります。しかし、全くの無条件というのではなく、権利の濫用といえる事情があるときは許されないこともあり得ます。

(6) 結　論

ユメサキメンテナンスの本社ビルの場合、5階に専務が居住していますが、専務が建物の管理人をしているわけでもなく、特段業務の遂行と関連しているわけではなさそうです。そうなると、賃貸借契約ということになりそうですが、家賃は近隣相場からみても格安に定められているとのことなので、賃貸借契約と同視することはできず、社宅使用契約という特殊な法律関係にあると考えざるを得ないでしょう。

そのため、専務は、借家人としての保護を受けるわけではないということになります。ただ、会社として、専務に対して社宅使用にあたり、どのような契約（合意）を結んでいたのか、家賃の値上げや退去に関して、どのような取り決めをしていたのかということが問題になるでしょう。

COLUMN ⑤

●価格の安い不動産には要注意

不動産の価格は、現時点だけでなく、過去、将来のことも調べておくことが大事です。

駅に近い住宅地であっても、以前は重金属を扱う工場があったかもしれません、元溜池を埋め立て造成した宅地であるかもしれません。過去はどのような土地であったかは、時に不動産の価格に大きな影響を与える場合があります。

また、将来近くに大規模店舗等の大規模施設ができる計画はないか、都市計画で近くに道路の建設計画はないか、隣接地についても同様に調

べる必要があります。

　すべてを調べ、予測することは困難ですが、ただ安いから購入するといった発想は厳禁です。

COLUMN ❻

●**権利が複雑に絡んだ不動産には要注意**

　権利関係が複雑に絡んだ不動産の評価は慎重にする必要があります。

　土地・建物、アパートの建物およびその敷地（自用の場合、使用貸借の場合、借地権の場合、借地権の場合でも定期借地権の場合）等についての問い合わせがあるのですが、よくよく考えてみると不動産の価格はいろいろな要因が複雑に絡まって形成されていることが理解していただけると思います。

　一般に、「この土地はいくらですか」との質問には、公示価格等でおおよその答えは用意できるのですが、権利が複雑に絡んでいる場合（使用借権付貸家（一部社宅）の評価といった場合）は不動産の種別以外に権利関係を十分整理し、信頼性ある評価が必要になります。

　たとえば、ユメサキメンテナンスの大阪市西区のアパートのケースはまさに上記に相当します。自分で調査し、内容を把握するのにはおのずと限界があり、専門家の意見も参考にすることも重要です。

Q31

社宅に借地借家法が①適用されない場合と②適用される場合では、不動産の評価上どのような考慮が必要でしょうか。

A ①借地借家法が適用されず、したがって借家権が認められない場合、使用借権を考慮する必要があります。②借地借家法が適用される場合、借家権を考慮する必要があります。

■解　説

1　はじめに

社宅に借地借家法が適用されない場合に、建物使用者に何の権利も認められないわけではなく、無償で建物を使用する場合（使用貸借）と類似の権利（≒使用借権）が認められます。

また、借地借家法が適用される場合には、建物使用者は借家人としての権利が認められます。このような使用借権や借家権の存在は、不動産の評価において影響することになります。

以下、評価上考慮すべき使用借権、借家権の存在について、それぞれ説明します。

2　使用借権

使用借権は、借家権に比べて弱い権利であり、借家権の価格より低くなります。どの程度低くなるかについては、使用借権の継続する期間、その間に支払われている使用料、制約内容等が影響します。

使用借権の価格の求め方は、①使用借権期間中に支払われる実質賃料の現在価値の総和（複利年金現価率を採用）、②一般的な使用借権の通常の借家権価格に対する割合を採用する方法等が考えられます。

なお、家賃は、建物および土地から構成されていることから、借家権価格に対する割合を考慮する場合、土地に対しても考慮に入れる必要があります（例：借地権割合を70％×借家権割合30％×（1/3）を土地に対する使用借権の割合とする考え方）。ここでの「1/3」は、使用借権の割合を示しています。公共用地の取得に伴う損失補償基準細則第3で「賃借権に乗ずべき適正な割合は、通常の場合においては、1/3程度を標準とする」とされています。このように、1/3は一応の目途になるでしょうが、どれくらいの割合が妥当であるかは上記で述べた使用借権の継続する期間、その間に支払われている使用料、制約内容等を総合的に判断し、決定することになります。

3 借家権

借家権の価格は、そこに長期間居住し、あるいは営業することにより、借地借家法をはじめとする法令等によって保護されている借家人の経済的ないし法的利益により構成されているといえます。そのため、上記経済的利益等が発生していない場合、経済的利益等が少ない場合等にあっては、借家権価格はない、あるいは少額の場合も十分考えられます。したがって、借家権価格に対する割合は、上記から一律〇％であるとはいえません。

しかし、相続、贈与の場合に適用される財産評価基本通達では、借家権の価格は、土地に対しては基本は相続税路線価の70％（ユメサキメンテナンスの本社ビルの場合の割合）のさらに30％としています（財産評価基本通達94）。

もちろん、実際の鑑定評価となると、周辺での借家権の取引事例、自用の建物およびその敷地の価格から貸家建物およびその敷地の価格を控除し、双方の試算価格を調整することによって決定しますが、この調整の際に上記借家権割合も比較考量することになります。なお、他にも将来における賃料の改定の可能性等も総合的に勘案します。

ただ、現実の借家契約にあって、自らの都合で借家を明け渡す場合（ほとんどがこれに該当）、借家権価格の授受はありません。

② 遊休不動産

Q32

私は会社の近くに個人名義の土地を所有しており、現在、駐車場として、一部を第三者に、残りを会社に賃貸しています。①第三者に賃貸している場合と会社に賃貸している場合で、評価上差は発生するでしょうか。また、②駐車場をやめて、土地を活用するとしたら、どのような選択肢が考えられますか。

A ①評価上差は発生しません。駐車場として会社、第三者に賃貸していても、民法601条に基づく賃貸借であり、借地借家法による保護はありません。②賃貸用共同住宅のほか、マンションとしての利用も可能であることから、地域分析、個別分析両面からの分析が必要になります。

■解　説

1　駐車場のメリット

青空駐車場の賃貸借は民法601条に基づくものであり、立ち退きは借地借家に比べて容易です。立退料等の支払いは不要であり、駐車場をやめ、マンションの建設も容易にできると思われます。

ただ、駐車場としての契約には借地借家法は適用されませんが、マンション賃貸借に付随する駐車場の賃貸借については借地借家法適用される場合があります（東京地裁平成2年11月29日判決・判時1395号100頁）ので注意が必要

です。

　以下、ユメサキメンテナンスのケースでみてみると、駐車場となっている土地（事例編の資産状況を参照）は、本社ビルの建物に比べて、街路条件（幅員約6m）、環境条件、行政的条件（容積率300％）といった点で異なっていますが、接近条件（市の中心、他の施設への接近）は類似しており、都心型賃貸用共同住宅のほか、マンション向けの土地としても十分利用可能です。

　したがって、共同住宅とした場合、ワンルーム型、小家族型、ファミリー型のいずれにするのか、左記各併用型、あるいは1階を店舗にすることも含めて検討することになります。居住用がメインになる場合、より居住用（居住の快適性）の観点からの分析が重視されるでしょう。需要は十分期待できる地域、土地であり、この傾向は今後も変わることはないといえます。これまでの景気低迷を考慮して、現状の有料駐車場として当分の間利用することも考えられます。一般的要因、地域の要因、個別的要因（隣接地等）の動向等に留意し判断することになると考えられます。

2　十分な資産性

　相続を想定する場合、現在は有料の駐車場であり、そこそこに収益も上がっています。

　年収336万円ですから、公租公課等の経費を含んだ利回り（グロスの利回り）は約3.1％（336万円／1億1000万円）になります。あまり高い利回りではありませんが、公租公課等控除後の利回り（ネットの利回り）でも、現在の銀行での預金金利以上の利回りになっています。今後マンション、事業所（今は少し難しいですが、長期的には可能）としての利用も考えられます。立地条件（幹線道路、地下鉄駅、背後地等）にも恵まれています。

　よって、資産性は、十分ある不動産です。

　土地上に賃貸用共同住宅を建て、家賃収入が入るよう、かつ相続対策にもなるようにしておくことも考えられます（賃貸用にしておくと相続税上借家権価額を控除してもらえます）。

第 2 章　不動産関係

　他に、ユメサキメンテナンスあるいは夢咲勇さんに関連する不動産は、たとえば、本社ビルは、事業用としてかつ 5 階部分に専務が居住している不動産であり、西区のアパートは老朽化した空室率40％、土地は妻（舞子さん）名義、建物は夫（勇さん）名義で借地契約はありますが、契約書がなく、地代の支払いも不透明な部分が多く、滋賀の貸家は維持管理が大変である等の特徴をもっています。他方で、駐車場の管理は容易で、現在もそこそこの収益があがっており、今後の経済情勢次第では収益性の高いマンションの建設も可能です。

　ここで登場する各人が、このように多種多様な不動産をどのように引き継ぐかは、今後事業を引き継ぐ者、女性でまだ若く建物の維持管理ができない者等それぞれの事情を考慮（場合によっては売却もあり得る）する必要があります。

Q33

第三者に賃貸しているアパートがありますが、この不動産（複合不動産。土地は妻名義、建物は私名義）の経済価値を把握するうえで、妻、私、第三者の借家人間で問題になる点は何ですか。

A 賃貸借の関係と判断されるか、あるいは使用貸借の関係と判断されるのかが、大きなポイントになります。また空室率の改善等も必要かもしれません。

■ 解　説

1　あなた（夢咲勇さん）と妻の関係

　たとえば夢咲勇さんの場合、借地代として妻の舞子さんに、土地の公租公課のみを支払っているとのことですが、賃貸借の対価とは考えられず、使用貸借とされる可能性が高いでしょう。

　ほかに、勇さんは、家賃収入のある部分を家計費（30万円）として舞子さんに支払っていますが、借地の対価であるかどうかはわかりません。仮に、舞子さんとの間に借地契約書があり、借地の対価が支払われていれば、勇さんは土地に対して借地権を有することになりますが、借地契約があるにもかかわらず、対価が支払われていない、あるいは借地契約はなく、対価も支払われていないような場合にあっては、勇さんの土地に対する権利は、非常に弱い権利になってしまいます。そのため、評価にあたって、上記の事実関係を確認しなければなりません。

2　勇さんと第三者（借家人）との関係

　勇さんと第三者の借家人間には、借家契約があると考えられます。権利関係については問題がないでしょう。

　ただ、築後約45年が経過していて、空室率は1階25％、2階50％、1〜2階の家賃も低いこと等（事例編の資産状況を参照）から、この状態のままでよいはずがありません。今後、どのように改善させるのか、検討を要します。その点は、Q34を参照してください。

　1および2をまとめますと〔表6〕のようになります。

〔表6〕　土地と建物間、建物と建物利用者間の権利関係

類　型	土　地 （妻名義）		建物（あなた名義） 第三者	
	借地権	使用借権	借家権	使用借権
借地権付貸家建物	○	×	○	×
使用借権付貸家建物	×	○	○	×

（注）　類型：不動産の有形的利用および権利関係の態様に応じて区分される不動産の分類。

·····and more ①··

◆アパートの2階を寮として会社が利用しているが半分空室の状態である場合

・あなたと会社との関係

　通常、あなたと会社間においては、借家契約があり、それに即して通常の家賃収入を得ているとすれば、普通の借家ということになります。

　あなたと会社との間の契約が不十分（契約書がない）、家賃が非常に安い、あるいは会社の都合で支払ったり支払わなかったりしている場合は、借家権はあるかどうかが問題となります。この点は非常に重要で、契約の締結の経緯等を確認する必要があります。

・あなたと第三者と会社との関係

あなたと第三者との関係においては、借家契約があると考えられますが、あなたと会社との関係（社宅）においては、借家契約が認められなければ、使用貸借と類似の関係（≒使用借権）が認められます。

そこで土地・建物、当事者、権利の状態別にまとめると、以下のようになります。

類　型	土地 （妻名義）		建　物（あなた名義）			
^	^	^	第三者		社宅	
^	借地権	使用借権	借家権	使用借権	借家権	使用借権
借地権付貸家建物	○	×	○	×	○	×
借地権付貸家（一部使用借権付）建物	○	×	○	×	×	○
使用借権付貸家建物	×	○	○	×	○	×
使用借権付貸家（一部使用借権付）建物	×	○	○	×	×	○

（注）　類型：不動産の有形的利用および権利関係の態様に応じて区分される不動産の分類。

・留意点

このように、親族間、親族・会社間において不動産の利用関係が複雑になることから、契約関係を明確にし、現状も契約に沿った内容にしておくことが大切になります。

なお、空室部分の考え方については、当初から建物の仕様等が一般向け、社宅向けで異なり明らかに区分けができる場合には、それぞれ（一般向け、社宅）に振り分け、仕様等に差はなく区分けが困難な場合は、今後の入居状況等からいずれかに振り分ける必要があるでしょう。

第2章　不動産関係

Q34 ■ ■ ■ ■

アパートを有効に活用するためには、どのような対応が考えられますか。

A 建物の老朽化が進んでいるのであれば、建替えの検討等が考えられます。

■解　説

1　建物老朽化の問題点

夢咲勇さんのアパートは、近隣は最寄鉄道駅、商店街にも近く賃貸用住宅としての需要は十分期待できる地域であることから、景気動向はあまり影響がない地域です。

これらを前提として、アパートについて説明します（事例編の資産状況を参照）。

(1)　建物の老朽化が進むと

築後40年の木造2階建共同住宅は、維持・管理を十分にしていないと建物の傷み（外壁にひび割れ、屋根の歪み、床鳴り、基礎の沈下）、機能の低下（炊事場・浴室・トイレ等に水漏れがみられる、水道管の錆、空調設備不良、警報機不良、換気不良等）が顕著になり、一度入居者が退居してしまうと、新しい入居者（特に若い人）を得るのは非常に困難になります。そして、家賃が入ってこないため、建物の維持・管理、修繕もますます疎かになり、建物の経済価値を急減させることになります。

(2) 建物の建替えの検討

この土地は、敷地が約480m²、実効容積率（（実際の建物の延床面積÷敷地面積）×100）は約133％、これに対して基準容積率（建物の前面道路の幅員に当該地域の性質に応じて定められた数値を掛け合わせた割合等をもって算出される容積率の制限）は、270％（＝道路幅員4.5×商業地域の数値0.6）であり、建物の建替えによる効用増、収益増が考えられます。

ただ、当然にアパートを建て替えるとなると多額の資金が必要となります。

今後の入居者増減見込み、現在の家賃収入、建替後の家賃収入、現在の借家人の立退料、建築費等を考慮し、現状のままとするか、建て替えるかの判断が求められます。

建て替えるとした場合、建物の所有者である勇さんと土地の所有者である妻の舞子さんの間は、問題はないと思われますので第三者の借家人につき検討します。

借家人は借地借家法によって厚く保護されており、老朽化したアパートであるからといった理由だけでは立退きを求める正当事由にはなりませんし、借家人に借家権価格相当額を提供したとしても借家人は立ち退く義務はありません。

評価においても、建替えが容易であるか否か（立退料がどの程度必要か）は、重要なポイントになります。

2　評価上の留意点

この不動産を評価する場合、近隣地域は鉄道駅、商店街に近く、主として居住を目的とする地域、土地であることから、居住の快適性（ただし、市の中心近くにあって、職場、最寄り鉄道駅、店舗等に近く生活利便性の高い、いわゆる都心型）の観点からの地域分析、個別分析が中心になります。土地に対しては賃料等を払い、建物からは家賃収入があります。

不動産の価格は、その不動産を新たに造ればいくらかかるかの観点から求める手法（費用性）、市場で取引されている価格から求める手法（市場性）、

当該不動産から得られる収益から求める手法（収益性）の３面からのアプローチが基本的にはできるのですが、それぞれ地域、不動産の特徴によっては、すべてを適用することは困難な場合があります。

　第１種低層住居専用地域のような居住の快適性を重視する地域にあっては、収益性からのアプローチには限界があります（収益性よりも居住の快適性をより重視しているからです）。他方、本件のような都心型の土地にあっては、鉄道駅・各店舗・病院・職場に近く深夜まで働いても、居住できる場所の確保ができ、その結果、高めの家賃を支払ってもよいという需要があります。基準容積率が270％（アパートの敷地）ですから、土地所有者はアパートを建てることにより十分収益を確保できることになります。本件地はまさにこのような条件を満たす地域・土地であることから、逆に収益の観点から不動産の価格を求めることができるのです。したがって、収益価格を求めることが可能になります。

　ほかに、借地権割合、借家権割合等を用いて評価価格の概略を求めることもできます。

　収益価格を求める場合、現状の地代、家賃収入が基本になりますが、今後地代や家賃の上昇が十分見込める場合（この物件は夫婦間での借地契約（あるいは使用借権による契約）であり、適正な地代にすることも可能。第三者に賃貸している部分については今後さらに下がる可能性も考えられます）、この適正な賃料（地代、家賃等）を元に収益価格を求めることも考えられます。しかし、アパートの老朽化は今後さらに進行し、逆に修繕費等は上昇していきます。したがって、これらの判断は慎重にしないと、恣意的な賃料等を前提にすることになり、結果として得られる収益価格の信頼度は低いものになってしまうので注意が必要です。

　また、借地権割合、借家権割合を用いるとしても、この物件は権利関係が複雑であり、上記で述べたこと等を見極める必要があります。どういう条件のもとで評価するかによって、得られる価格は大きく異なるからです。借地権割合、借家権割合を用いて求める手法（割合方式。Q31参照）は、財産評

価基本通達の考え方を取り入れたものですが、借地権価格（借地権割合も同様）、借家権価格（借家権割合も同様）があるとは限りません。したがって、ここで求められる割合方式による価格は、参考程度になると考えます。

この場合に留意する事項として整理すると、下記があげられます。

（土地所有者、建物所有者間）
① 契約書の有無
② 建物の構造
③ 一時金の有無、今後見込まれる一時金の額、それらの一時金の内容
④ 契約期間
⑤ 借地権の態様（定期借地等）
⑥ 特約条項（無断の増改築禁止等）
⑦ 将来における賃料の改定の動向

※今は、公租公課しか支払われていないとのことですが、家計費として別途支払っている部分のうち、地代に相当する部分はいくらであるか（この部分の判断は難しい場合が多い）

（建物所有者、入居者間）
① 契約書の有無、その内容
② 一時金の有無、今後見込まれる一時金の額、それら一時金の内容
③ 契約期間
④ 借家の態様（定期借家等）
⑤ 特約条項（無断の増改築禁止等）
⑥ 家賃等（一時金を含む）の一覧表（過去を含む）
⑦ 空室部分の対応の状況

（建物）
建物の概要（建物登記簿、建物図面、建築確認申請控え、検査済証、主な修繕箇所・その時期・内容、入居者が修理した部分とその明細）

3　相続は慎重に

　相続を想定する場合、この不動産（建物部分）は、老朽化したアパートであって、権利関係が複雑に絡んでおり、将来の相続人にとって最もやっかいな財産です。

　第三者に賃貸している家賃収入は月額38万円（4万円×6戸＋3万5000円×4戸）、年456万円です。グロスの利回りは約5.5％（456万円／8280万円。ここでは土地・建物は同一所有者として計算）で、非常に低い利回りになります。通常、このような古い建物であれば、グロスで10％は必要です。今後の家賃収入の低下の可能性は高く、かつ建物の維持修繕費は上昇するからです。

　築後約40年経過した老朽化したアパートであり、今後借家人対策、建物の建替え等の問題が身近に迫っていることから、一個人での対応は難しく、専門家の力を借りたほうが賢明です。土地の所有者は妻の舞子さんですから、基本的には建物を舞子さんが相続するのが望ましいでしょうが、その場合でもリスクを多めにみておく必要があるでしょう。また、土地に対する権利付建物価格（これが勇さんの財産です）を今の状態で評価すれば安くなる可能性が高く、この状態で舞子さんに譲渡しておけば、相続対策にもなりますが、相続後の権利関係（会社、第三者との関係）、建物の建替えにかかわる諸問題（立ち退き交渉等）が依然として残ります。舞子さんの意思を確認したうえで、選択肢として、土地と建物を一括して第三者に売却して現金化しておくことも検討してよいでしょう。

③ 自宅および貸家

Q35 ■ ■ ■ ■ ■

私（会社の代表者）が住んでいる「自宅」は、土地は会社名義で、建物は私の個人名義です。借地権価格が発生していると想定した場合、将来に備えてどのような選択肢がありますか。

A 選択肢としては、①代表者個人が、土地を会社から購入する、②会社が、代表者から建物を買い取る、があります。②の場合、代表者個人は、売却代金で新たに居住用のマンションを購入する、会社は、将来の付帯事業として賃貸マンションの建設を予定する、などが考えられます

■解 説

1 選択肢の説明

以下、夢咲家を例に説明します。

自宅は、立地、画地規模等、次のような特徴を有しています（事例編の資産状況を参照）。

立　　地	阪急神戸線塚口駅徒歩9分の徒歩圏内
環　　境	中規模の戸建住宅、マンション等が建ち並ぶ住環境に恵まれた住宅地域
画　　地	345.32m² という比較的に大きい規模

> 幅　　員：前面道路が６m
> 法的規制：住居地域で建ぺい率60％であるが、容積率が200％あり、多用な用途に供すること可能

　これら特徴を総合すると、自宅は住環境に優れ、駅からも近く、買物にも便利で、マンション経営にも向いているといえます。

2　代表者個人が土地を会社から購入する場合

　代表者の勇さんが亡くなり相続が発生した場合、妻の舞子さんがそのまま自宅に残ることを希望する可能性が高いと思われます。しかし、夫が亡くなってから、土地が借地のまま会社に賃貸料を支払い続けるようでは、舞子さんは不安でしょう。そのため、前もって土地を買っておくのがよいと思われます。

　ただ、この場合には、会社としては、土地を借地人である勇さんに譲渡することになりますので、対象土地の底地の売買価格を考える必要があります。

3　会社が代表者から建物を買い取る場合

　たとえば、代表者の勇さんが高齢になって生活の本拠をマンションに移したいという個人の要望に応えるため、また、会社の安定収入を図るために、会社が代表者から建物を買い取ることが考えられます。

　最近の傾向として、大きな自宅を所有している人が、高齢になってくると庭の手入れが面倒となって、また、買い物に便利な場所に移りたいという意向をもたれて、自宅を処分してマンションに移るということが多いようです。

　会社からすれば、駅から徒歩圏で近隣に店舗のある賃貸マンションは需要が多いので、これを建設して安定収入を図るのも選択肢としてあります。

　この場合には、会社が個人所有である建物を買い取ることになりますが、建物には借地権が設定されていますので、譲渡価格は、借地権価格に建物価格を加算したものになります。

また、将来的にマンション建設をするとなると、どのような建物を建てるか、入居者をどのように募集するか、という問題も検討する必要が出てきます。

4 どの選択が望ましいか

　勇さんの場合、相続を想定して、舞子さんに安住の資産を残しておく意味では、会社から土地を購入する①の選択肢を優先するほうがよいと思います。

　またこの場合、土地は会社の資産ですから、借地権が設定されています。前述しましたが、借地権が設定されていると、借地権価格が生じていることが考えられます。そして、借地人である勇さんが底地を買い取るので、土地と建物が同一所有者になりますから、全くの他人に売却する場合に比べて多少高くなる可能性があります（Q36参照）。

　ただし、借地権価格が生じていれば、その分だけ安く買えるわけです。要するに、更地価格より低額になる分、有利な購入となります。

·····and more ②··

◆**不動産鑑定評価基準――借地権**

　借地権とは、借地借家法（廃止前の借地法を含む）に基づく借地権（建物所有を目的とする地上権または土地の賃借権）をいいます。

　底地とは、宅地について借地権の付着している場合における当該宅地の所有権をいいます。

　借地権および底地の鑑定評価にあたっては、借地権の価格と底地の価格とは密接に関連し合っているので、以下に述べる諸点を十分に考慮して相互に比較検討すべきです。

① 宅地の賃貸借等および借地権取引の慣行の有無とその成熟の程度は、都市によって異なり、同一都市内においても地域によって異なることもあること。

② 借地権の存在は、必ずしも借地権の価格の存在を意味するものではな

く、また、借地権取引の慣行について、借地権が単独で取引の対象となっている都市または地域と、単独で取引の対象となることはないが建物に随伴して取引の対象となっている都市または地域があること。

....・and more ③..

◆地　代

　地代は、土地使用の対価です。これを説明する前に、借地の形態について簡単に説明します。

　借地の形態は、民法上では、賃貸借契約による場合と地上権設定契約による場合があります。また、借地借家法では、期間満了で借地が確実に更地返還される定期借地権の制度があります。民法の借地権設定では、正当事由が具備されないと貸地が返還されないことになりますが、定期借地権では、これらの要件は必要ありません。近年、定期借地権は、事業者の投資額節減等の観点から商業地、とりわけ路線商業地で多く活用されています。住宅地では、土地を定期借地権で借地して分譲するケースが見受けられますが、借地は、圧倒的多数が普通借地権の形態です。

　地代は、土地使用の対価ですから、その土地がどのような目的で使用されるかによって、地代の額が異なります。たとえば、住宅地と商業地では地代の額に違いがあるということです。住宅地は、個人が居住の建物敷地として使用するのですから、個人の収入で支払える限度がありますので、一般的には多額の負担には耐えられません。そのため住宅地の地代は、商業地に比べて低額が多いのです。地代は、地主との個人的な事情が反映されますので、多少、高いものもあれば低いものもあるというのが実態です。地価に対する地代の利回りは、最近は、３％程度が多いようです。

　商業地の地代は、店舗や事務所の敷地として使用するのですから、駅前であるとか、交通量の多い国道、県道沿いであるなど立地によって大きく差が出ます。地価に対する利回りは、一概にいえませんが、５％程度が多いので

はないでしょうか。ただ、立地がよい場合には高くなりますし、そうでない場合には低額となりますので、住宅地に比べて、その差は大きいのが特徴です。

....and more ④...

◆**地代の減額請求**

　借地借家法には、地価が下がった場合や、固定資産税や都市計画税等の公租公課が下がった場合、あるいは、周辺の地代に比べ、地代が高い等、現行の地代が不相当となったときには、地代の減額を請求できるという規定があります。

　法律の難しい話はさておき、最近の身近な地代減額の例をご説明しましょう。

　いわゆるバブル崩壊後、地価は下落基調が続き、また、いわゆるリーマンショックに端を発する経済不況によりその傾向は止まりません。そこで、借地人は、現在の地代を改定した時点から、地価は何割も下落したとか、地価が下がっているにもかかわらず、地代が減額されたことはないとか、固定資産税などの税額も低くなっているはずであるなどの理由で地主に対して、地代減額の要求をすることが多くなりました。双方の交渉がうまくいかずに裁判所の調停に持ち込まれるケースも増えています。確かに、借主の言い分はうなずく部分があります。

　しかし、バブルの時期、地価は毎年、びっくりするほど値上がりしたが、地代は、それに応じて値上げしていない、今の時点でも大体、周辺相場の水準であって、高くない。地主からは、大体、このような回答が返ってきます。

　では、現実の地代相場はどうかというと、地主のいうように一定の額を標準に下げ止まっているケースがあります。実際の地代は、固定資産評価額の減額の割合に連動するように下がっていないようです。地代相場は、なかなか見えにくいのですが、基本的には貸手と借手の需給バランス等いろいろな

131

要素が複雑に影響し合って形成されています。固定資産評価額が下がった分、地代もそれに相応して下がっていないことが実態です。身近で、地代の減額を検討される場合には、周辺の地代相場を近所の不動産屋さんに聞いてみると参考になると思います。

Q36

①代表者が会社から土地を購入する、②会社が代表者から建物を買い取る、それぞれの場合に、不動産をどのように評価すればよいでしょうか。

A ①借地権が設定されている底地を購入する場合、建物およびその敷地が同一所有者に帰属することにより、経済価値の増分を考慮する必要があります。具体的な算定方法は、「底地価格＋増価額分」となります。②借地権が設定されている建物を購入する場合、「借地権価格＋建物価格」となります。

■解　説

1　底地を購入する場合

　底地（借地権が付いた土地の所有権）の売買では、通常、借地権が設定されている底地を第三者が取得する場合と借地権者が取得する場合で評価が異なります。すなわち、第三者が購入する場合は、借地権により使用収益が制限された所有権になります。これに対して、借地権者が底地を購入する場合は、完全な所有権を取得することとなります。結果、市場性は回復します。

　底地の所有権価格は、土地を賃貸借することによる賃貸料により構成されているとみることができます。第三者が購入する場合は、この価格が適正な価格ということができます。

　これに対し、当該借地権者が取得する場合には、建物およびその敷地が同一所有者に帰属することにより、経済価値が増加しますので、その増分を考

慮する必要があります。底地価格は、収益価格と比準価格を関連づけて求めるものと規定されています。収益価格は、具体的には実際に支払われている賃料（地代）から公租公課等の必要諸経費を控除して得た額を資本還元して求めるものです。比準価格は、実際の底地の取引事例を収集したものを、地域が異なりますので地域要因の比較をし、また当該土地の個別要因を比較して得た額をもとに算出します。

　底地と借地権の併合による価値の増分とは、更地とした価格から借地権価格と底地価格の合計額との差の部分と考えられます。具体的な算定方法は、複雑な計算になります。

　これらの取引は、税務上の問題が生じることがありますので、不動産鑑定士による鑑定評価額に基づき、取引されるのが望ましいでしょう。

2　建物を購入する場合

(1)　借地権価格＋建物価格

　建物を購入する場合、借地権が設定されている建物を売買することになり、価格は、「借地権価格＋建物価格」ということになります。

　この場合にも、借地権が第三者に売買される場合と当該底地所有者に売却される場合で異なります。当該底地所有者に売却する場合には、土地は使用収益の制限がない完全な所有権となりますから、第三者に売買される場合に比べて市場性の回復、すなわち経済価値の増分が生じ、これを加算することになります。夢咲勇さんの場合は、これに当たります。鑑定評価基準では、このような場合の価格は、限定価格と規定し、特定の当事者の売買の場合に第三者の取引とは異なる経済価値の増分を考慮する必要があるということです。

(2)　建物価格の算定

　まず、建物価格は、経年により劣化しますが、維持管理を丁寧にしているか否か、あるいは使用状態の良し悪しにより価格が異なります。

　鑑定評価では、税務上適用される「法定耐用年数」ではなく、経済的にみ

てどの程度の期間価値を有するか「経済耐用年数」を用いて計算します。住宅の場合では、木造の場合、躯体部分が25年〜30年、仕上げ部分が15年〜18年、設備が15年程度です。軽量鉄骨の場合は、躯体部分が25年〜30年、仕上げ部分が15年〜18年、設備が15年程度です。

建物評価では、標準建設費からこれらの経年減価額を控除したうえで、さらに、維持管理、使用状態の良否で、観察減価額を算定して、この金額を控除して、建物価格を算出します。

勇さんの自宅の場合、建築後、約20年程度経過しています。まだ、充分に使用価値はあります。しかし、市場価値は材料が良質で、維持管理がよい場合には、ある程度見込めますが、そうでない場合には、わずかの評価額しか認められないことがあります。

(3) 借地権価格の算定

次に、借地権価格をどのようにして求めるか説明します。

不動産鑑定評価基準では、借地権の取引慣行がある場合と、そうでない場合に分けて規定しています。

以下、借地権の取引慣行がある場合として述べます。

借地権価格ですが、新規に借地をする場合に支払う通常の地代に比べ、実際に支払っている地代が低ければ、その差額分は借地人に利益となりますので、その累積分が借地人の経済価値を形成すると考えられます。これが借地権価格を構成するとみているのです。また、地域によって(商業地、住宅地で異なりますが)、借地権割合、すなわち、借地人の占める権利の割合が慣行として形成されている場合がありますので、これを斟酌するように規定しています。

賃料差額から収益価格を求める方法とは、具体的には対象地の更地価格に期待利回り(住宅地であれば2〜3％程度、商業地であれば5％程度)を乗じて公租公課等の諸経費を加算して新規の地代を求め、これから実際の地代額を控除して地代差額を求めて、これを資本還元するのです。

また、慣行となっている借地権割合とは、相続税路線価に記載されている

借地権割合が参考となります。住宅地であれば50％程度、商業地で普通商業地であれば60％〜70％程度、高度商業地であれば80％程度です。

そして、借地権と底地が併合することによる経済価値の増分の算定は、更地価格と、借地権価格と底地価格を加えた額との差額分ということになります。建物価格は、築後経年しているかどうかで価値が異なります。

実際に借地権付き建物の売買をする場合には、当事者は利害関係がありますので、税務上の問題が生じるおそれがあります。これらの場合には、不動産鑑定士による鑑定評価額に基づき取引されることが望ましいと思います。

····and more ⑤··

◆不動産鑑定評価基準——借地権の態様

借地権の態様には、以下のものがあります。

ア　創設されたものか継承されたものか

イ　地上権か賃借権か

ウ　転借か否か

エ　堅固の建物の所有を目的とするか、非堅固の建物の所有を目的とするか

オ　主として居住用建物のためか、主として営業用建物のためのものか

カ　契約期間の定めの有無

キ　特約条項の有無

ク　契約は書面か口頭か

ケ　登記の有無

コ　定期借地権等（借地借家法第2章第4節に規定する定期借地権等）

Q37

貸家を私（会社の代表者）個人で所有し、会社に賃貸しています。将来のことを考えると、この貸家をどうしたらよいのかと悩みます。どのような選択肢があるのでしょうか。

A 主な選択肢として、①現状のように代表者個人名義で所有し、現在の会社に賃貸する、②貸家を現在賃貸している会社に譲渡する、③貸家を第三者に売却する、の3つがあります。

■解　説

1　選択肢の説明

夢咲勇さんの場合、対象の貸家の特徴は次のとおりです（事例編の資産状況を参照）。

立　　地	琵琶湖の西岸
交　　通	JR湖西線志賀駅から徒歩12分、湖西道路の志賀インターチェンジから至近
周辺環境	びわ湖バレーが近くにあり、松の浦水泳場も徒歩圏内

貸家は、琵琶湖周辺でも、とりわけ立地のよいところに所在しています。最近は、別荘地の利用は減少してきましたが、比較的人気がある場所です。その意味で、いずれの選択肢も検討の価値があります。

2　このまま代表者個人が会社に賃貸する場合

　土地および建物が代表者である勇さん個人の所有ですが、問題は、賃貸料と補修費です。

　建物は当然に老朽化しますので、補修の必要が生じてきます。このような補修費は賃貸人である勇さん個人の負担です。比較的に周辺環境がよいとしても夏と冬の季節に限られます。最近は、社員も低廉で利用できる保養所よりも設備が整ったリゾートホテルを好む傾向がありますので、年間の利用回数は必ずしも多くありません。補修費が必要であるのもかかわらず、賃貸料は高くとれないでしょう。

　このような補修費を踏まえて賃貸料に関して、賃貸人である会社（ユメサキメンテナンス）と交渉しなければなりません。また、別荘地の場合、一般に、草刈等の維持管理を業者に委託することになりますので、この費用負担が必要になります。こうした煩わしさがありますので、必ずしも所有することでメリットがあるとはいえません。

3　貸家を賃貸している会社に譲渡する場合

　会社に貸家の土地および建物を譲渡するのですから、賃借人が買い取るわけです。この譲渡は市場を通して売却するのではありませんので、適正な評価額を算定する必要があります。

　土地および建物を賃貸している場合には、鑑定評価では貸家およびその敷地と分類されます。この場合の評価方法は、賃貸料の実質賃料のうち、純賃料を収益還元して算定します。賃貸料が、対象不動産の土地および建物の価値を反映したものと考えられるからです。収益価格を標準としますが、あわせて積算価格、これは再調達を想定して、これに経年の減価修正を加え、さらに観察による減価額を控除して求めますが、これらを比較考量して求めます。

　勇さんの場合、貸家およびその敷地を借家人である会社（ユメサキメンテ

ナンス）が買い取りますと、自用の建物およびその敷地となり、市場性が回復します。自用の建物およびその敷地と貸家およびその敷地との差額が、賃貸人と賃借人の保有利益と考えられます。要するに、経済価値の増分が生じるのです。貸家およびその敷地で評価した価額に経済価値の増分である保有利益を双方に適切に配分して、その額を加算して評価額を算定します。これらの鑑定評価に際しては、これまでの契約締結の経緯や、経過した借家期間、建物の残存耐用年数、将来の賃料改定の実現性とその程度等を総合的に勘案します。

4　貸家を第三者に売却する場合

　滋賀県の琵琶湖の西岸、湖西は湖西道路が貫通し、またJR湖西線が通り、夏場には海水浴、冬には比良山でのスキーが楽しめますので、比較的人気のある場所です。しかし、最近は、リゾートホテルを利用する人が多く、別荘地を購入する人は必ずしも多くありません。ですが、湖西付近は、交通利便性がよいので、単に別荘地としてではなく、永住することもできるため、これらの需要もあります。

　勇さんの場合、駅にも比較的近く、諸条件が整っていますが、土地が大きいのが多少難点です。土地を分割して売却することも考える必要があるかもしれません。土地価格は、市街地のように高くありません。また、建物は、築後20年以上経過していますので、維持管理の状態にもよりますが、市場価値は低いといえます。

　仲介業者に依頼して、不動産市場を通して売却することになりますが、当然、仲介手数料が必要です。売却金額によって上限の料率が定められていて、大体、売却金額の3％程度です。市場に出す金額は、通常、実際に成約するであろう金額に1割程度加算します。どの程度の期間で売却できるかは、物件の諸条件にもよりますが、3カ月程度が目安です。別荘地の場合、需要が必ずしも多いわけではありませんので、多少、期間を要する場合があります。また、昨今の状況では、希望する金額で売れるとは限らないことも、念頭に

5　どの選択が望ましいか

　勇さんの貸家は、湖西線から徒歩圏で、高速道路のインターチェンジの近くで、観光施設もあるので別荘地として利用することは当然できますが、多少不便でも日常生活の場所としても利用できます。前述のとおり、今や、企業が保養施設を所有することは、時代に合わなくなっています。特定の施設で会社の人間と休暇に会うことを好まないし、ホテルや他の観光地など多様な選択肢を望んでいます。また、市場で第三者に売却する場合、最近は市況が低迷していますから、高く売れません。

　そこで、当分は勇さん個人で所有しているのがよいのではないかと思います。所有すると修繕費や公租公課の負担が生じますが、負担が多額でなければしばらく所有し、市況が回復した段階で売却か所有の継続かを選択すればよいのではないでしょうか。その間は、現在のように他の会社の社宅か、保養施設として継続することで費用を捻出するのがよいと思います。

·····and more ⑥···

◆不動産鑑定評価基準──借地権の価格
　借地権の価格は、借地借家法（廃止前の借地法を含む）に基づき土地を使用収益することにより借地人に帰属する経済的利益（一時金の授受に基づくものを含む）を貨幣額で表示したものです

　借地人に帰属する経済的利益とは、土地を使用収益することによる広範な諸利益を基礎とするものですが、特に次に掲げるものが中心となります。

　ア　土地を長期間占有し、独占的に使用収益し得る借地人の安定的利益
　イ　借地権の付着している宅地の経済的価値に即応した適正な賃料と実際支払賃料との乖離（以下、「賃料差額」といいます）およびその乖離の持続する期間を基礎にして成り立つ経済的利益の現在価値のうち、慣行的に取引の対象となっている部分

··

第3章　登記関係

Q38

> そういえば、私の貸家は、亡くなった父の名義のままだったと思います。抵当権も付いていたような気がします。このまま私が死んでも、家族が継いでくれれば、特に問題ないと思います。そのままでも構いませんか。

A まず、なるべく早く相続に伴う登記手続をしてください。

■解　説

　不動産登記法には登記しなければならない事項が定められており、面倒だからといって放置すると、同法によって過料に処せられることになっています（164条参照）。たとえば、建物の新築登記は必ずしなければなりません。
　しかし、ご質問の場合のように、相続が発生して所有権が移転しているのに登記しなくても過料に処せられることはありません。ですが、登記は、ペナルティがいやだからする、という性質のものではなく、自分の権利を守るためにするものです。
　相続開始時には良好だった相続人間の関係が徐々に希薄になったため手続に協力が得られなくなったり、さらに相続が発生して相続人が増えたりする場合が多々あります。また、自宅を担保に資金調達するために急いで名義変更しなければならないのに、時間が経っているので書類が揃わず間に合わな

かったりすることもあります。さらに、払い終わった事業ローンの抵当権がそのままになっている場合、新たな融資を受けるときに、その抵当権を抹消登記することが条件になって慌てても、抵当権者である金融機関がすでに存在せず、どこに問い合わせたらよいのかさえわからないこともめずらしくありません。

　会社の登記も、任期切れ役員の変更登記のように、必ず登記しなければならないことがあるのにもかかわらずそれを怠っていると、会社法（976条1号）によって過料に処せられるだけでなく、取引先からコンプライアンス面での指摘を受けたり、あなたの後任者が、登記と実体が合っていないので苦労することになったりします。

　事業承継の基本は、現在の状況をきちんと把握して手続に乗せることですので、登記についても疎かにせず、今できることを今のうちにしてください。

Q39

私の会社でも、事業承継を見越して種類株式を発行できるようにしておきたいと思います。どのような手続が必要ですか。

A 会社の内部決定と登記手続をすることになります。

■解　説

1　会社の内部決定手続が必要

　種類株式を発行できるようにすることは、会社の根幹にかかわることですので、会社の内部決定手続を経なければなりません。また、その決定は、会社の登記にも反映させなくてはなりませんので、公開されることになります。

2　取締役会を開催する（資料編資料1・書式例1──取締役会議事録）

　取締役会では、株主総会を開催することと、そこで定款変更決議をすることを決定します。種類株式を発行できるようにすることは、会社の根本規則である定款で定めなくてはなりませんので、定款を変更する必要があります。定款変更は重要なことですから、株主総会で決議しなければなりません。株主総会は、定時株主総会でも臨時株主総会でも、どちらでもかまいません。具体的にどのように変更するのかは、この時点で決めておかなければなりません。以下の例では、優先配当が得られる種類株式を発行することにしています。

3 株主に株主総会招集通知を発する（資料編資料2・書式例2——臨時株主総会招集通知、資料3・書式例3——総会用委任状）

　取締役会で決議したとおりの内容を株主に伝えて、株主総会への出席をお願いします。この通知は、株主総会の日の2週間前（非公開会社は1週間前）までに発信しなくてはなりません。これは、発信日と総会開催日の間がまるまる2週間あいていないといけないという意味です。しかし、株主全員が了承されているのであれば、この期間は短縮することができます。通知は、株主名簿に記載された住所に郵送しますが、本人に手渡ししてもかまいません。株主本人が出席しない場合を想定して、一緒に委任状等も渡すとよいでしょう。委任状を使われる場合は、議案に賛成か反対かを明記してもらいます。委任状の印鑑は、事前に会社にお届けされているものが適切です。代理人の資格については、多くの会社が定款で、株主に限る、等の制限をしていますので、注意が必要です。

4 株主総会を開催する（資料編資料4・書式例4——臨時株主総会議事録）

　定款変更は重要なことですから、株主総会の特別決議が求められます。特別決議は、まず議決権の過半数をもっている株主が総会に出席することが必要です。過半数なのですから、50パーセントでは足りません。いわゆる委任状出席も可能です。そして、出席した株主の議決権の3分の2以上をもっている株主の賛成が必要です。もっとも会社は、定款で別の特別決議要件を定めることが可能ですので、この際、自分の会社の定款を確認してください。

　夢咲さんの会社の場合は、議決権の90パーセントをもっているあなたの出席が絶対に必要でその賛成も絶対条件ですが、言い換えればあなたが一人で決められることになります。ただ、そうであるからといって、株主全員の同意がなければ、すなわちもう一人の株主である妻の舞子さんの同意がなければ、招集手続を省略することはできません。

5　登記申請する（資料編資料5・書式例5──株式会社変更登記申請書、資料6・書式例6──登記用委任状）

　登記事項である「発行可能種類株式総数及び発行する各種類の株式の内容の変更」があったので、登記をすることになります。株主総会の定款変更決議の効力発生日から2週間以内に登記をしなければなりません。あなたの会社の場合も、決議の日から2週間以内に登記申請しなければならず、遅れると過料に処せられることがあります。

　登記に必要な書類は、登記申請書と株主総会議事録です。登記手続を代理人に依頼する場合は、弁護士か司法書士に対し委任状を発行し、それも添付書類として法務局に提出します。登記申請には、代表取締役の届出印、つまり会社の実印が必要で、代表取締役が自ら申請される場合は登記申請書に、代理人が申請する場合は委任状に会社の実印を押さなければなりません。これらの書類の内、株主総会議事録だけは、コピーを同時に提出して、登記完了後にオリジナルを返してもらうことが可能です。

　登記は、会社の本店所在地を管轄する法務局に申請しますが、郵送やオンライン申請が可能です。登録免許税が必要ですが、ご質問の場合は3万円で、収入印紙を登記申請書に貼って納めるのが一般的です。この収入印紙には、消印をしてはいけません。消印は、法務局がします。

第4章　保険関係

Q40

もし、私が死亡した場合、残された家族は遺族年金を受け取れるのでしょうか。

A 遺族厚生年金を受給できる可能性があります。

■解　説

1　遺族年金とは

　日本の年金制度には、20～60歳の国民全員が入ることになっている国民年金、民間企業に勤める会社員が入る厚生年金保険、公務員が入る共済組合などがあります。そして、年金に加入している人が亡くなった場合に、残された家族に支給される年金として、遺族年金というものがあります。

　会社経営者の場合、年金は厚生年金保険と国民年金の両方に入っています。支払っている保険料は厚生年金保険分だけのため、国民年金には入っていないと思われるかもしれませんが、そうではありません。厚生年金保険に入っている人は、自動的に国民年金にも同時加入する仕組みになっているのです。保険料については、集めた厚生年金保険料の中から、国民年金制度に必要な分を計算して渡すことになっています。

　厚生年金保険と国民年金に入っている人が亡くなった場合、遺された家族

への遺族年金として考えられるのは、厚生年金保険からの遺族年金（この年金を「遺族厚生年金」といいます）と国民年金からの遺族年金（この年金を「遺族基礎年金」といいます）です。

2 遺族年金を受給できる遺族

そして、遺族厚生年金と遺族基礎年金とでは、年金を受給できる遺族の範囲が異なります。遺族厚生年金の場合、厚生年金保険に入っていた人が亡くなったときに、その人に生計を維持されていた「配偶者、子、孫、祖父母」、遺族基礎年金の場合、亡くなった人に生計を維持されていた「子のある妻、子」となります。ここでいう「子」には18歳（到達年度の末日まで）という年齢制限があります。

夢咲家の場合、妻の舞子さんが、勇さんが亡くなったときに、勇さんによって生計を維持されていたなら、遺族厚生年金を受給できる遺族である「配偶者」に該当し、遺族厚生年金を受給できることになります。一方、舞子さんは、遺族基礎年金を受給できる遺族である「子のある妻」に該当しません。それは、子どもが上記年齢制限にかかるからです。そして、そのため、子どもは全員、遺族厚生年金、遺族基礎年金を受給できる「子」には該当しませんので、遺族年金を受給できません。

結局、勇さんが亡くなった場合、舞子さんが遺族厚生年金を受給できることになると思われます。ところが、気をつけないといけないのは、保険料を払っていない期間により、舞子さんが遺族厚生年金を受給できなくなることがあるということです。今から保険料の納め忘れがないようにしておくことが大切です。また、当然のことですが、舞子さんが遺族厚生年金を受給されていても、亡くなったり婚姻をすると、その時点で受給できなくなります。

3 遺族年金の額

次に、遺族厚生年金の額は、どのくらいになるのでしょうか。これは、原則として、亡くなった人が老後に厚生年金保険から受け取る予定であった年

金（これを「老齢厚生年金」といいます）の4分の3に相当する額となります。

したがって、夢咲家の場合、舞子さんが受給できる遺族厚生年金の額は、原則、勇さんの老齢厚生年金の4分の3に相当する額となります。なお、舞子さんが遺族厚生年金を受給し、その後、65歳になり、自身の国民年金からの老後の年金（これを「老齢基礎年金」といいます）を受給できるようになった場合には、遺族厚生年金と舞子さん自身の老齢基礎年金の両方を受け取ることになります（〈図1〉参照）。

〈図1〉 妻が受給する年金のイメージ

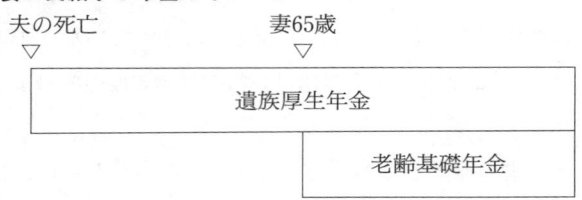

```
 夫の死亡            妻65歳
  ▽               ▽
┌─────────────────────────┐
│      遺族厚生年金           │
└─────────────────────────┘
          ┌───────────────┐
          │   老齢基礎年金   │
          └───────────────┘
```

仮に、舞子さんが、ユメサキメンテナンスの経営に実質的に携わり、厚生年金保険に入っている場合は、舞子さんが自身の老齢年金を受給できる時点で、舞子さん自身の老齢基礎年金と老齢厚生年金を受け取ります。そのうえで、次の①②のいずれかで計算した額が舞子さん自身の老齢厚生年金額よりも高ければ、その差額を遺族厚生年金として受け取ります（〈図2〉参照）。

① 遺族厚生年金
② 舞子さん自身の老齢厚生年金の1/2＋遺族厚生年金の2/3

〈図2〉 老齢厚生年金と夫の遺族厚生年金を受け取れる場合

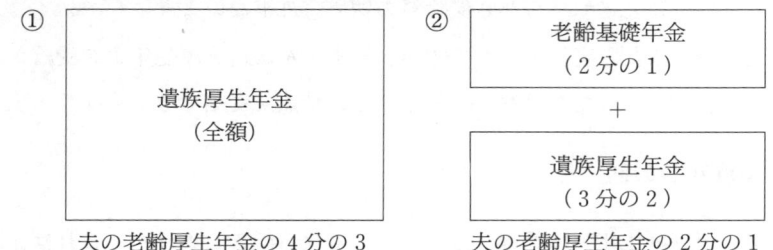

```
①  ┌──────────────┐   ②  ┌──────────────┐
   │              │      │  老齢基礎年金    │
   │              │      │  （2分の1）     │
   │  遺族厚生年金  │      └──────────────┘
   │  （全額）     │              ＋
   │              │      ┌──────────────┐
   │              │      │  遺族厚生年金    │
   │              │      │  （3分の2）     │
   └──────────────┘      └──────────────┘
 夫の老齢厚生年金の4分の3    夫の老齢厚生年金の2分の1
```

Q41

もし、私が死亡し、今、他企業で働いている長男が、私の会社を継いだ場合、あるいは、妻が継いだ場合、私の会社の社会保険の手続はどのようになりますか。

A 会社の代表者を変更した場合、新代表者が長男、妻、どちらであっても、健康保険・厚生年金保険では、手続が必要です。労働者災害補償保険・雇用保険では、特に手続は必要ありません。

■解　説

1　代表者変更の際の届出

会社の代表者に変更があった場合、健康保険・厚生年金保険では、「健康保険・厚生年金保険事業所関係変更（訂正）届」を変更があった日の翌日から5日以内に年金事務所へ提出する必要があります。一方、労働者災害補償保険（以下、「労災保険」といいます）・雇用保険では、特に手続は必要ありません。

2　社会保険とは

私たちは、よく「社会保険」といいますが、どのような保険かご存知でしょうか。社会保険とは病気・けが・死亡・障害・失業などの社会的リスクに対応し、一定の給付を行う保険をいいます。具体的に、会社勤めをしている人に関係する社会保険は、健康保険、厚生年金保険、労災保険、雇用保険の4つです。各保険がカバーしているリスクは、健康保険は病気、けがをした

ときなど、厚生年金保険は高齢、障害の状態になったとき、死亡したときなど、労災保険は仕事中に、けがをした、病気になったときなど、雇用保険は失業したときなどになります。さて、社会保険の範囲ですが、これら4つの保険すべてを社会保険という場合があります。これが広義での社会保険になります。一方、健康保険と厚生年金保険の2つを社会保険という場合もあります。これは狭義での社会保険です。そして、狭義での社会保険に対応して、労災保険と雇用保険の2つの保険を労働保険といいます（〈図3〉参照）。

〈図3〉 社会保険と労働保険

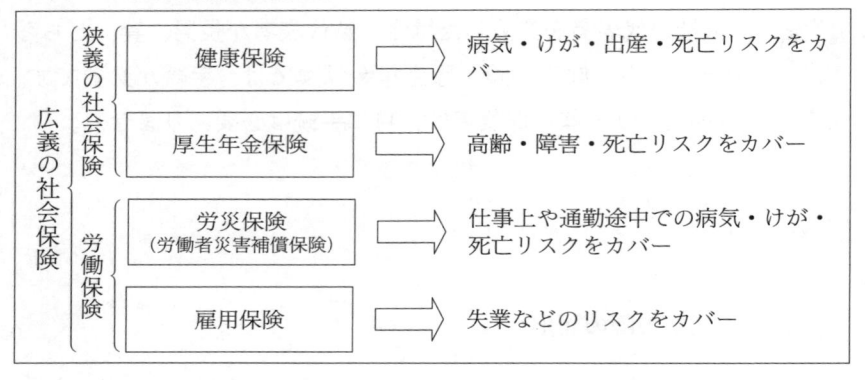

広義の社会保険	狭義の社会保険	健康保険	⇒	病気・けが・出産・死亡リスクをカバー
		厚生年金保険	⇒	高齢・障害・死亡リスクをカバー
	労働保険	労災保険 （労働者災害補償保険）	⇒	仕事上や通勤途中での病気・けが・死亡リスクをカバー
		雇用保険	⇒	失業などのリスクをカバー

3　経営者と社会保険

会社勤めをしている人に関係するこれらの4つの保険について、経営者であるあなたとの関係を確認してみます。社会保険（健康保険・厚生年金保険）と労働保険（労災保険・雇用保険）では、法人の経営者についての取扱いが異なります。社会保険（健康保険・厚生年金保険）の場合は、経営者は法人に使用される者として考えられ、保険に入ります。一方、労働保険（労災保険・雇用保険）の場合は、労働者の保護を目的としているので、経営者は保護の対象とはならず、保険に入れません（ただし、労災保険には、中小事業主等に対する特別加入制度があります）。したがって、あなたは現在、社会保険（健康保険・厚生年金保険）のみに加入しているわけです。

4　長男が継いだ場合

　そこで、夢咲家について会社を継がれた方自身の社会保険の資格を考えてみます。長男の友厚さんが継がれることになった場合、Y社の退職に伴い、いったん、友厚さんは社会保険（健康保険・厚生年金保険）・労働保険（労災保険・雇用保険）ともに資格を喪失したうえで、あなたの会社で新たに社会保険（健康保険・厚生年金保険）にのみ加入します。労働保険（労災保険・雇用保険）については、会社の経営者である友厚さんは加入できません（〔表7〕参照）。

〔表7〕　社会保険の適用対象者

保険の種類 ＼ 対象者	経営者	社　員
健康保険	加入する	加入する
厚生年金保険	加入する	加入する
労災保険	加入できない	加入する
雇用保険	加入できない	加入する

5　妻が継いだ場合

　次に、妻の舞子さんが継がれた場合です。舞子さんの社会保険は、現在、あなたが加入している社会保険（健康保険・厚生年金保険）の被扶養者の扱いで、あなたが入っている健康保険の被扶養者、そして、国民年金の第3号被保険者となっています。その舞子さんがあなたの会社を継ぐと、舞子さん自身で、新たに会社の社会保険（健康保険・厚生年金保険）に入ることになります（あなたの死亡によって、舞子さんは被扶養者ではなくなっています）。それに伴い、いままでは被扶養者であったために、舞子さんは個別に保険料を支払う必要がありませんでしたが、舞子さん自身で健康保険料、厚生年金保険料を支払っていくことになります。もちろん、保険料を納めるのですから、舞子さんが老後に受け取る年金は、その分手厚くなります。仮に、舞子さん

が早い時期からあなたの会社の経営に携わり、厚生年金保険に入っていたなら、保険料負担は増しますが、老後の年金を多くすることが可能です。

COLUMN ⑦

●年金法の改正

　社会保障・税一体改革の中、平成24年8月に年金関連の法律が改正となっています。そのうち、次の4つを取り上げて紹介します。かっこ内は施行日です。

(1)　父子家庭への遺族基礎年金の支給（平成26年4月1日）。

　現在、遺族基礎年金を受給できる遺族は、亡くなった人に生計を維持されていた「子のある妻」あるいは「子」で、「子のある夫」は受給できません（147頁参照）。改正法では、遺族基礎年金を受給できる遺族のうち「子のある妻」を「子のある配偶者」として、父子家庭へも支給を行います。

(2)　受給資格期間の短縮（平成27年10月1日）。

　現在、老齢基礎年金等を受給するためには、基本的に保険料を納めた期間が25年必要です。改正法では、この期間が10年に短縮されます。

(3)　厚生年金と共済年金の一元化（平成27年10月1日）。

　現在、公務員等は共済組合に、会社員等は厚生年金保険に加入しています（149頁参照）。改正法では、共済組合に加入している公務員等も厚生年金保険に加入することとし、公的年金制度の2階部分を厚生年金に統一し2つの制度の差異を解消していきます。

(4)　短時間労働者への社会保険加入要件の緩和（平成28年10月1日）。

　現在、短時間労働者はおおよそ週30時間以上働いている場合、社会保険（厚生年金保険・健康保険）に加入します。改正法では、社会保険に加入する基準が、ある一定の規模以上（従業員数501人以上）の企業では週20時間以上等に拡大されます。

Q42

もし、私が死亡したら、妻の社会保険の資格はどのようになりますか。

A 年金の資格は、国民年金の第3号被保険者から第1号被保険者へと変更になります。また、健康保険は、夫であるあなたの健康保険の被扶養者ではなくなり、妻の舞子さん自身で国民健康保険へ加入することになります。

■解　説

1　年金保険の資格

ここでの社会保険は、年金保険と健康保険です。

まず、年金について説明します。20〜60歳の国民は、皆、国民年金に入っています。その中で、職業によって、第1号被保険者、第2号被保険者、第3号被保険者の3つのグループに分けられています。第1号被保険者は自営業者、学生、無業者等、第2号被保険者は会社員、公務員等、第3号被保険者は会社員、公務員に扶養される配偶者等というわけです（〈図4〉参照）。このうち、第2号被保険者は、厚生年金保険・共済組合等の年金制度と国民年金のどちらにも入っています。

さて、夢咲家についてみてみます。現在、勇さんは会社経営者で、厚生年金保険に加入すると同時に国民年金の第2号被保険者となっています。厚生年金保険には、会社に使用される者として、経営者も加入しているためです。そして、勇さんの妻の舞子さんは、第2号被保険者である夫に扶養されてい

153

〈図4〉 国民年金の加入者の種別

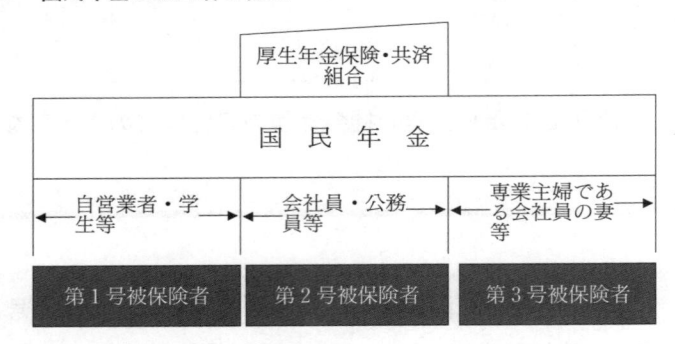

	厚生年金保険・共済組合	
	国　民　年　金	
自営業者・学生等	会社員・公務員等	専業主婦である会社員の妻等
第1号被保険者	第2号被保険者	第3号被保険者

第1号被保険者→自営業者とその配偶者・学生等
第2号被保険者→会社員・公務員等
　　　　　　　（厚生年金保険または共済組合に加入している方）
第3号被保険者→会社員や公務員に扶養されている配偶者
　　　　　　　（第2号被保険者に扶養される配偶者＝被扶養配偶者）

る専業主婦ということですので、国民年金の第3号被保険者となっています。

　もし、勇さんが亡くなった場合、舞子さんは第2号被保険者に扶養される配偶者ではなくなり、国民年金の第1号被保険者となります。第2号被保険者、第3号被保険者に当てはまらない方は、すべて第1号被保険者となるからです。

　舞子さんのように国民年金の被保険者のグループが変わった場合の手続ですが、「国民年金種別変更届」を勇さんが死亡した日から14日以内に、市町村長に届け出ることになります。

　なお、国民年金保険料については、舞子さんが第3号被保険者のときは、舞子さんが個別に支払う必要はありませんでしたが、第1号被保険者になると、月額1万5040円（平成25年度）を納める必要が出てきます。

2　健康保険の資格

　次に、健康保険です。いま、舞子さんは、勇さんの健康保険の被扶養者となっています。勇さんが亡くなった場合は、被扶養者の条件である被保険者

により生計を維持されている配偶者ではなくなるため、舞子さん自身で国民健康保険に加入する必要があります。手続は、死亡した日の翌日から14日以内にお住まいの市町村へ届け出を行います。保険料は、市町村により異なります。

3 妻が実質的に経営に携わっている場合

仮に、現在、舞子さんが会社経営に実質的に携わり、舞子さん自身で厚生年金保険および健康保険に加入している場合、勇さんが亡くなっても、舞子さん自身の被保険者資格に変更はありません。

第5章　税務関係

1　相続税の全体図

Q43 ■ ■ ■ ■ ■

> そろそろ相続のことを考えないといけない年齢になってきました。相続そのものの法律的なことも気になりますが、それに伴う税金もどれくらいの負担になるのかとても心配です。最初に相続税の全体図について簡単に説明してください。

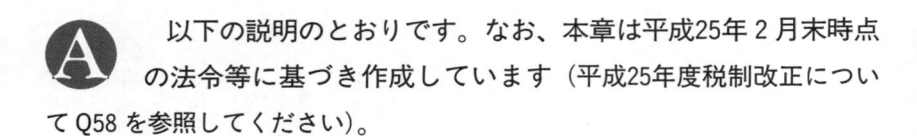

A 以下の説明のとおりです。なお、本章は平成25年2月末時点の法令等に基づき作成しています（平成25年度税制改正についてQ58を参照してください）。

■解　説

1　はじめに

税法はむずかしいといわれます。特に相続税は、ほとんどの人が一生に一度程度の関係しかないものですので、なじみがなく、なおさらそのように感じるかもしれません。加えて、近年、節税策に対する規制措置が相次いでとられたこともあって、複雑さが一層増しています。

以下、その点を踏まえて、できる限り平易に解説していきます。

2　相続税の対象

相続税の対象となるのは、被相続人（亡くなった人）の所有していた財産（本来の相続財産）です。そのほか、一定の生命保険金等も、相続または遺贈（死因贈与を含みます。以下、「相続等」といいます）により取得したものとみなされて、対象となります。

そして、相続財産の評価方法については、相続税法や相続税財産評価に関する基本通達等に詳しく定められており、これに従って評価した相続財産の価額が一定額以上の場合に限り相続税が課税されます。

3　申告・納付

相続税の申告および納付期限は、相続開始のあったことを知った日の翌日から10カ月以内とされています（相続税法27条1項）。納税額がゼロになる場合でも、配偶者に対する相続税額の税額軽減の規定や小規模宅地等についての相続税の課税価格の特例などの適用を受けるときは相続税の申告書の提出が必要ですので留意が必要です。

相続税は、原則として申告書の提出期限までに金銭で納付しなければなりません。ただし、金銭により一時に納付することが困難な場合には、一定の要件のもと、延納が認められます（相続税法38条1項）。この場合は、相続財産の財産構成と延納の期間に応じて所定の利子税を支払う必要があります。延納によっても金銭で納付することが困難であるときは、その困難とする金額を限度として、一定の相続財産による物納が認められます。農地や非上場株式等についても一定の要件のもとで納税猶予の特例が認められています。

4　相続税の納税義務者と課税財産の範囲（原則）

相続税の納税義務者と課税財産の範囲は、以下のように規定されています。

・相続税の納税義務者　　相続税法1条の3

第5章　税務関係

- 相続税の課税財産の範囲　　相続税法2条
- 相続時精算課税の選択　　相続税法21条の9
- 納税義務の範囲　相続税法21条の15・21条の16、相続税基本通達1の3・1の4共—3

まとめると、〔表8〕のとおりとなります（平成25年度税制改正につきQ58参照）。なお、贈与税についても同様の内容の定めがあります。

〔表8〕　相続税の納税義務者と課税財産の範囲

	相続税の納税義務者		定　義	相続税の課税財産の範囲
1	無制限納税義務者	居住無制限納税義務者	相続等により財産を取得した個人で、その財産を取得した時において日本国内に住所を有するもの。	その人が相続等により取得した財産の全部（国内財産、国外財産）および相続時精算課税適用財産。なお、相続時精算課税適用財産とは、被相続人から贈与により取得した財産で相続税法21条の9第3項の規定（相続時精算税の選択）の適用を受けるものをいいます。
2		非居住無制限納税義務者	相続等により財産を取得した日本国籍を有する個人でその財産を取得した時において日本国内に住所を有しないもの（その個人または被相続人がその相続開始前5年以内のいずれかの時において日本国内に住所を有していたことがある場合に限ります）。	
3	制限納税義務者		相続等により日本国内にある財産を取得した個人でその財産を取得した時において日本国内に住所を有しないもの（2の非居住無制限納税義務者に該当する人を除きます）。	その人が相続等により取得した国内財産および相続時精算課税適用財産
4	特定納税義務者		贈与（死因贈与を除きます。以下同じ）により相続時精算課税の適用を受ける財産を取得した個人（1～3の無制限納税義	相続時精算課税適用財産

| | | 務者および制限納税義務者に該当する人を除きます)。 | |

5　未分割と相続税

ところで、人が亡くなると、相続が発生します。民法の規定に従い被相続人に属していた相続財産は包括的に相続人に移転します(民法896条)。相続人が複数いる場合には、個々の相続財産を各相続人に具体的に帰属させるためには、遺産分割の手続が必要となります。

遺産分割について、民法では特に期限を規定することはしてはいません。しかし、未分割のままですと、相続税に大きな差が生じることがあります。

たとえば、配偶者に対する税額軽減の特例がその一つです。この規定は、原則として、申告期限内に遺産分割がスムーズに行われ、配偶者が具体的に財産を取得した場合に限り適用されます。したがって、何らかの理由で遺産が未分割のままですと、軽減措置は受けられなくなります(Q44参照)。同様に、小規模宅地等についての相続税の課税価格の計算の特例の適用を受けようとする宅地が、相続税の申告期限までに未分割の場合にも、原則として適用を受けることはできません(Q53参照)。

6　夢咲家の場合

夢咲家の場合、相続が発生する際に、日本国内に住所を有するものとみられ、「居住無制限納税義務者」(〔表8〕参照)に該当します。そのため、相続等により取得した財産の所在地が国内、国外どこにあるかにかかわらず、その取得財産の全部に対して相続税の納税義務を負うことになります。

····*and more* ⑦···
◆遺産分割の方法
被相続人の遺産を分割するには、次の3つの方法があります。
①　遺言によるもの(指定分割)

被相続人が遺言を残していれば、その遺言どおりに遺産の分割が行われます。ただし、原則として相続人の「遺留分」を侵すことはできません（Q26参照）。
② 協議分割によるもの（協議分割）
被相続人が遺言を残していなければ、遺産の分割は相続人の話し合いで自由に決めることができます。この協議分割では必ずしも後述（Q45参照）の法定相続分どおりでなくても差し支えありません。
③ 家庭裁判所の調停や審判によるもの（審判・調停による分割）
相続人間の話し合いがまとまらない場合には、家庭裁判所の調停や審判の手続きを請求することになります。

····and more ⑧··

◆生前相続と相続時精算課税制度

相続は死亡によって開始しますので、生前における相続はあり得ないわけですが、相続税の世界では可能です。すなわち、相続時精算課税制度を利用することにより、贈与の形をとりますが実質的に相続財産として分与しておくことが可能になります。

詳細については、Q56を参照してください。

····and more ⑨··

◆相続税法は1税法2税目

相続税法には、相続税だけでなく贈与税も規定されており、1税法2税目という、大変珍しい法体系をとっています。その理由は生前贈与によって財産を移転し、相続税の負担の軽減を図る行為を抑制するためです。すなわち、贈与税がないとすると、生前に親から贈与を受けることにより、実際に相続が発生した場合には、相続を受ける財産をゼロにすることも可能になり、結

果、相続税を負担する人もいなくなることになります。このため、生前における贈与に対しても、課税を行う必要があるために設けられているのが贈与税です。このようなことから贈与税は相続税の補完税ともいわれています。

·····*and more* ⑩··

◆「相続人」と「法定相続人」

　相続税法においては相続人という用語は「相続人（相続を放棄した者を含まない）」と規定されており、基本的に民法と同じ意味で用いられています。一方で、相続税法には「相続人（相続の放棄があつた場合には、その放棄がなかつたものとした場合における相続人）」という用語も出てきます。一般的にはこの相続人のことを「法定相続人」と表現し、相続の放棄をした人があっても、その放棄がないとした場合における相続人という意味で使用されています。この章でも相続税に関しては「法定相続人」という言葉は「相続人（相続の放棄があつた場合には、その放棄がなかつたものとした場合における相続人）」という意味で用いています。同様にその「法定相続人」の数に対応した相続分を「法定相続分」と表記しています。

·····*and more* ⑪··

◆連帯納付義務

　相続税については、各相続人が相続等あるいは相続時精算課税にかかる贈与により受けた利益の価額を限度として、連帯して納付しなければならない義務があります。

　このため、相続人の1人が納付すべき相続税を納められなくなった場合には、他の相続人はその相続税等を連帯して納付しなければなりません。思いもかけず税負担を強いられる可能性がありますので、留意が必要です。このほか、被相続人の納付すべき相続税等がある場合および相続税の課税価格の

161

計算の基礎となった財産を贈与等により移転した場合等にも、連帯納付の義務が生じます。

なお、平成24年度の税制改正で、申告期限から5年を経過しても連帯納付義務の履行を求める通知がない等の場合には連帯納付義務が解除されることとなりました。

…and more ⑫

◆準確定申告

確定申告すべき人が年の途中で死亡した場合は、その相続人が1月1日から死亡した日までの所得を計算して、原則として、相続の開始があったことを知った日の翌日から4か月以内に申告と納税をしなければなりません。これを準確定申告といいます。

相続人が2人以上いる場合は、原則として、各相続人が連署のうえ、被相続人死亡時の納税地の税務署に提出します。これにより納めることになった税金は、相続財産の価額から債務控除できます。

② 相続税の計算の仕組み

Q44

相続税はどのように計算すればよいですか。計算の仕組みを教えてください。

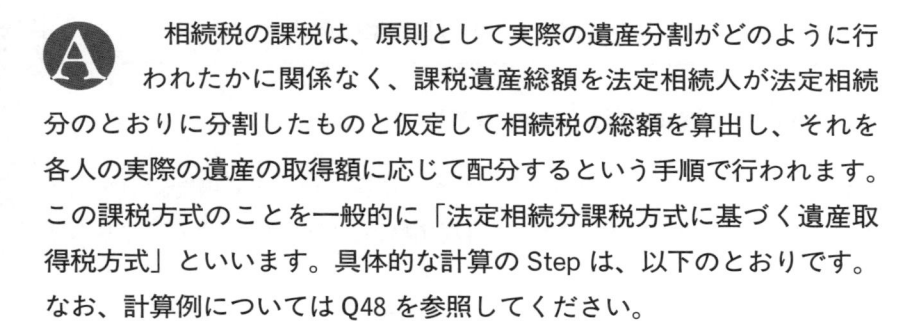

A 相続税の課税は、原則として実際の遺産分割がどのように行われたかに関係なく、課税遺産総額を法定相続人が法定相続分のとおりに分割したものと仮定して相続税の総額を算出し、それを各人の実際の遺産の取得額に応じて配分するという手順で行われます。この課税方式のことを一般的に「法定相続分課税方式に基づく遺産取得税方式」といいます。具体的な計算の Step は、以下のとおりです。なお、計算例については Q48 を参照してください。

■解　説

1　各相続人等の課税価格の計算（Step 1）

次の算式 1 により各相続人等の課税価格を算出します（詳しくは Q46 参照）。

（算式 1）
各相続人等の課税価格
　＝〔相続等により取得した財産の価額（非課税財産は除きます）＋みなし相続財産の価額（非課税財産は除きます）＋相続時精算課税適用財産の価額－債務・葬式費用の金額〕＋相続開始前 3 年以内の贈与財

産の価額

※算式1の中の〔　〕内の計算結果がマイナスとなるときは0になります。

2　遺産総額の計算（Step 2）

　Step 1 の算式により計算した各相続人等の課税価格を合計して遺産総額（「課税価格の合計額」）を算出します。

（算式2）
遺産総額（「課税価格の合計額」）
　＝算式1で計算した各相続人等の課税価格の合計額

3　課税遺産総額の計算（Step 3）

　Step 2 で計算した課税価格の合計額から遺産にかかる基礎控除額を差し引いて課税遺産総額を算出します。課税価格の合計額が遺産にかかる基礎控除額以下であれば、相続税はかかりません。

（算式3）
課税遺産総額
　＝算式2で計算した課税価格の合計額－遺産にかかる基礎控除額[注]
（注）　遺産にかかる基礎控除額（平成25年の税制改正につき Q58 参照）
　＝5,000万円＋（1,000万円×法定相続人数）

4　相続税の総額の計算（Step 4）

　Step 3 で計算した課税遺産総額を、法定相続人の各人が法定相続分にしたがって分割し取得したものと仮定して、各人の仮の取得金額を計算し、これに税率を掛けて各人の仮の税額を算出します。この各人の仮の税額を合計した額が、相続税の総額となります。このように相続税の総額の計算は、相

続放棄の有無や相続人等が遺産を実際にどのように分割したかに関係なく計算されます。

(算式4)

各法定相続人の仮の取得額
　＝算式3で計算した課税遺産総額×各法定相続人の法定相続分

⇩

(算式5)

各法定相続人の税額　　　　　　　　　速算表
　＝算式4で計算した各法定相続人の仮の取得額×税率－控除額

⇩

(算式6)

相続税の総額
　＝算式5で計算した各法定相続人の税額の合計額

なお、上記の算式5の中で適用される速算表は〔表9〕のとおりです。

〔表9〕 相続税速算表（平成25年度税制改正につき Q58 参照）

法定相続分に応ずる取得金額			税率	控除額
超		以下	%	
	～	1,000万円	10	―
1,000万円	～	3,000万円	15	50万円
3,000万円	～	5,000万円	20	200万円
5,000万円	～	1億円	30	700万円
1億円	～	3億円	40	1,700万円
3億円	～		50	4,700万円

5　各相続人等の算出税額（Step 5）

　Step 4 で計算した相続税の総額を、実際に取得した遺産額（課税価格）に応じて按分して各相続人等の算出税額を算出します。

（算式 7）

各相続人等の算出税額
　＝算式 6 で計算した相続税の総額×各相続人等の課税価格÷課税価格の合計額

※相続税の申告期限までに遺産分割が行われていないときは、各相続人等が民法の規定による相続分等の割合に従ってその財産を取得したものとして計算します。

6　各相続人等の納付税額（Step 6）

　Step 5 で計算した各相続人等の算出税額に対して、税額の加算あるいは配偶者に対する税額軽減や未成年者控除などの減算を行って、各人の納付税額を算出します。

（算式 8）

各相続人等の納付税額
　＝算式 7 で計算した各相続人等の算出税額＋（税額の 2 割加算－暦年課税分の贈与税額控除－配偶者に対する税額軽減－未成年者控除－障害者控除－相次相続控除－外国税額控除）－相続時精算課税分の贈与税額控除

※算式 8 の中の（　）内の計算結果がマイナスとなるときは 0 になります。

(1) 税額の2割加算

被相続人からの相続等や相続時精算課税にかかる贈与により財産を取得した人が、被相続人の配偶者および1親等の血族（代襲相続人である直系卑属を含み、原則として被相続人の直系卑属が被相続人の養子となっている場合は含まれません）でない場合には、その人の相続税額に、その20％相当額が加算されます。

(2) 税額控除

(A) 暦年課税分の贈与税額控除

相続等や相続時精算課税にかかる贈与により財産を取得した人が、相続開始前3年以内に、同じ被相続人から贈与によって財産を取得したことがある場合には、その財産（贈与税の配偶者控除の適用を受けたもの等を除く）は相続財産に加算され、その財産について課せられた贈与税額（贈与税の外国税額控除前の税額）は相続税額から控除されます。

(B) 配偶者に対する相続税額の軽減

配偶者が、原則として申告期限内に実際に相続等により財産を取得している場合には、次の算式9で計算した額が、配偶者の税額から控除されます。

（算式9）

相続税の総額×(次のa、bいずれか少ない方の額÷課税価格の合計額)

- a．配偶者の課税価格（未分割財産の価額を除きます）
- b．課税価格の合計額×配偶者の法定相続分

（1億6000万円の方が大きい場合は1億6000万円）

※配偶者の相続する遺産が法定相続分以下（法定相続分を超えても取得した遺産額が1億6000万円以下）であれば、相続税はかかりません。なお、仮装または隠ぺいされていた財産は、この軽減特例の対象にはなりません。

(C) 未成年者控除（平成25年度税制改正につきQ58参照）

満20歳未満の法定相続人については、その人の相続税額から、6万円に相

続開始の日からその人が満20歳に達するまでの年数を掛けて計算した金額を控除します。

　(D)　障害者控除（平成25年度税制改正につき Q58 参照）

　障害者で、かつ、法定相続人である場合には、その人の相続税額から、6万円（特別障害者である場合には12万円）に相続開始の日からその人が満85歳に達するまでの年数を掛けて計算した金額を控除します。

　(E)　相次相続控除

　今回の相続開始前10年以内に、被相続人に相続税が課されていた場合には、その被相続人から相続等あるいは相続時精算課税にかかる贈与によって財産を取得した人（相続人に限ります）の相続税額から一定の金額を控除します。

　(F)　外国税額控除

　在外財産について外国で課せられた相続税額の一定額を控除します。

　(G)　相続時精算課税分の贈与税額控除

　相続時精算課税適用者に相続時精算課税適用財産について課せられた贈与税がある場合には、その人の相続税額からその贈与税額に相当する金額（贈与税の外国税額控除前の税額）を控除し、控除しきれない金額があるときは、その控除しきれない金額に相当する税額の還付を受けることができます（Q56 参照）。

Q45

Q44の相続税の総額の計算にあたって必要となる相続人とその相続分について、簡単に説明してください。

A　遺産を相続できる人（相続人）の範囲やその順位、相続できる割合（相続分）は民法に定められています。相続税の総額計算においては、このうち民法900条（法定相続分）、901条（代襲相続人の相続分）に定める相続分を用いて計算することになっています。

■解　説

民法の規定をまとめると、〔表10〕のとおりです。

〔表10〕　相続人と法定相続分

	順　位	法定相続人	法定相続分
配偶者がいる場合	1	配偶者と子	配偶者 $\frac{1}{2}$、子 $\frac{1}{2}$
	2 （子がいないとき）	配偶者と直系尊属	配偶者 $\frac{2}{3}$、直系尊属 $\frac{1}{3}$
	3 （子、直系尊属ともにいないとき）	配偶者と兄弟姉妹	配偶者 $\frac{3}{4}$、兄弟姉妹 $\frac{1}{4}$
	子、直系尊属、兄弟姉妹のいずれもいないとき	配偶者	配偶者　全部

第 5 章　税務関係

	順　　位	法定相続人	法定相続分
配偶者がいない場合	1	子	全　　部
	2 （子がいないとき）	直系尊属	全　　部
	3 （子、直系尊属ともにいないとき）	兄弟姉妹	全　　部

（注）　子、直系尊属、兄弟姉妹が2人以上いるときは、各人の相続分は均等です。非嫡出子の相続分に関する民法の規定は、平成25年9月4日の最高裁判決によって違憲と判断されています。なお、子がすでに死亡しているときは、その子の直系卑属（孫など）が代襲相続します。また、兄弟姉妹が既に死亡しているときは、その兄弟姉妹の子のみが代襲相続します。

詳しくは、以下の民法の規定を確認してください（Q22参照）。

- 890条（配偶者の相続権）
- 887条（子及びその代襲者等の相続権）
- 889条（直系尊属及び兄弟姉妹の相続権）
- 900条（法定相続分）
- 901条（代襲相続人の相続分）
- 902条（遺言による相続分の指定）
- 903条（特別受益者の相続分）
- 904条の2（寄与分）

なお、平成25年9月5日以後に相続税額が確定する場合は、嫡出子と非嫡出子の相続分を同等として、相続税額を計算します。

·····and more ⑬··

◆税額計算と相続分

相続税の計算にあたって民法の定める相続分が関係してきますが、この場合の相続分については次のような違いがあります。

①　総額計算における相続分

民法900条、901条に定める相続分（相続の放棄があった場合には、その

放棄がなかったものとした場合における相続分）をいいます。
② 配偶者に対する相続税額の軽減を計算する場合の相続分
　民法900条の規定によるその配偶者の相続分（相続の放棄があつた場合には、その放棄がなかったものとした場合における相続分）をいいます。
③ 未分割の場合の相続分
　ⓐ 分割されていない財産は、民法の定める相続分に従って、その財産を取得したものとして課税価格を計算します（相続税法55条）。ここでいう民法の定める相続分とは、民法900条から903条までの規定による相続分をいいます。
　ⓑ 債務控除の場合に実際に負担する金額が確定していないときは、民法900条から902条までの規定による相続分に応じて負担する金額をいうものとして取り扱います。

----*and more* ⑭----------

◆養子縁組と法定相続人の数
　相続税の計算をする場合、基礎控除額、相続税の総額、死亡保険金や死亡退職金の非課税限度額の計算は、法定相続人（*and more* ⑩：「相続人」と「法定相続人」）の数をもとに行われます。この法定相続人の数に含める養子の数には実子がある場合には養子のうち1人まで、実子がいない場合には養子のうち2人までという制限があります（相続税法15条2項）。
　たとえば、相続人が養子3人のみの場合には、「相続人」の数は3人ですが、「法定相続人」の数は2人となります。
　ただし、次に定める養子は実子とみなされ養子についての人数制限の対象外とされます（相続税法15条3項）。
① 特別養子縁組による養子
② その被相続人の配偶者の実子で被相続人の養子となった人
③ 被相続人との婚姻前に被相続人の配偶者の特別養子縁組による養子と

なった人で、婚姻後にその被相続人の養子となった人
④　実子または養子の代襲相続人となったその人の直系卑属

　　養子縁組前に生まれた子は、養子の子となりますが、被相続人の孫（直系卑属）ではありませんので、代襲相続はできません。

　　なお、養子の数を法定相続人の数に算入することが、相続税の負担を不当に減少させる結果になると認められる場合には、その養子の数は法定相続人の数に含めることができません（相続税法63条）。

Q46

Q44「1　各相続人等の課税価格の計算（Step 1）」の算式について、もう少し詳しく説明してください。

A　まず、墓地や仏壇あるいは死亡保険金のうち一定額などは非課税財産となり相続税はかかりません。次に、本来の相続財産、みなし相続財産、相続時精算課税にかかる贈与財産がプラスの財産として課税価格に加算されます。ここから債務や葬式費用をマイナスの財産として課税価格から控除します。これに相続開始前3年以内の暦年課税にかかる贈与財産を加算して各相続人等の課税価格を計算します。

■解　説

1　非課税財産

　相続財産のうち、墓地や仏壇、国などへ寄付した財産、相続人が受け取った死亡保険金（相続財産とされる保険金の範囲につき2(2)(A)参照）のうち法定相続人1人当たり500万円相当額、相続人が受け取った死亡退職金のうち法定相続人1人当たり500万円相当額などは、非課税財産として相続税はかかりません。相続を放棄した者等の取得した死亡保険金、死亡退職金については、非課税の適用が受けられませんので留意が必要です。

　死亡保険金と死亡退職金について、非課税適用後の課税対象となる金額を計算する算式は次のとおりです（Q47参照）。

173

第5章　税務関係

> 相続人が受け取った生命保険金の課税対象額＝
>
> その相続人が受け取った生命保険金の金額－
>
> 非課税限度額（＝500万円×法定相続人の数）
>
> $\times \dfrac{その相続人が受け取った生命保険金の金額}{すべての相続人が受け取った生命保険金の合計額}$

> 相続人が受け取った退職手当金等の課税対象額＝
>
> その相続人が受け取った退職手当金等の金額－
>
> 非課税限度額（＝500万円×法定相続人の数）
>
> $\times \dfrac{その相続人が受け取った退職手当金等の金額}{すべての相続人が受け取った退職手当金等の合計額}$

2　プラスの財産

(1)　本来の相続財産

　相続税は原則として、死亡した人の財産を相続等によって取得した場合に、その取得した財産に対してかかる税金です。この場合の財産とは、現金、預金、貯金、有価証券、宝石、貴金属、土地、家屋などのほか貸付金、特許権、著作権など金銭に見積もることができる経済的価値のあるすべてのものをいいます（財産評価につきQ49参照）。一般的にこれらの財産を次の(2)に述べるみなし相続財産と対比して本来の相続財産といいます。

(2)　みなし相続財産

　本来の相続等で取得した財産だけでなく、実質的に相続等で取得したと同様の効果を生ずるものは、相続等で取得したものとみなして課税されます。その代表的なものに死亡保険金や死亡退職金あるいは生命保険契約に関する権利などがあります。

(A)　生命保険契約、損害保険契約に基づく死亡保険金

　被相続人の死亡により相続人その他の者が受ける保険金で、保険料を被相

続人が負担していたものは相続財産とみなされて相続税の課税対象となります。ただし、相続人が取得した場合は一定額が非課税となります（1参照）。

なお、被相続人の死亡により受ける保険金であっても、保険料を受取人が負担しているときは、所得税（一時所得）の課税対象となり、保険料を被相続人または受取人以外の人が負担しているときは、贈与税の課税対象となります（and more ⑮参照）。

(B) 死亡退職金

被相続人の死亡によって、被相続人に支給されるべきであった退職手当金等を相続人等が受け取る場合で、被相続人の死亡後3年以内に支給が確定したものは、相続財産とみなされて相続税の課税対象となります。ただし、相続人が取得した場合は一定額が非課税とされています（1参照）。

なお、弔慰金は通常非課税となりますが、たとえ弔慰金などの名目で支給されたものであっても、死亡当時における賞与以外の給与額の半年分の額（業務上の死亡であるときは3年分の額）を超える部分は、退職手当金に該当するものとして取り扱われます。

(C) 生命保険契約に関する権利

保険事故が発生していない生命保険契約で、被相続人が保険料を負担し、かつ被相続人以外の者が契約者であるものは、相続財産とみなされて相続税の課税対象となります。たとえば、子を被保険者として妻が契約していた生命保険契約の保険料を夫が負担していた場合に、夫が死亡したときがこれに該当します（Q49・4参照）。

(3) **相続開始前3年以内の暦年課税にかかる贈与財産**

相続等により財産を取得した人が、その相続開始前3年以内に贈与を受けている場合には、その人の相続税の課税価格に贈与を受けた財産の価額を加算して相続税額を計算します（これに対応する贈与税の額はその人の相続税額から控除されます）。相続財産と合算する贈与財産の価額は贈与時の価額とされており、贈与税がかからない基礎控除額110万円以下の贈与であっても加算しなければなりません。ただし、贈与税が非課税とされる直系尊属からの

住宅取得等資金あるいは贈与税の配偶者控除の特例を受ける金額は加算する必要はありません。

(4) 相続時精算課税制度にかかる贈与財産

相続時精算課税（Q56参照）を選択した場合は、相続時に相続等により取得した財産の価額とそれまでに贈与を受けた相続時精算課税の適用を受ける贈与財産の価額とを合計して相続税を計算し、その相続税額から、すでに納めた相続時精算課税にかかる贈与税相当額を控除して相続税額を計算します（控除しきれない贈与税相当額については、還付を受けることができます）。

なお、相続財産と合算する贈与財産の価額は贈与時の価額とされています。

3　マイナスの財産

負担した債務や葬式費用は各相続人等の課税価格を計算する場合に相続財産から控除します。

(1) 債務控除

各相続人等の課税価格を計算する場合に差し引くことができる債務は、被相続人が死亡したときにあった債務で確実と認められるものに限られます。

なお、被相続人に課税される税金で、被相続人の死亡後相続人等が納付または徴収されることになった所得税などの税金については、被相続人が死亡したときに確定していないものであっても、債務として差し引くことができます。ただし、被相続人が生前に購入した墓石の未払代金など非課税財産に関する債務は、差し引くことはできません。

(2) 葬式費用

被相続人の債務ではありませんが、相続人が負担した葬式費用は差し引くことができます。特別な扱いとして相続を放棄した人についても、その人が現実に被相続人の葬式費用を負担した場合においては、その人の遺贈によって取得した財産の価額から債務控除しても差し支えないものとされています（相続税基本通達13—1）。

> 相続税基本通達13－1【相続を放棄した者等の債務控除】
> 　相続を放棄した者及び相続権を失った者については、法第13条の規定の適用はないのであるが、その者が現実に被相続人の葬式費用を負担した場合においては、当該負担額は、その者の遺贈によって取得した財産の価額から債務控除しても差し支えないものとする。

　なお、香典返しのためにかかった費用、墓石の買入れのためにかかった費用、初七日の法事などのためにかかった費用は、遺産総額から差し引く葬式費用には該当しません。また、受領した香典は一般的に課税されることはありません。

····and more ⑮··

◆生命保険金の課税関係表

　生命保険金の課税関係は、保険料負担者と保険金受取人の組み合わせによって決まってきます。たとえば、保険料を受取人が負担しているときは、所得税（一時所得）の課税対象となり、保険料を被相続人または受取人以外の人が負担しているときは、贈与税の課税対象となります。

　これらの課税関係をまとめますと、次の表のとおりとなります。

[保険金課税関係表]

保険金支払事由	保険料負担者	保険金受取人	課税関係
死亡(夫)	死亡した者(夫)	死亡者以外の者(妻)	相続税
	死亡者以外の者(妻)	保険料負担者(妻)	所得税・住民税(一時所得)
		保険料負担者以外の者(子)	贈与税
満期	保険料負担者(夫)と保険金受取人(夫)とが同一人の場合		所得税・住民税(一時所得)
	保険料負担者(夫)と保険金受取人(妻)とが同一人でない場合		贈与税

注：（　）内は例示です。

·····*and more* ⑯·····

◆保証債務と債務控除

　会社が金融機関から融資を受けるときに、社長が保証人となる場合があります。相続税を計算するときに、保証債務は、原則として債務控除の対象とはなりません。例外的に、主たる債務者が弁済不能の状態にあるため、保証人がその債務を履行しなければならない場合で、かつ、主たる債務者に求償権を行使しても弁済を受ける見込みのない場合には、その弁済不能部分の金額については、債務控除の対象となります。

　夢咲家の場合は、会社の業況が至極順調ということから判断すると、保証債務は債務控除の対象とはならないものと思われます。

Q47

相続税の課税対象となる生命保険金について、妻が4000万円、長女が1000万円を受け取ることにしています。この生命保険金のうち、相続税の課税対象となる金額は、どのように計算すればよいのでしょうか。いずれの相続人も相続放棄をしないとの前提で説明してください。なお、相続人は妻、長男、長女の3人です。

A 受け取った生命保険金の額にQ46の算式を当てはめて計算しますと、妻が2800万円、長女が700万円になります。

■解　説

　被相続人の死亡により、相続人その他の者が受ける保険金で、その保険料を被相続人が負担したものは、相続税の課税対象とされます。

　相続放棄されていない前提で相続税の課税対象となる金額を計算しますと、〔表11〕のとおりです。

　受け取った生命保険金5000万円から、非課税額1500万円を控除した3500万円が課税対象になります。

〔表11〕 課税対象金額の計算

(単位：万円)

	非課税額	相続税の課税対象となる金額
妻	(500×法定相続人3人)×{4,000÷(4,000+1,000)}=1,200	4,000−1,200=2,800
長女	(500×法定相続人3人)×{1,000÷(4,000+1,000)}=300	1,000−300=700

·····*and more* ⑰ ···

◆相続放棄と死亡保険金

　たとえば、長女が相続税の課税対象となる死亡保険金1000万円を受け取るとします。もし、長女が相続放棄をすれば、相続人（相続を放棄した者を含まない）ではなくなるために、保険金の非課税規定の適用を受けることはできません。ただし、非課税限度額の金額を計算する場合の法定相続人（＝相続人（相続の放棄があった場合には、その放棄がなかったものとした場合における相続人））の人数には含まれます。

　夢咲家の場合であれば、法定相続人が3人（妻「舞子」、子「友厚」、「澪」）になりますので、澪さんが相続放棄をするとしても、非課税限度額は「500万円×3人＝1,500万円」と変わりません。ただし、この非課税限度額は、相続放棄をしていない舞子さんと友厚さんだけが適用できることになります。

　なお、すべての相続人が受け取った保険金の合計額が非課税限度額以内の場合は、相続税の課税対象となる保険金額は0になります。

Q48

 たとえば、遺産総額（課税価格の合計額）が3億円、相続人は妻と子2人（A、B。いずれも成年者）で、相続人の課税価格につき、妻・2億1000万円、子（A）・6000万円、子（B）・3000万円の場合、相続税額はそれぞれいくらになるでしょうか。

A

 各人のそれぞれの相続税額は、①妻が766.7万円、②子（A）が920万円、③子（B）が460万円、となります。

■解　説

計算過程は次のとおりです（Q44・Step 3以下。算式番号はQ44のもの）。

① 遺産にかかる基礎控除額（算式3・注）
　5,000万円＋1,000万円×3人（法定相続人の数）＝8,000万円
② 課税遺産総額（算式3）
　3億円－8,000万円＝2億2,000万円
③ 相続税の総額（算式4〜6）

相続人	法定相続分による仮の取得金額	税額（速算表による）
妻	$2億2,000万円 \times \frac{1}{2} = 1億1,000万円$	1億1,000万円×40％－1,700万円＝2,700万円
子2人	各人　$2億2,000万円 \times \frac{1}{2} \times \frac{1}{2} = 5,500万円$	各人　5,500万円×30％－700万円＝950万円　合計　950万円×2＝1,900万円
相続人全員	合計　2億2,000万円	合計　4,600万円

④　各相続人の算出税額（算式7）

配偶者　　4,600万円×0.7(＝2億1,000万円÷3億円)＝3,220万円

子（A）　　4,600万円×0.2(＝6,000万円÷3億円)＝920万円

子（B）　　4,600万円×0.1(＝3,000万円÷3億円)＝460万円

⑤　各相続人の納付税額（算式8）

【配偶者】

a　配偶者の税額軽減額（算式9）

$$4{,}600万円 \times \dfrac{\begin{Bmatrix}配偶者の課税価格 2億1{,}000万円\\ 課税価格の合計額 \dfrac{1}{2}\begin{bmatrix}1億6{,}000万円の方が大き\\ い場合は1億6{,}000万円\end{bmatrix}\end{Bmatrix}\begin{matrix}いずれか\\ 少ない方\\ の額\end{matrix}}{課税価格の合計額　3億円}$$

$=4,600万円\times\dfrac{1.6億円}{3億円}=2,453.3万円$

b　納付税額

3,220万円－2,453.3万円＝766.7万円

【子】

子（A）　　920万円

子（B）　　460万円

③ 財産評価一般

Q49

　預貯金等、取引相場のあるゴルフ会員権、生命保険契約に関する権利、定期金給付事由が発生している定期金に関する権利の評価について説明してください。

A 　以下の解説のとおりです。なお、解説の中の課税時期とは、被相続人が死亡した日や贈与を受けた日のことをいいます。

■解　説

1　預貯金

預貯金は、次の算式により評価します。

> 預入高＋源泉所得税相当額控除後の既経過利子の額

すなわち、課税時期に解約するとした場合に受け取ることができる税引後の元利金合計額で評価します。

ただし、定期預金、定期郵便貯金および定額郵便貯金以外の預貯金については、課税時期現在の既経過利子の額が少額なものに限り、同時期現在の預入高によって評価します。

2　金融商品取引所に上場されている利付公社債

金融商品取引所に上場されている利付公社債は、次の算式により評価しま

す。

> 金融商品取引所の公表する課税時期の最終価格＋源泉所得税相当額控除後の既経過利息の額

3　取引相場のあるゴルフ会員権

取引相場のあるゴルフ会員権は、次の算式により評価します。

> 課税時期の取引価格×0.7

ただし、取引価格に含まれない預託金等があるときは、次に掲げる金額との合計額によって評価します。

> ①　課税時期において直ちに返還を受けることができる預託金等
> 　　ゴルフクラブの規約などに基づいて課税時期において返還を受けることができる金額
> ②　課税時期から一定の期間を経過した後に返還を受けることができる預託金等
> 　　ゴルフクラブの規約などに基づいて返還を受けることができる金額の課税時期から返還を受けることができる日までの期間に応ずる基準年利率による複利現価の額

4　生命保険契約に関する権利

生命保険契約に関する権利は、原則として、相続開始時において契約を解約するとした場合に支払われることとなる解約返戻金の額によって評価します。

5 定期金給付事由が発生している定期金に関する権利

(1) 有期定期金

定期金給付事由が発生している定期金に関する権利のうち有期定期金については、次の①～③のいずれか多い金額で評価します。

> ① 解約返戻金の金額
> ② 定期金に代えて一時金の給付を受けることができる場合にはその一時金の金額
> ③ 給付を受けるべき金額の1年当たりの平均額×残存期間に応ずる予定利率による複利年金現価率

(2) 無期定期金

無期定期金は、次の①～③のいずれか多い金額で評価します。

> ① (1)の有期定期金①と同じ
> ② (1)の有期定期金②と同じ
> ③ 給付を受けるべき金額の1年当たりの平均額÷予定利率

(3) 終身定期金

終身定期金は、次の①～③のいずれか多い金額で評価します。

> ① (1)の有期定期金①と同じ
> ② (1)の有期定期金②と同じ
> ③ 給付を受けるべき金額の1年当たりの平均額×終身定期金に係る定期金給付契約の目的とされた者の平均余命に応ずる予定利率による複利年金現価率

Q50

上場株式の評価方法について説明してください。

A 上場株式については、市場で毎日取引が行われ、取引価格が公表されていますので、その価格を基に計算します。

■解　説

　上場株式とは、金融商品取引所に上場されている株式をいい、原則として次の①〜④のうち、最も低い価額で評価します。

　ただし、負担付贈与や個人間の対価を伴う取引で取得した場合は、①により評価します。

　なお、課税時期とは、被相続人が死亡した日や贈与を受けた日のことをいいます。

①　金融商品取引所が公表する課税時期の最終価格
②　課税時期の月の毎日の最終価格の平均額
③　課税時期の月の前月の毎日の最終価格の平均額
④　課税時期の月の前々月の毎日の最終価格の平均額

Q51

土地と家屋の評価方法について説明してください。

A 以下の解説のとおりです。なお、居住用や事業用に使われていた宅地等で一定の建物等の敷地の用に供されているものがある場合には、小規模宅地等についての相続税の課税価格の計算の特例（Q53・Q54参照）を適用することにより、その宅地等の評価額を減額することも可能です。

■解　説

1　宅地等の評価方法

　土地は、原則として宅地、田、畑、山林などの地目ごとに評価します。そのうち宅地の評価方法には、路線価方式と倍率方式があります。
　なお、負担付贈与あるいは個人間の対価を伴う取引により取得した土地等や家屋等については、通常の取引価額によって評価します。
　以下では、土地のうちの宅地等および家屋の評価について説明します。

(1)　宅地（自用地）の評価方法

　　(A)　市街地にあるもの

　市街地にあるものは、路線価方式によります。
　路線価とは、路線（道路）に面する標準的な宅地の1m²当たりの価額のことで、1000円単位で表示されています。路線価方式による土地の評価額は、路線価をその土地の形状等に応じて定められている奥行価格補正率などの各種補正率で補正し、その土地の面積を乗じて計算します（〈図5〉参照）。

187

〈図5〉 路線価図

路線価図（抜粋）

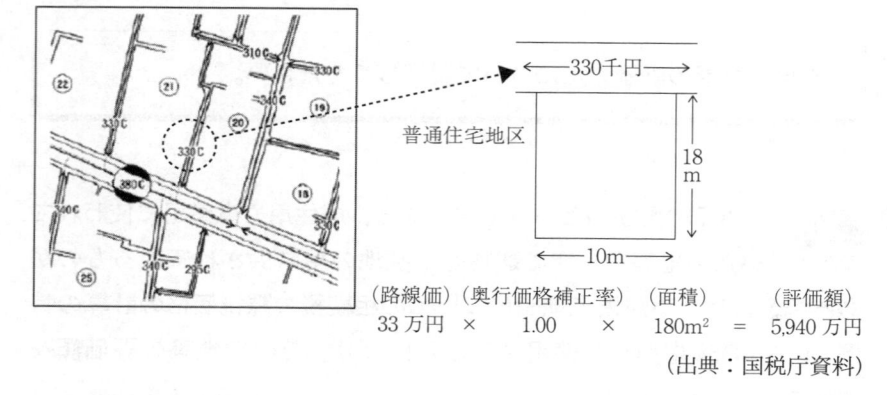

（路線価）（奥行価格補正率）（面積）　　（評価額）
33万円　×　　1.00　　×　180m²　＝　5,940万円

（出典：国税庁資料）

〈図6〉 評価倍率表

評価倍率表（抜粋）

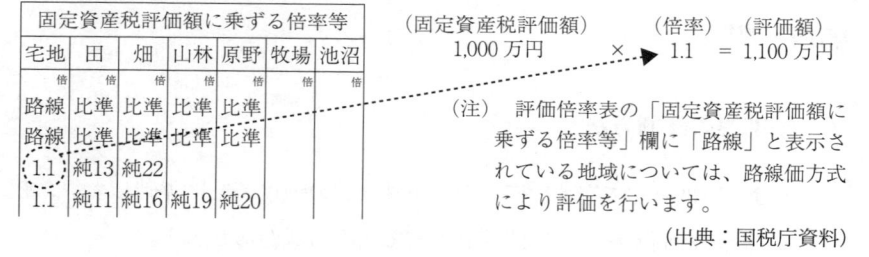

（固定資産税評価額）　（倍率）　（評価額）
1,000万円　　×　　1.1　＝　1,100万円

（注）　評価倍率表の「固定資産税評価額に乗ずる倍率等」欄に「路線」と表示されている地域については、路線価方式により評価を行います。

（出典：国税庁資料）

　路線価は、国税庁ホームページ〈www.rosenka.nta.go.jp〉で公表されており、パソコンにより誰でも閲覧することができます。

　(B)　その他のところのもの

　市街地以外にある土地は、倍率方式によります。倍率方式とは、路線価が定められていない地域の評価方法です（〈図6〉参照）。倍率方式における土地の価額は、固定資産税評価額に一定倍率を乗じて計算します。評価倍率表も前掲の国税庁ホームページで公表されています。

(2)　借地権の評価方法

　借地権は、原則、次の算式により計算します。

> 自用地価額×借地権割合

(3) 定期借地権の評価方法

定期借地権は、次の算式により計算します。

> 自用地価額×借地権設定時における定期借地権割合×定期借地権の逓減率

(4) 貸宅地の評価方法

貸宅地は、次の算式により計算します。

> 自用地価額－借地権価額（または定期借地権価額(注)）
> (注) 一般定期借地権の場合は、原則、定期借地権に相当する価額

なお、定期借地権の目的となっている貸宅地の価額は、次の算式によることもできます。

> 自用地価額×(1－残存期間に応ずる逓減割合(注))
> (注) 残存期間に応ずる逓減割合は〈図7〉参照

〈図7〉 残存期間に応ずる逓減割合

残存期間	逓減割合
〜　5年以下	5％
5年超　〜　10年以下	10％
10年超　〜　15年以下	15％
15年超　〜	20％

(5) 貸家建付地の評価方法

貸家建付地は、次の算式により計算します。

> 自用地価額×(1－借地権割合×借家権割合×賃貸割合)

2　家屋の評価方法

(1)　自用家屋の評価方法

自用家屋は、次の算式により計算します。

> 固定資産税評価額

(2)　貸家の評価方法

貸家は、次の算式により計算します。

> 自用家屋の価額×(1−借家権割合(注)×賃貸割合)
> (注)　借家権割合は通常30%

Q52

私は、自宅建物（敷地は会社名義）やアパート（敷地は妻が所有）、貸駐車場、貸家とその敷地など、利用状況の異なる不動産を所有しています。これらの相続税課税のための評価はどのように行うのでしょうか。

A 土地は、所在場所や利用状況に応じて詳細な評価方法が定められています（Q51参照）。あなたの所有物件についての評価方法は、おおむね次の解説のとおりとなります。これでみますと、アパートやアパートの敷地など処分するときに制約を受ける不動産は、自用家屋（自宅建物等）や自用地（更地等）に比べると評価額が下がることがわかります。なお、以下の説明はあくまで一般的なものですので、実際に評価する場合は専門家に相談してください。

■ 解　説

1　自宅建物

　自宅建物は、自用家屋として固定資産税評価額で評価します。
　夢咲さんの場合、自宅建物の敷地は会社名義です（事例編の資産状況参照）。もし勇さん名義であったとすれば、自用地として評価されますが、一定の要件の下に小規模宅地等についての相続税の課税価格の計算の特例（特定居住用宅地等（Q53・Q54参照））を選択して適用することもできます。
　借地権の評価も必要となりますが、権利金の授受の有無、支払っている地代の額等によりその評価額は大きく変動します。

2 アパート

　アパート等の貸家の用に供されている家屋の評価は、「自用家屋の価額×(1－借家権割合×賃貸割合)」で評価され、一定額の控除が認められています(Q51・2(2)参照)。自用家屋の価額は、固定資産税評価額と定められていますので、たとえば家屋の固定資産税評価額が1000、その地域の借家権割合が30％、賃貸割合が70％である場合、「1,000－1,000×30％×70％」で計算され、結果、財産評価額は790となります。

　夢咲さんのアパートの場合、敷地の所有者は、妻の舞子さんであり、あなたとの間には借地契約はありますが、あなたは公租公課のみを支払っているということですので、借地権はないものと考えられます。なお、参考となる通達に、「使用貸借に係る土地についての相続税及び贈与税の取扱いについて(昭和48年11月1日付直資2-189)」があります。

　なお、あなたが舞子さんに対して家計費として支払っている金額(30万円)が地代の支払いであると認定される場合は借地権評価等の問題が生じる可能性があります。

3 駐車場用地

　駐車場用地として利用されている土地は、たとえ登記簿上の地目が宅地となっていても、相続財産の評価上は原則として、雑種地に該当します。そして、その価額は、その雑種地と状況が類似する付近の土地の1 m² 当たりの価額を基とし、その土地と貸駐車場として利用されている土地との位置や形状等の条件の差を考慮して評定した価額にその駐車場の面積を乗じて計算した金額によって評価します。

　夢咲さんの駐車場用地は、路線価の付されている路線に面しており、その現況において宅地と何ら変わるところはないと思われますので、その路線価を基にして自用地として評価することになります(Q51・1(1)(A)参照)。なお、車庫などの施設を駐車場の利用者の費用で造ることを認めるような契約の場

合には、土地の賃貸借になると考えられますので、その土地の自用地としての価額から賃借権の価額を控除した金額によって評価します。

　駐車場として貸し付けていた宅地は、一定の要件の下、小規模宅地等についての相続税の課税価格の計算の特例（貸付事業用宅地等（Q53・Q54参照））を適用することができますが、少なくともその土地の上に建物または構築物などが建てられている必要があります。このような構築物のない「青空駐車場」であれば、この特例の適用を受けることはできません。「アスファルトやコンクリート敷」の状態であれば、構築物に当たりますので、土地の現況をよく確認しておく必要はありますが、特例の適用を受けることが可能です。

4　貸家とその敷地

　貸家は、前述のアパートと同様の貸家評価になります。貸家の敷地については、貸家建付地として、「自用地価額×(1－借地権割合×借家権割合×賃貸割合)」で評価され一定額の控除が認められています（Q51・1(5)参照）。貸家建付地とは、貸家の目的とされている宅地、すなわち、所有する土地に建築した家屋を他に貸し付けている場合のその土地のことをいいます。なお、上記算式中の借地権割合や借家権割合は地域により異なりますので、路線価図や評価倍率表を確認する必要があります。これは、国税庁ホームページ〈www.rosenka.nta.go.jp〉で閲覧することができます。

　また、一定の要件の下、選択により、小規模宅地等についての相続税の課税価格の計算の特例（貸付事業用宅地等（Q53・Q54参照））を適用することも可能です。

第5章　税務関係

Q53

　私の自宅は、建物は私の名義ですが敷地は会社名義です。もし、敷地も私名義であったならば、減額して評価できる特例があると聞きました。この特例の要件について、詳しく説明してください。

A　「小規模宅地等についての相続税の課税価格の計算の特例」というものがあります。この特例は、被相続人等の居住の用や事業の用に供されていた宅地等について、80％あるいは50％減額して相続税の課税価格に算入するものです（Q54参照）。ただし、相続開始前3年以内あるいは相続時精算課税にかかる贈与により取得した宅地等は、特例を受けることができません。また、特例の適用を受けようとする宅地等が、相続税の申告期限までに未分割の場合にも、原則としてこの特例の適用を受けることはできません。なお、平成25年の税制改正についてはQ58を参照してください。

■解　説

1　特例対象宅地等の区分

　「小規模宅地等についての相続税の課税価格の計算の特例」（小規模宅地等の特例）は、これまで住んでいた土地や事業に使っていた土地の評価について一定の減額を認めるものです。

　ただ、平成22年度の税制改革によって、適用要件が厳しくなりました。しかも、後で説明するように非常に複雑です。評価金額の引き下げ効果は大きいので（限度面積と減額割合についてはQ54参照）、事前に専門家に相談する

のがよいでしょう。

　まず、この特例の対象となるためには、以下の4つの区分に分類される宅地等のいずれかに該当することが必要です。

> ①　特定事業用宅地等
> ②　特定居住用宅地等
> ③　特定同族会社事業用宅地等
> ④　貸付事業用宅地等

　以下、①～④のそれぞれの宅地等について、その要件を説明します。

　なお、以下、「被相続人等」とは、被相続人または被相続人と生計を一にしていた被相続人の親族のことを、「宅地等」とは、棚卸資産等に該当しない土地等で建物あるいは構築物の敷地の用に供されているものを、「貸付事業」とは、不動産貸付業、駐車場業、自転車駐車場業および事業と称するに至らない不動産の貸付けその他これに類する行為で、相当の対価を得て継続的に行う準事業のことをいいます。

2　特定事業用宅地等

　特定事業用宅地等は、相続開始の直前において被相続人等の事業（貸付事業を除きます）の用に供されていた宅地等について、ⅰ被相続人の事業の用に供されていた宅地等、ⅱ被相続人と生計を一にしていた被相続人の親族の事業の用に供されていた宅地等、とに大きく2区分して、それぞれ定められている要件を満たす被相続人の親族が相続等により取得したものをいいます。

(1) 被相続人の事業の用に供されていた宅地等の場合の要件

　ⓐ事業を承継する、ⓑその宅地を一定期間保有する、という2つの要件が定められています。具体的には以下のとおりです。

> ⓐ　事業承継要件
> 　　その宅地等の上で営まれていた被相続人の事業を相続税の申告期限

までに承継し、かつ、その申告期限までその事業を営んでいること
ⓑ　保有継続要件
その宅地等を相続税の申告期限まで有していること

(2)　**被相続人と生計を一にしていた被相続人の親族の事業の用に供されていた宅地等の場合の要件**

ⓐ事業を継続する、ⓑその宅地を一定期間保有することという2つの要件が定められています。前述(1)ⓐの「事業承継要件」とは異なり、(2)ⓐは「事業継続要件」となっています。具体的には以下のとおりです。

ⓐ　事業継続要件
相続開始の直前から相続税の申告期限まで、その宅地等の上で事業を営んでいること
ⓑ　保有継続要件
その宅地等を相続税の申告期限まで有していること

3　特定居住用宅地等

特定居住用宅地等は、相続開始の直前において被相続人等の居住の用に供されていた宅地等のうち、取得者について、ⅰ被相続人の居住の用に供されていた宅地等の場合は、ⓐ被相続人の配偶者、ⓑ被相続人と同居していた親族、ⓒ被相続人と同居していない親族に3区分し、ⅱ被相続人と生計を一にする被相続人の親族の居住の用に供されていた宅地等の場合は、ⓐ被相続人の配偶者、ⓑ被相続人と生計を一にしていた親族に2区分し、定められている要件を満たす被相続人の親族が相続等により取得したものをいいます。

なお、その宅地等が2以上ある場合には、主としてその居住の用に供していた一の宅地等に限り適用できます。

(1)　**被相続人の居住の用に供されていた宅地等の場合の要件**

ⓐ　被相続人の配偶者の場合

適用要件なし
ⓑ 被相続人と同居していた親族の場合
相続開始の時から相続税の申告期限まで、引き続きその家屋に居住し、かつ、その宅地等を有している人
ⓒ 被相続人と同居していない親族の場合
被相続人の配偶者あるいは相続開始の直前において被相続人と同居していた一定の親族がいない場合において、被相続人の親族で、相続開始前3年以内に日本国内にある自己あるいは自己の配偶者の所有する家屋（相続開始の直前において被相続人の居住の用に供されていた家屋を除きます）に居住したことがなく、かつ、相続開始の時から相続税の申告期限までその宅地等を有している人（相続開始の時に日本国内に住所がなく、かつ、日本国籍を有していない人は除かれます）

(2) 被相続人と生計を一にする被相続人の親族の居住の用に供されていた宅地等の場合の要件

ⓐ 被相続人の配偶者の場合
適用要件なし
ⓑ 被相続人と生計を一にしていた親族の場合
相続開始の直前から相続税の申告期限まで、引き続きその家屋に居住し、かつ、その宅地等を有している人

夢咲さんの自宅建物の敷地について、もし勇さん名義であったとすれば、(1)被相続人の居住の用に供されていた宅地等の場合なので、(1)の要件の下に選択して適用することができます。

たとえば、配偶者である妻の舞子さんが取得するのであれば、特段の要件なく特例の適用が受けられます。

4　特定同族会社事業用宅地等

　特定同族会社事業用宅地等は、相続開始の直前から相続税の申告期限まで一定の法人の事業（貸付事業を除きます）の用に供されていた宅地等のうち、次の2つの要件を満たす被相続人の親族が相続等により取得したものをいいます。なお、一定の法人とは、相続開始の直前において被相続人および被相続人の親族等がその法人の発行済株式等の50％超を有している法人（相続税の申告期限において清算中の法人を除きます）をいいます。

> ①　法人役員要件
> 　　相続税の申告期限においてその法人の一定の役員であること
> ②　保有継続要件
> 　　その宅地等を相続税の申告期限まで有していること

5　貸付事業用宅地等

　貸付事業用宅地等は、相続開始の直前において被相続人等の貸付事業の用に供されていた宅地等のうち、ⅰ被相続人の貸付事業の用に供されていた宅地等、ⅱ被相続人と生計を一にしていた被相続人の親族の貸付事業の用に供されていた宅地等、に大きく2区分して、定められている要件を満たす被相続人の親族が相続等により取得したものをいいます。

(1) 被相続人の貸付事業の用に供されていた宅地等の場合の要件

　ⓐ事業を承継する、ⓑその宅地を一定期間保有する、という2つの要件が定められています。

> ⓐ　事業承継要件
> 　　その宅地等に係る被相続人の貸付事業を相続税の申告期限までに承継し、かつ、その申告期限までその貸付事業を行っていること
> ⓑ　保有継続要件

> その宅地等を相続税の申告期限まで有していること

(2) 被相続人と生計を一にしていた被相続人の親族の貸付事業の用に供されていた宅地等の場合の要件

ⓐ事業を継続する、ⓑその宅地を一定期間保有することという2つの要件が定められています。

前述(1)ⓐの「事業承継要件」と異なり、(2)ⓐは「事業継続要件」となっています。

> ⓐ 事業継続要件
> 　相続開始の直前から相続税の申告期限まで、その宅地等に係る貸付事業を行っていること
> ⓑ 保有継続要件
> 　その宅地等を相続税の申告期限まで有していること

たとえば、夢咲さんの所有する貸家の敷地の場合、(1)の被相続人の貸付事業の用に供されていた宅地等の場合なので、この宅地を妻の舞子さんや長男の友厚さん、あるいは長女の澪さんが取得するとしても、前述(1)ⓐの事業承継要件と(1)ⓑの保有継続要件を満たせば、この特例を選択して適用することができます。

6　日本郵便株式会社に貸し付けられている一定の郵便局舎の敷地の用に供されている宅地等

旧日本郵政公社に貸し付けられていた郵便局舎の敷地に使用されている一定の宅地等で一定の要件に該当するものは、特定事業用宅地等としてこの特例の適用を受けることができます。

Q54

「小規模宅地等についての相続税の課税価格の計算の特例」について、減額される割合と限度面積を教えてください。

A

以下の解説のとおりです。また、平成25年度の税制改正につきQ58を参照してください。

■解　説

評価額を減額する割合は、①特定事業用宅地等、特定居住用宅地等、特定同族会社事業用宅地等の場合は80％、②貸付事業用宅地等の場合は50％となります。

また、限度面積は、選択した宅地等のすべてが、①特定事業用宅地等、特定同族会社事業用宅地等である場合は400m²、②特定居住用宅地等である場合は240m²、③貸付事業用宅地等である場合は200m²となります。

なお、特定事業用宅地等、特定同族会社事業用宅地等、特定居住用宅地等、および貸付事業用宅地等のうち、いずれか2以上についてこの特例の適用を受けようとする場合は、次の算式を満たす面積がそれぞれの宅地等の限度面積になります。

400m² ≧（「特定事業用宅地等」および「特定同族会社事業用宅地等」の面積の合計）＋((「特定居住用宅地等」の面積の合計×5)÷3)＋(「貸付事業用宅地等」の面積の合計×2)

4 贈与税

Q55

贈与税（暦年課税）の計算の仕組みについて説明してください。

A 受贈者は、暦年課税を適用する場合には贈与を受けた財産の価額が110万円を超えるとき、あるいは相続時精算課税（Q56参照）を適用するときは、贈与税の申告をする必要があります。暦年課税を適用してこの生前贈与を少額で行うことにより、少額の税負担で（110万円以下の贈与であれば税負担なし）、相続時の課税財産を確実に減少させることができます。

■解　説

1　贈与税の計算の仕組み

財産の贈与を受けた場合に、贈与を受けた人（受贈者）にかかる税金が贈与税です（法人からの贈与は、贈与税ではなく、所得税（一時所得や給与所得）の課税対象となります）。

贈与税は、その年1月1日から12月31日までの間に受けた贈与財産のうち、課税対象となるものの価額の合計額から、基礎控除額および配偶者控除額を控除した後の残額に税率を乗じて算出します（これを暦年課税といいます。このほか相続時精算課税が選択できます（Q56参照））。

なお、贈与税の納税義務者と課税財産の範囲および贈与財産の評価方法は、原則として、相続税の場合と同じです。ただし、負担付贈与あるいは個人間

の対価を伴う取引の場合は、①上場株式のときには、その株式の取得日の最終価格（終値）によって評価し、②土地等や家屋等のときは、通常の取引価額によって評価します。

　負担付贈与とは、受贈者に一定の債務を負担させることを条件にした財産の贈与を言い、個人から負担付贈与を受けた場合は、贈与財産の価額から負担額を控除した価額が課税対象になります。

贈与税額＝
　（贈与財産の価額－基礎控除額－配偶者控除額）×税率－控除額　（速算表）

上記の算式中で適用される速算表は、〔表12〕のとおりです。

〔表12〕　贈与税速算表（平成25年度税制改正につき Q58 参照）

基礎控除、配偶者控除後の課税価格		税率	控除額
超	以下	％	
	～　200万円	10	—
200万円	～　300万円	15	10万円
300万円	～　400万円	20	25万円
400万円	～　600万円	30	65万円
600万円	～　1,000万円	40	125万円
1,000万円	～	50	225万円

(1)　**基礎控除**

基礎控除は、110万円です。

(2)　**贈与税の配偶者控除**

配偶者控除は、最高2000万円となっています。配偶者控除が認められる要件は、次のとおりです。

---

① 　婚姻期間が20年以上であること

② 　贈与財産は、居住用不動産（居住用の土地等または家屋）、あるいは居住用の不動産を取得するための金銭であること（金銭の場合には翌年3月15日までに居住用不動産を取得しなければなりません）

③　贈与のあった翌年の3月15日までに、受贈者がその居住用不動産を居住の用に供し、かつその後も引き続き居住の用に供する見込みであること
　④　同一配偶者について1回限りであること
　⑤　この適用を受けるために贈与税の申告書を提出するなど所定の手続をすること

2　贈与財産の相続税の課税価格への加算

　被相続人から相続等や相続時精算課税にかかる贈与によって財産を取得した人が、相続開始前3年以内に暦年課税にかかる贈与により取得した財産（配偶者に対する特定贈与財産等は除かれます）があれば、その財産の贈与時の価額が相続税の課税価格に加算されます。その分、相続財産の減少効果は少なくなります。

　相続開始前3年以内であれば、その贈与時に贈与税がかかっていたかどうかに関係なく、贈与時の価額が加算されます。

　したがって、基礎控除額110万円以下の贈与財産の価額も加算することになります。ただし、その加算された贈与財産の価額に対応する贈与税の額は、加算された人の相続税の計算上控除されることになります。

　なお、死亡した年に贈与を受けた財産については、原則として相続財産に加算されて相続税だけが課税され、贈与税は課税されません。

　また、孫など被相続人から相続等や相続時精算課税にかかる贈与によって財産を取得していない場合には、この規定の適用を受けることはありません。

Q56 ■ ■ ■ ■

暦年課税の制度とは異なる相続時精算課税制度について説明してください。

A 相続時精算課税制度とは、贈与税と相続税を一体化して納税できる制度です。実質は、生前相続（相続開始前の遺産分割）ということができます。この制度を選択すると、贈与時には贈与財産に対する軽減された贈与税を納付し、その後の相続時にはその贈与財産と相続財産を合計した価額を基に相続税額を計算し、すでに納付した贈与時の贈与税を控除した額が納付すべき相続税額となります。また、平成25年度の税制改正につき Q58 を参照してください。

■解　説

1　適用対象者（年齢要件等）

　相続時精算課税制度は、贈与者である父母ごと、受贈者である兄弟姉妹ごとに選択できますが、一度選択すると相続時まで継続適用しなければなりません。すなわち、父からの贈与について、相続時精算課税を選択した子は、母からの贈与については、暦年課税（Q55参照）を適用できますが、父からの贈与については暦年課税に戻ることはできませんので選択にあたっては慎重に検討する必要があります。

　この制度の適用対象者は、贈与年の１月１日において、贈与者は65歳以上の親、受贈者は20歳以上の子である推定相続人（代襲相続人を含みます）です。ただし、住宅取得資金等の贈与については、特例として、贈与者の年齢

要件が緩和されています。

2 適用手続

この制度の適用を受けるためには、受贈者である子が、その選択にかかる最初の贈与を受けた年の翌年2月1日から3月15日までの間に、所轄税務署長に対して、その旨の届け出を贈与税の申告書に添付しなければなりません。この選択は、受贈者である兄弟姉妹がおのおの、贈与者である父、母ごとに選択できるものとされ、最初の贈与の際の届け出により、相続時までこの制度は継続して適用されます。

3 適用対象財産等

贈与財産の種類、金額、贈与回数に、制限は設けられていません。

4 税額の計算

(1) 贈与税額の計算

この制度の選択をした受贈者である子は、この制度にかかる贈与者である親からの贈与財産について贈与時に申告を行い、他の贈与財産とは区分して、選択をした年以後の各年にわたるその贈与者である親からの贈与財産の価額の合計額を基に計算したこの制度にかかる贈与税を納付します。その贈与税の額は、選択をした年以後については基礎控除110万円を控除せず、上記の贈与財産の価額の合計額から、複数年にわたり利用できる非課税枠2500万円（相続時精算課税の特別控除額）を控除した後の金額に、一律20％の税率を乗じて算出します。

なお、この制度を選択した受贈者である子が、この制度にかかる贈与者である親以外の者から贈与を受けた場合には、その贈与財産の価額の合計額から基礎控除110万円を控除したうえで、一般の贈与税の税率を乗じて贈与税額を計算します。

(2) 相続税額の計算

この制度の選択をした受贈者である子は、この制度にかかる贈与者である親の相続時に、それまでの贈与財産と相続財産とを合算して、「法定相続分課税方式に基づく遺産取得課税方式」(Q44参照)により相続税額を計算し、その税額からすでに納付したこの制度にかかる贈与税相当額を控除して納付します(相続時精算課税にかかる財産の価額を相続税の課税価格に加算した価額が相続税の基礎控除額以下の場合は、相続税の申告は必要ありません)。この場合において、相続税額からこの制度にかかる贈与税相当額を控除しきれないときは、還付を受けることができます。また、相続財産と合算する贈与財産の価額は、贈与時の価額とされます。

5 自社株を生前に贈与した場合の計算例

以下、相続時精算課税を適用して自社株を生前に贈与した場合の計算例を記します。

●前提条件
- 相続時には、遺産総額(下記のeあるいはe′)を妻と2人の子どもで法定相続分どおりに分割する
- 贈与する自社株の価額　(贈与時)2,500万円(a)→(相続時)5,000万円(b)
- 贈与前の所有財産(含む贈与する自社株)　3億円(c)
- 自社株贈与直後の相続財産　2億7,500万円 (d=c−a)
- 相続時の相続財産　2億7,500万円(d)
 (自社株贈与後において、贈与した自社株以外の資産には増減がないと仮定)

●税額計算
① 相続時精算課税制度の場合

(単位：千円)

| 遺産総額 | (e) | 300,000 | (d)+(a)の金額 |

基礎控除額	(f)	80,000	50,000＋（10,000×法定相続人数）
課税遺産総額	(g)	220,000	(e)－(f)
相続税の総額	(h)	46,000	各法定相続人の税額合計（法定相続分×税率）
配偶者の税額軽減額	(i)	23,000	
贈与税額控除（相続時精算課税分）	(j)	0	25,000以内につき納付税額は0
納付税額	(k)	23,000	(k)＝(h)－(i)－(j)（マイナスの場合は還付）

② 一般の場合（自社株の生前贈与なし）

相続時の自社株の価額　　　　　5,000万円(b)

相続時の相続財産（除く自社株）　2億7,500万円(d)

（単位：千円）

遺産総額	(e′)	325,000	(d)＋(b)の金額
基礎控除額	(f′)	80,000	50,000＋（10,000×法定相続人数）
課税遺産総額	(g′)	245,000	(e′)－(f′)
相続税の総額	(h′)	54,750	各法定相続人の税額合計（法定相続分×税率）
配偶者の税額軽減額	(i′)	27,375	
贈与税額控除（暦年課税分）	(j′)	0	贈与財産なしに付き納付税額は0
納付税額	(k′)	27,375	(k′)＝(h′)－(i′)－(j′)

③　差額

　(k′)－(k)＝437.5万円

6　留意すべき点

　以上のように、贈与時の価額より将来価値が上昇する財産を贈与すれば、結果的として節税になることがわかります（価値下落時には逆になります）。このほかにも、アパートなど収益物件の贈与の場合は、贈与後はその家賃収入は子のものとなるため、親の相続財産の増加を防ぐ効果があります。

ただし、相続時精算課税制度には、①暦年課税制度（110万円の基礎控除額まで税金がかからない）には戻れないこと（したがって、基礎控除額を利用した長期的な節税は、この後利用できなくなること）、②相続時精算課税にかかる贈与により取得した宅地には、小規模宅地等についての相続税の課税価格の計算の特例を適用できないことなど、デメリットもありますので、選択にあたっては慎重に対応する必要があります。

5 所得税

Q57

相続財産を譲渡する場合に適用できる特例について説明してください。

A 相続税の申告書の提出期限の翌日以後3年を経過する日までに譲渡した場合には、相続税額取得費加算の特例とみなし配当課税の特例がありますので、この制度の適用を受けることにより譲渡にかかる税の負担を軽くすることができます。

■解　説

1 相続税額取得費加算の特例

相続税額取得費加算の特例によると、相続税額を不動産や株式等の取得費に加算できます。

たとえば、一般の場合における土地の売却に伴う税額計算は、その土地の所有期間がその年の1月1日時点において5年を超える場合は、次のとおりとなります。

> 課税長期譲渡所得金額＝譲渡価額－（取得費＋譲渡費用）－特別控除額
> 　　　　⇩
> 税額＝課税長期譲渡所得金額×所得税15％（住民税5％）
> 　　※復興特別所得税を含めると15％→15.315％

この算式から、取得費に一定金額の相続税額が加算されますと、課税長期譲渡所得金額が減少し、結果、税額が少なくなることがわかります。ただし、この取得費を加算できる特例の適用を受けるためには、相続の開始があった日の翌日から相続税の申告書の提出期限の翌日以後3年を経過する日までに譲渡する必要がありますので、留意が必要です。

なお、取得費に加算する相続税の額は、次の①および②で計算した金額の合計額、または③の金額のいずれか低い金額となります。

① 土地等を売った場合

土地等を売った人にかかった相続税額のうち、その人が相続等で取得したすべての土地等に対応する額（算式1）（平成27年1月1日以降の相続等から、「すべての土地等に対応する額」→「譲渡した土地等に対応する額」とします（「平成26年度税制改正の大綱」））

② 土地等以外の財産（建物や株式など）を売った場合

建物や株式など土地等以外の財産を売った人にかかった相続税額のうち、譲渡した建物や株式などに対応する額（算式2）

③ この特例を適用する前の譲渡所得の金額

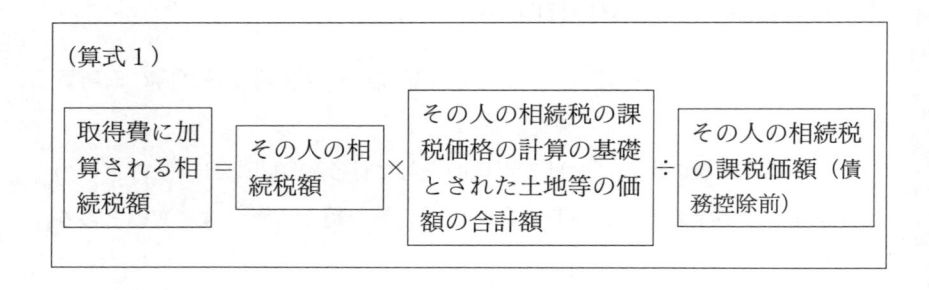

（算式1）

取得費に加算される相続税額 ＝ その人の相続税額 × その人の相続税の課税価格の計算の基礎とされた土地等の価額の合計額 ÷ その人の相続税の課税価格（債務控除前）

(算式2)

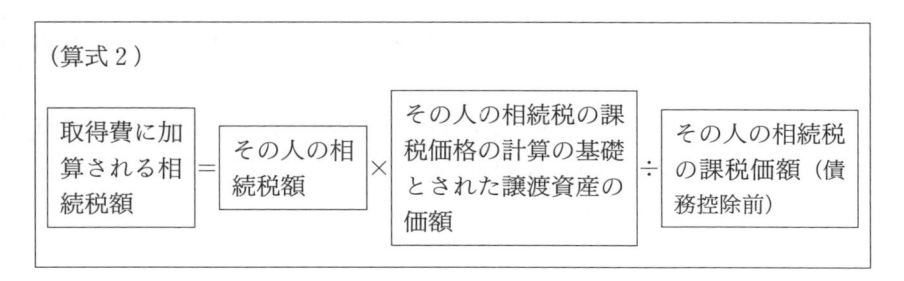

取得費に加算される相続税額 ＝ その人の相続税額 × その人の相続税の課税価格の計算の基礎とされた譲渡資産の価額 ÷ その人の相続税の課税価額（債務控除前）

2　みなし配当課税の特例

　みなし配当課税の特例によると、譲渡対価の全額を譲渡所得の収入金額とします。

　平成16年4月1日以後の相続等から、相続等により財産を取得して相続税を課税された人が、相続株式をその発行会社に譲渡した場合（発行会社にとっては、「金庫株」となる）には、みなし配当課税が行われず譲渡益課税の対象となる所得区分の変更が行われています（みなし配当課税の特例）。

　この特例により、相続人は低い税負担で納税資金を確保することができ、会社は金庫株の取得により株式の分散を防ぐことができますので、事業承継を円滑に進めることができます。

　ただし、この特例の適用を受けるためには、相続の開始があった日の翌日から相続税の申告書の提出期限の翌日以後3年を経過する日までに譲渡し、譲渡する時までに特例の適用を受ける旨の届出を発行会社を経由して発行会社の所轄税務署長に提出する必要がありますので留意が必要です。

　この所得区分の変更の結果、前述1の譲渡所得について認められている相続税額の取得費加算の特例による課税対象金額の減額とともに、本特例により適用税率も、配当所得に対する最高50％（所得税40％・住民税10％、配当控除前）から、譲渡所得の一律20％（所得税15％・住民税5％）に軽減され、大幅な税負担の軽減になります。なお、配当所得がある場合、その配当所得の金額に応じて一定の金額を税額から差し引くことができます。これを配当控除といい、次のように計算します。したがって、配当控除を考慮すると前述

の50%は43.6%になります（復興特別所得税を含めると、40%→40.84%、15%→15.315%、43.6%→44.335%）。

なお、平成27年分の所得税から、最高税率が引き上げられ、課税所得4000万円超について、45%の税率が設けられます。

次の設例で考えてみます。

配当控除＝配当所得×控除率

⇩

種類	課税総所得金額のうち、配当所得が含まれる部分	控除率		
		市民税	県民税	所得税
利益の配当など	1,000万円以下の部分	1.60%	1.20%	10%
	1,000万円超の部分	0.80%	0.60%	5%

配当所得以外の所得だけで、1,000万円を超えているときは、控除率は、6.4%（＝1,000万円超の部分の控除率）となります。

〈譲渡所得となる場合の計算式〉

　（株式等にかかる譲渡所得等の金額）

　＝（譲渡価額）－（取得費＋"前述１の相続税額取得費加算の特例"＋譲渡費用）

（設例）

　次の条件で、相続株式10,000株を発行会社に譲渡する場合

　株式の譲渡価額　　　　　1株　　10,000円

　株式の取得価額　　　　　1株　　　　50円

　株式の資本金等の額　　　1株　　　　50円

　譲渡価額　　　　　　　　　　　　1億円

　　　　　　　（＝10,000円×10,000株）

　譲渡価額に対応した資本金等の額　　50万円

　　　　　　　（＝50円×10,000株）

212

(1) 相続税の申告書の提出期限の翌日以後3年を経過後に譲渡した場合

9950万円（1億円－50万円）がみなし配当となり、配当所得以外の所得だけで1000万円を超えているときは、みなし配当に対応する税額は4338.2万円となります。

このほかに、復興特別所得税がかかります。

(2) 相続税の申告書の提出期限の翌日以後3年を経過する日までに譲渡した場合

9950万円（1億円－50万円）は譲渡益となり、税率は一律20％で譲渡益に対応する税額は1990万円となります。

なお、相続税額取得費加算特例は考慮していません。

このほかに、復興特別所得税がかかります。

第5章 税務関係

⑥ 税制改正

Q58

相続税や贈与税について大きな改正が予定されていますが、その内容を簡単に説明してください。

A 平成25年1月29日に閣議決定された「平成25年度税制改正の大綱」に基づき関係改正法が平成25年3月29日に成立しました。改正項目の多くは平成27年1月1日以後の相続等から適用されますが、教育資金の一括贈与に係る贈与税の非課税措置については、平成25年4月1日から平成27年12月31日までの間の適用となる等、平成27年1月1日前から適用される項目もありますので留意が必要です。なお、事業承継税制に関する部分については、Q73で解説します。

■解　説

1　相続税・贈与税の見直し

(1) 相続税の基礎控除および税率構造

相続税の基礎控除および税率構造について、次の見直しが行われます。

　(A)　相続税の基礎控除（Q44・算式3参照）

相続税の基礎控除は、〔表13〕のとおり見直しが行われます。

214

〔表13〕 相続税基礎控除の見直し

	現　行	改正後
定額控除	5,000万円	3,000万円
法定相続人比例控除	1,000万円に法定相続人数を乗じた金額	600万円に法定相続人数を乗じた金額

(B) 相続税の税率構造（Q44・表9参照）

相続税の最高税率を55％に引き上げる等、〔表14〕のとおり、税率構造の見直しが行われます。

〔表14〕 相続税の税率構造の見直し

現行			改正後		
法定相続分に応ずる取得金額	税率	控除額	法定相続分に応ずる取得金額	税率	控除額
1,000万円以下	10%	—	1,000万円以下	10%	—
1,000万円超 3,000万円以下	15%	50万円	1,000万円超 3,000万円以下	15%	50万円
3,000万円超 5,000万円以下	20%	200万円	3,000万円超 5,000万円以下	20%	200万円
5,000万円超 1億円以下	30%	700万円	5,000万円超 1億円以下	30%	700万円
1億円超 3億円以下	40%	1,700万円	1億円超 2億円以下	40%	1,700万円
			2億円超 3億円以下	45%	2,700万円
3億円超	50%	4,700万円	3億円超 6億円以下	50%	4,200万円
			6億円超	55%	7,200万円

（注）平成27年1月1日以後の相続等から適用

(2) **小規模宅地等についての相続税の課税価格の計算の特例（Q53・54参照）**

小規模宅地等についての相続税の課税価格の計算の特例について、次の見直しが行われます。

> ① 特定居住用宅地等にかかる特例の適用対象面積を330m²（現行240m²）までの部分に拡充する
> ② 特例の対象として選択する宅地等のすべてが特定事業用等宅地等および特定居住用宅地等である場合には、それぞれの適用対象面積まで適用可能とする（なお、貸付事業用宅地等を選択する場合における適用対象面積の計算については、現行どおり、調整を行うこととする）
> ③ 一棟の二世帯住宅で構造上区分のあるものについて、被相続人およびその親族が各独立部分に居住していた場合には、その親族が相続等により取得したその敷地の用に供されていた宅地等のうち、被相続人およびその親族が居住していた部分に対応する部分を特例の対象とする
> ④ 老人ホームに入所したことにより被相続人の居住の用に供されなくなった家屋の敷地の用に供されていた宅地等は、次の要件が満たされる場合に限り、相続の開始の直前において被相続人の居住の用に供されていたものとして特例を適用する
> ⓐ 被相続人に介護が必要なため入所したものであること
> ⓑ 当該家屋が貸付け等の用途に供されていないこと

上記①および②の改正は平成27年1月1日以後の相続等から適用し、上記③および④の改正は平成26年1月1日以後の相続等から適用されます。

(3) **未成年者控除および障害者控除（Q44・6⑵(C)、(D)参照）**

未成年者控除および障害者控除が次のとおり引き上げられます。これらは、平成27年1月1日以後の相続等から適用されます。

① 未成年者控除

　20歳までの1年につき10万円

② 障害者控除

　85歳までの1年につき10万円（特別障害者については20万円）

(4) 贈与税の税率構造（Q55・〔表12〕参照）

贈与税の税率構造について、最高税率を相続税の最高税率に合わせる一方で、子や孫等が受贈者となる場合の贈与税の税率構造が緩和されます。

〔表15〕 贈与税の税率構造の見直し

現行			改正後				
贈与者、受贈者の条件なし			直系尊属から20歳以上の者が贈与を受けた場合			一般の贈与（左記以外の場合）		
基礎控除、配偶者控除後の課税価格	税率	控除額	基礎控除、配偶者控除後の課税価格	税率	控除額	基礎控除、配偶者控除後の課税価格	税率	控除額
200万円以下	10%	—	200万円以下	10%	—	200万円以下	10%	—
200万円超 300万円以下	15%	10万円	200万円超 400万円以下	15%	10万円	200万円超 300万円以下	15%	10万円
300万円超 400万円以下	20%	25万円				300万円超 400万円以下	20%	25万円
400万円超 600万円以下	30%	65万円	400万円超 600万円以下	20%	30万円	400万円超 600万円以下	30%	65万円
600万円超 1,000万円以下	40%	125万円	600万円超 1,000万円以下	30%	90万円	600万円超 1,000万円以下	40%	125万円
1,000万円超	50%	225万円	1,000万円超 1,500万円以下	40%	190万円	1,000万円超 1,500万円以下	45%	175万円
			1,500万円超 3,000万円以下	45%	265万円	1,500万円超 3,000万円以下	50%	250万円
			3,000万円超 4,500万円以下	50%	415万円	3,000万円超	55%	400万円
			4,500万円超	55%	640万円			

(注) 平成27年1月1日以後の贈与から適用

(5) 相続時精算課税制度の適用要件（Q56参照）

相続時精算課税制度の適用要件について、次の見直しが行われます。

> ① 受贈者の範囲に、20歳以上である孫を加える
> ② 贈与者の年齢要件を60歳以上に引き下げる

この改正は、平成27年1月1日以後の贈与から適用されます。

2 教育資金の一括贈与に係る贈与税の非課税措置（創設）

(1) 概　要

受贈者（30歳未満の者に限ります）の教育資金に充てるためにその直系尊属が金銭等を拠出し、金融機関等に信託等をした場合には、信託受益権の価額または拠出された金銭等の額のうち受贈者1人につき1500万円（学校等以外の者に支払われる金銭については、500万円を限度）までの金額に相当する部分の価額については、平成25年4月1日から平成27年12月31日までの間に拠出されるものに限り、贈与税を課されない措置がとられます。

なお、ここにいう教育資金とは、文部科学大臣が定める次の金銭をいいます。

> ① 学校等に支払われる入学金その他の金銭
> ② 学校等以外の者に支払われる金銭のうち一定のもの

(2) 申　告

受贈者は、本特例の適用を受けようとする旨等を記載した教育資金非課税申告書を、信託等がなされる日までに金融機関を経由して、受贈者の納税地の所轄税務署長に提出しなければなりません。

(3) 払出しの確認等

受贈者は、払い出した金銭を教育資金の支払いに充当したことを証する書類を金融機関に提出しなければなりません。金融機関は、提出された書類により払い出された金銭が教育資金に充当されたことを確認し、その確認した

金額を記録するとともに、当該書類および記録を受贈者が30歳に達した日の翌年3月15日後6年を経過する日まで保存しなければならないとされています。

(4) 終了時

(A) 受贈者が30歳に達した場合

(a) 調書の提出

金融機関は、本特例の適用を受けて信託等がされた金銭等の合計金額（以下、「非課税拠出額」といいます）および契約期間中に教育資金として払い出した金額（上記(3)により記録された金額とします）の合計金額（学校等以外の者に支払われた金銭のうち500万円を超える部分を除外します。以下、「教育資金支出額」といいます）その他の事項を記載した調書を受贈者の納税地の所轄税務署長に提出しなければなりません。

(b) 残額の扱い

非課税拠出額から教育資金支出額を控除した残額については、受贈者が30歳に達した日に贈与があったものとして贈与税を課税します。

(B) 受贈者が死亡した場合

(a) 調書の提出

金融機関は、受贈者の死亡を把握した場合には、その旨を記載した調書を受贈者の納税地の所轄税務署長に提出しなければなりません。

(b) 残額の扱い

非課税拠出額から教育資金支出額を控除した残額については、贈与税が課されません。

3 国外財産に対する課税強化（Q43・表8参照）

日本国内に住所を有しない個人で日本国籍を有しないものが、日本国内に住所を有する者から相続等または贈与により取得した国外財産が、相続税または贈与税の課税対象に加えられます。

本措置は、平成25年4月1日以後の相続等または贈与から適用されます。

7 事業承継税制

Q59

私の会社の株式（非上場株式）は、どのような評価を受けますか。私が死んだならば、相続の際、税金はどのくらいかかりますか。

A 株式は以下の解説のとおりに評価され相続財産に組み込まれる結果、相続税額に反映されます。

■解　説

1　非上場株式（取引相場のない株式）の評価方法

非上場会社株式（取引相場のない株式）の評価は、株主の態様（支配株主か少数株主か）、会社の規模に従って、おおむね次のように決められます（上場会社株式の評価についてはQ50参照）。

(1)　株主の態様による区分

株主の態様に関しては、支配株主は「原則的評価方式」、少数株主は「例外的評価方式（配当還元方式）」により評価されます。そして、支配株主については、「類似業種比準価額」と「純資産価額」を併用します（各方式並びに各価額の説明は、(2)のとおりです）。少数株主は、配当期待権しかもたないため、受け取る配当額を一定の割合で割り引いて株式の価額を定める「配当還元方式」に合理性が認められます。

(2)　会社の規模による区分

「原則的評価方式」は、会社の規模によって次のとおり定められています。

「類似業種比準価額方式」とは、市場があって株価が形成されている上場会社の株価から、比較のための基準を使って、市場のない株式を評価する方法です。評価対象会社の規模が大規模であれば、上場会社の株価に連動する方式に合理性が認められます。

「純資産価額方式」とは、評価対象会社の純資産価値から株式を評価する方式です。その際、資産価額は財産評価基本通達に従って、時価ベースに置き換えた数値が用いられます。

〔表16〕 会社規模ごとの評価方法（国税庁財産評価通達178・179）

会社規模		株主の態様	
^^		支配株主 （原則的評価方式）	少数株主 （例外的評価方式）
大会社		類似業種比準価額	配当還元価額
中会社	大	類似業種比準価額×0.90＋純資産価額×0.10	^^
^^	中	類似業種比準価額×0.75＋純資産価額×0.25	^^
^^	小	類似業種比準価額×0.60＋純資産価額×0.40	^^
小会社		類似業種比準価額×0.50＋純資産価額×0.50	^^

上記にかかわらず、純資産価額によることもできます。

また、土地保有特定会社（総資産価額中に占める土地などの価額の合計額の割合が一定の割合以上の会社）、株式保有特定会社（総資産価額中に占める株式や出資の価額の合計額の割合が一定の割合以上の会社）、開業後3年未満の会社、比準要素ゼロの会社等は、上記によらず純資産価額で評価します。

2　ユメサキメンテンナンスの株式評価（事例編参照）

〔表17〕　ユメサキメンテンナンス想定 B/S

(単位：千円)

科目	簿価	時価	科目	簿価	時価
（流動資産）	1,200,000	1,200,000	（流動負債）	500,000	500,000
（固定資産）			（固定負債）	500,000	500,000
建物	230,000	201,200			
土地	325,000	248,000	純資産	1,105,000	1,000,000
その他	350,000	350,000	（うち資本金）	(50,000)	(50,000)
	2,105,000	2,000,000		2,105,000	2,000,000

　ユメサキメンテンナンスの場合（発行済株式数を100万株とします）、被相続人となる夢咲勇さん（社長）が90％、妻の舞子さん（監査役）が10％を保有していることから、支配株主に該当し原則的評価方式によることとなります。

　また、会社規模については小売サービス業に該当し、純資産価額が取引金額は5億円、純資産価額は10億円（4億円以上）かつ従業員数が30人であることから、中会社の小により計算されることとなります。

〔表18〕　会社規模による区分（国税庁財産評価通達178）

規模区分	区分の内容		総資産価額（帳簿価額によって計算した金額）及び従業員数	直前期末以前1年間における取引金額
大会社	従業員数が100人以上の会社または右のいずれかに該当する会社	卸売業	20億円以上（従業員数が50人以下の会社を除く）	80億円以上
		小売・サービス業	10億円以上（従業員数が50人以下の会社を除く）	20億円以上
		卸売業、小売・サービス業以外	10億円以上（従業員数が50人以下の会社を除く）	20億円以上
	従業員数が100人未満	卸売業	7,000万円以上（従業員数が5人以下の会社を除く）	2億円以上80億円未満

中会社	の会社で右のいずれかに該当する会社（大会社に該当する場合を除く）	小売・サービス業	4,000万円以上（従業員数が5人以下の会社を除く）	6,000万円以上20億円未満
		卸売業、小売・サービス業以外	5,000万円以上（従業員数が5人以下の会社を除く）	8,000万円以上20億円未満
小会社	従業員数が100人未満の会社で右のいずれにも該当する会社	卸売業	7,000万円未満または従業員数が5人以下	2億円未満
		小売・サービス業	4,000万円未満または従業員数が5人以下	6,000万円未満
		卸売業、小売・サービス業以外	5,000万円未満または従業員数が5人以下	8,000万円未満

　中会社の株式の価額は、次の算式により計算した金額によって評価されます。ただし、納税義務者の選択により、算式中の類似業種比準価額を1株当たりの純資産価額（相続税評価額によって計算した金額）によって計算することもできます。

類似業種比準価額×L＋1株当たりの純資産価額[注]
　（注）（相続税評価額によって計算した金額）×（1－L）

　上の算式中の「L」は、評価会社の前項に定める総資産価額（帳簿価額によって計算した金額）および従業員数または直前期末以前1年間における取引金額に応じて、それぞれ次に定める割合のうちいずれか大きいほうの割合となります。

〔表19〕　Lの算定表（国税庁財産評価通達179）

イ　総資産価額（帳簿価額によって計算した金額）および従業員数に応ずる割合

卸売業	小売・サービス業	卸売業、小売・サービス業以外	割合
14億円以上（従業員数が50人以下の会社を除く）	7億円以上（従業員数が50人以下の会社を除く）	7億円以上（従業員数が50人以下の会社を除く）	0.90
7億円以上（従業員数が30人以下の会社を除く）	4億円以上（従業員数が30人以下の会社を除く）	4億円以上（従業員数が30人以下の会社を除く）	0.75
7,000万円以上（従業員数が5人以下の会社を除く）	4,000万円以上（従業員数が5人以下の会社を除く）	5,000万円以上（従業員数が5人以下の会社を除く）	0.60

（注）　複数の区分に該当する場合には、上位の区分に該当するものとする。

ロ　直前期末以前1年間における取引金額に応ずる割合

卸売業	小売・サービス業	卸売業、小売・サービス業以外	割合
50億円以上80億円未満	12億円以上20億円未満	14億円以上20億円未満	0.90
25億円以上50億円未満	6億円以上12億円未満	7億円以上14億円未満	0.75
2億円以上25億円未満	6,000万円以上6億円未満	8,000万円以上7億円未満	0.60

したがって、ユメサキメンテナンスの株価は、以下のように算定されます。

純資産価額（相続税評価額によって計算した金額）

　　10億÷100万株＝1,000円

類似業種比準価額

　　204円（類似業種比準価額計算上の業種目及び業種別株価等（平成24年分）より）

204円×0.6＋1,000円×0.4＝522円（50円株当たり）

つまり、全株相当額は5億2200万円（522円×100万株）、あなたの保有していた株式の評価額は4億6980万円の評価額（522円×90万株）となります。

他の資産と合わせて、相続税評価額が7億730万円となるため、総額2億128.5万円の相続税（配偶者控除等の前の金額）がかかることになります。

（基礎控除）
　7億730万円−{5,000万円＋(1,000万円×3人)}＝6億2,730万円
（相続税の総額）
　妻　　6億2,730万円×50％×50％−4,700万円＝1億982.5万円
　子　　6億2,730万円×25％×40％−1,700万円＝4,573万円
　　　　4,573万円×2＝9,146万円
　合計　2億128.5万円円
（夢咲勇さんの資産）

預金	50,000,000
建物（自宅）	5,000,000
借地権を評価するとして	1,500,000
貸家	26,000,000
土地（青空駐車場）	110,000,000
建物（アパート）	10,000,000
生命保険（課税対象分）	35,000,000
株式（自社株）	469,800,000
合計	707,300,000

Q60

それでは、自社株に対する相続税の課税を回避する方法はあるのでしょうか。

A 長男をはじめ親族に事業を承継し、事業承継税制を活用することにより、相続税および贈与税の納税猶予を受けることが考えられます。

■解　説

1　事業承継税制

いわゆる事業承継税制とは、①「非上場株式等についての相続税の納税猶予の特例」および②「非上場株式等についての贈与税の納税猶予の特例」からなり、それぞれ以下のような内容となっています。

> ①　非上場株式等の相続税の納税猶予の特例
>   一定の要件のもと、相続等により取得したその会社の発行済議決権株式等の総数等の3分の2に達するまでの部分にかかる課税価格の80％に対応する相続税の納税を猶予するという制度です。ただし、対象となる株式は議決権株式に限られ、議決権に制限のある株式等はこの制度を適用することはできません。
> ②　非上場株式等の贈与税の納税猶予制度
>   先代経営者から後継者へ非上場株式等が一括贈与（発行済完全議決権株式総数の3分の2に達するまでの部分）された時点で、後継者の贈

与税の全額が猶予されます。その後、先代経営者の死亡により、贈与された非上場株式等が相続により取得したものとみなされ、非上場株式にかかる100％相当額の相続税の納税が猶予されます。また、発行株式総数の３分の２までという制限については、後継者がすでに相続（贈与）開始前より保有している分も含めることとされているため、仮に相続（贈与）開始時において後継者が３分の１を保有していた場合には、残りの３分の１までしかこの制度を適用することはできません。

つまり、贈与税の納税猶予の適用を受けている間に先代経営者が死亡し場合には、贈与税の納税猶予から相続税の納税猶予へと切り替えて適用を受けることで、納税猶予を継続できる仕組みになっています。

ここで注意すべき点は、①「非上場株式等の相続税の納税猶予の特例」、②「非上場株式等の贈与税の納税猶予の特例」のいずれについても、あくまで納税猶予であり減免ではなく、一定の条件を満たしている間、税金の支払いを繰り延べられているだけであるということです。

〈図８〉 事業承継税制の全体像

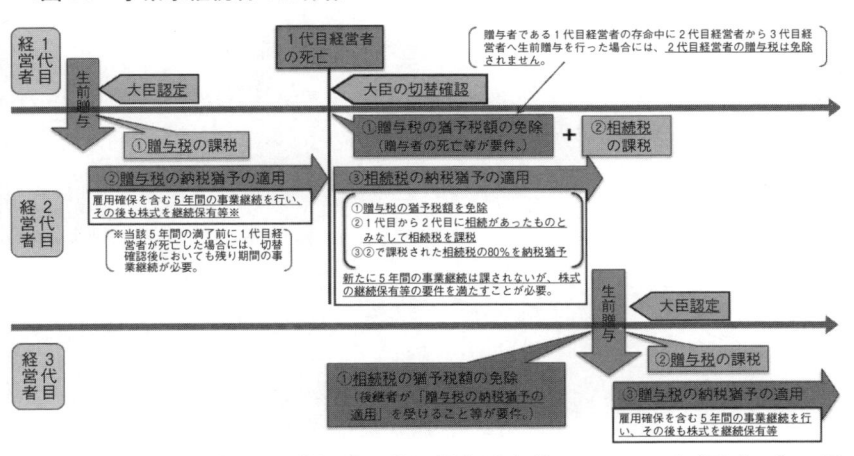

(出典：中小企業庁「中小企業経営承継円滑化法申請マニュアル」（平成25年４月改訂）74頁)

ただし、条件が整えば、猶予された税金が免除されます（Q66〜68等参照）。

2 夢咲家の納税猶予額

夢咲さんの会社の場合、仮に長男の友厚さんが事業を承継する場合、総発行株式数の3分の2をあなたから友厚さんに贈与したとすると、猶予される税額は以下のようになります。

522円[注1]×100万株×2／3＝2億6,867万円

（2億6,867万円－110万円）×50％[注2]－225万円＝1億3,153万円

（注1） Q59参照

（注2） Q55〔表12〕参照

Q61

> 私が、長男を後継者にしようと思った場合、事業承継税制を活用するために、どのような手順が必要ですか。

A 贈与・相続が発生した後、一定の要件を満たしていることについて経済産業大臣の「認定」を受け、認定後に税務署長に事業承継税制の申請をします。また、以後5年間毎年1回経済産業大臣および所轄税務署長への報告が必要となります。

■解　説

1　経済産業大臣の認定

　夢咲さんの会社（ユメサキメンテナンス）のケースは、経営承継円滑化法の民法の特例の適用会社「特例中小企業者」に該当し、長男の友厚さん、または長女の澪さんが事業を承継する場合に可能となります（Q14参照）。つまり、親族内承継の場合のみ活用可能となるわけです（ただし、平成25年度改正による要件緩和につきQ73参照）。

　そのうえで、経営承継円滑化法における、下記①～④の、会社の要件、後継者の要件、先代経営者の要件等を満たしていることについて、相続開始後10カ月以内に経済産業大臣に申請し「認定」を受けることが必要となります（ただし、この認定には通常2カ月前後を要するため、相続の場合には8カ月以内に認定申請を行う必要があります）。

① 経営承継への計画的な取組み

計画的な事業承継に関する取組みを促進する観点から、計画的な経営承継への取組みについて現経営者が存命中に経済産業大臣の確認を受けていることが事業承継税制適用の前提となっていました。ただ、平成25年度の改正により、平成25年4月1日からこの確認は不要になりました（Q73参照）。

改正前は、ⓐ後継者が、すでに役員に就任しているなど、確定していること、ⓑ現経営者が持つ自社株式や事業用資産について、後継者が支障なく取得するためのの具体的な計画を持っていることが要請されていました。

ただ、事前確認が不要となったとしてもやはり事業承継についての計画的な取組みについてはできるだけ早い段階から着手することが肝要です。

② 会社の主な要件（Q64参照）
　ⓐ　中小企業基本法の会社であること
　ⓑ　上場会社等または風俗営業会社のいずれにも該当しないこと
③ 後継者（特定後継者）の要件（Q63、73参照）
　　特定後継者とは、次のいずれかに該当する代表者の親族をいいます。また、該当するものが2人以上いる場合には、1社につき1人に限ります。
　ⓐ　その中小企業者の代表者（または代表者であった者）が退任した場合に、新たに代表者となる候補者であって、その代表者から株式等を相続等により取得することが見込まれる者
　ⓑ　その中小企業者の代表者で、他の代表者（または代表者であった者）から相続等によりその中小企業者の株式等及び事業用資産等を取得することが見込まれる者
④ 先代経営者（特定代表者）の要件
　　特定代表者とは、次のいずれかに該当する者であって、その親族に特定後継者がいるもののことをいいます（贈与の場合、贈与時までに役

員を退任する必要があります（Q73参照））。
- ⓐ　その中小企業者の代表者で同族関係者と合わせて議決件数の50％超を保有し、かつ、同族関係者（後継者を除く）内で筆頭株主である者
- ⓑ　その中小企業者の代表者であった者で代表者であったいずれかの時点と確認申請時点の両時点で、同族関係者と合わせて議決件数の50％超を保有し、かつ、同族関係者（後継者を除く）内で筆頭株主である者

　まず、勇さんの場合、④の特定代表者の要件に該当するといえます。そこで、あなたの会社が②の会社の要件に該当し、③あなたの親族である長男の友厚さん、あるいは長女の澪さんを後継者と決めたうえで①の承継計画を作成するなどして（平成25年度の改正により、平成25年4月1日から事前の確認は要件ではなくなりました）、贈与または相続、遺贈の後、経済産業大臣（地方経済産業局の産業部中小企業課）に認定申請を行う必要があります。

2　納税猶予を受けることができる株式等

　相続等の結果、相続前から保有していた議決権株式を含めて、その会社の発行済み議決権株式の3分の2に達するまでの部分の株式については、納税猶予を受けることができます。

　原則として、納税猶予の対象となった株式等のすべてを担保提供する必要があります。

　また、相続時精算課税の選択により生前に株式等が後継者に贈与された株式等も、納税猶予の対象となります。

　ただし、相続の場合、認定申請書を提出する時までに、遺産分割が完了していない株式等には適用されません。

第5章　税務関係

<図9> 納税猶予制度の仕組み

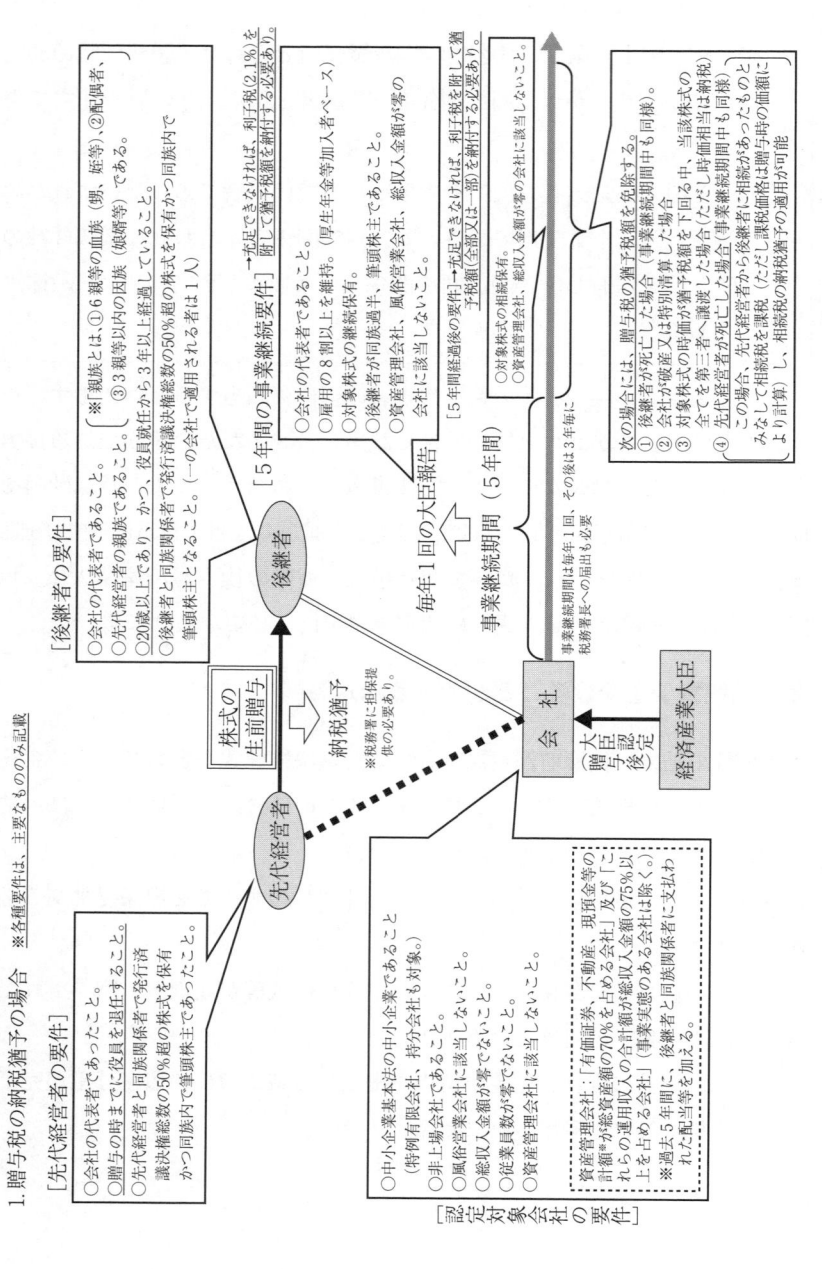

1. 贈与税の納税猶予の場合 ※各種要件は、主要なもののみ記載

[先代経営者の要件]
- 会社の代表者であったこと。
- 贈与の時までに役員を退任すること。
- 先代経営者と同族関係者で発行済議決権株式総数の50%超の株式を保有かつ同族内で筆頭株主であったこと。

[認定対象会社の要件]
- 中小企業基本法上の中小企業であること（特例有限会社、持分会社も対象。）。
- 非上場会社であること。
- 風俗営業会社に該当しないこと。
- 従業員数が零でないこと。
- 資産管理会社に該当しないこと。

※資産管理会社：有価証券、不動産、現預金等の計額が総資産額の70％を占める会社及びこれらの運用収入の合計額が総収入金額の75％以上を占める会社（事業実態のある会社は除く。）。
※過去5年間に、後継者と同族関係者に支払われた配当等を加える。

[後継者の要件]
- 会社の代表者であること。
- 先代経営者の親族であること。
- 20歳以上であり、かつ、役員就任から3年以上経過していること。
- 後継者と同族関係者で発行済議決権株式総数の50%超の株式を保有かつ同族内で筆頭株主となること。（一の会社で適用される者は1人）

※親族とは、①6親等内の血族（男、姪等）、②配偶者、③3親等以内の姻族（娘婿等）である。

[5年間の事業継続要件]
- 会社の代表者であること。
- 雇用の8割以上を維持すること。（厚生年金等加入者ベース）
- 対象株式の継続保有。
- 後継者が同族過半、筆頭株主。
- 資産管理会社、風俗営業会社、総収入金額が零等の会社に該当しないこと。

→充足できなければ、利子税（2.1%）を附して納予税額を納付する必要あり。

[5年間経過後の要件]
- 充足できなければ、利子税を付して猶予税額（全部又は一部）を納付する必要あり。
- 対象株式の継続保有。
- 資産管理会社、総収入金額が零等の会社に該当しないこと。

次の場合には、贈与税の猶予税額を免除する。
① 後継者が死亡した場合（事業継続期間中も同様）
② 会社が破産又は特別清算した場合
③ 対象株式の時価が猶予税額を下回る場合、当該株式の全てを第三者へ譲渡した場合（事業継続期間中も同様。ただし時価相当額は納税）
④ 先代経営者が死亡した場合は相続があったものとみなして相続税を課税（ただし課税価格は贈与時の価額により計算）し、相続税の納税猶予の適用が可能

先代経営者 → 株式の生前贈与 → 後継者
納税猶予 ※税務署に担保提供の必要あり。

会社 ← 大臣贈与認定 ← 経済産業大臣

毎年1回の大臣報告
事業継続期間（5年間）

事業継続期間は毎年1回、その後は3年毎に税務署長への届出も必要

7 事業承継税制 Q61

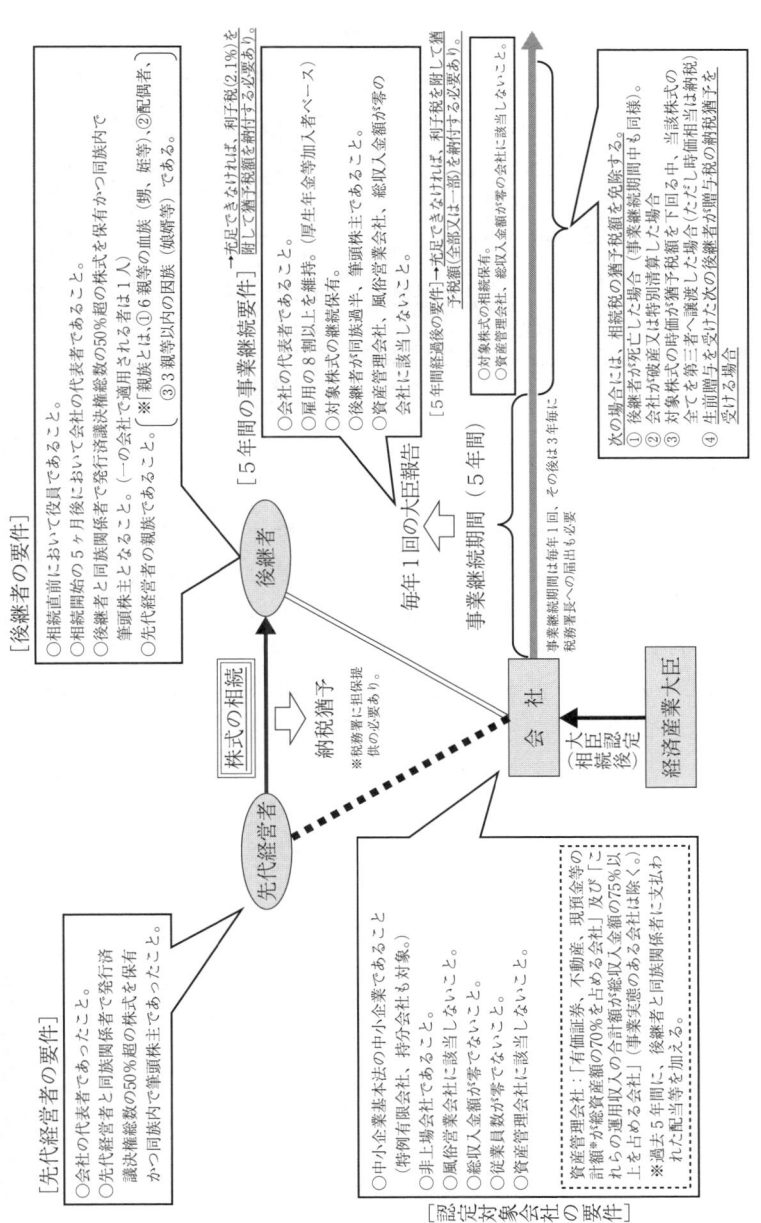

2. 相続税の納税猶予の場合 ※各種要件は、主要なもののみ記載

[先代経営者の要件]
○会社の代表者であったこと。
○先代経営者と同族関係者で発行済議決権株式数の50%超の株式を保有かつ同族内で筆頭株主であったこと。

[認定対象会社の要件]
○中小企業基本法の中小企業であること（特例有限会社、持分会社も対象。）
○非上場会社であること。
○風俗営業会社に該当しないこと。
○総収入金額が零でないこと。
○従業員数が零でないこと。
○資産管理会社に該当しないこと。
　※資産管理会社：「有価証券、不動産、現預金等の計● が総資産額の70%を占める会社」及び「これらの運用収入の合計額が総収入金額の75%以上を占める会社」（事業実態のある会社は除く。）
　※過去5年間に、後継者と同族関係者に支払われた配当等を加える。

[後継者の要件]
○相続直前において役員であること。
○相続開始の5ヶ月後において会社の代表者であること。
○後継者と同族関係者で発行済議決権株式数の50%超の株式を保有かつ同族内で筆頭株主となること。（一の会社で適用される者は1人）
○先代経営者の親族であること。
　※「親族」とは、①6親等以内の血族、②配偶者、③3親等以内の姻族（娘婿等）である。

[5年間の事業継続要件]
○会社の代表者であること。
○雇用の8割以上を維持。
○対象株式の継続保有。
○後継者が同族過半、筆頭株主であること。
○資産管理会社、風俗営業会社、総収入金額が零の会社に該当しないこと。

→充足できなければ、利子税（2.1%）を附して納税猶予税額を納付する必要あり。（厚生年金加入者ベース）

[5年間経過後の要件]
○対象株式の継続保有。
○資産管理会社、総収入金額が零の会社に該当しないこと。

→充足できなければ、利子税を附して猶予税額（全部又は一部）を納付する必要あり。

次の場合には、相続税の猶予額を免除する
① 後継者が死亡した場合（事業継続期間中も同様。）
② 会社が破産又は特別清算した場合
③ 対象株式の時価が猶予税額を下回る中 当該株式の全てを第三者へ譲渡した場合（ただし時価相当額は納税）
④ 生前贈与を受けた次の後継者が贈与税の納税猶予を受ける場合

```
先代経営者 ──株式の相続→ 後継者
            納税猶予
            ※税務署に担保提供の必要あり。
            
            ↓（相続）
            
            会社 ←大臣認定→ 経済産業大臣
            
  毎年1回の大臣報告
  ↑
  事業継続期間（5年間）
  事業継続期間は毎年1回、その後は3年毎に
  税務署長へ届出も必要
```

出典：中小企業庁財務課「中小企業経営承継円滑化法申請マニュアル（平成25年4月改訂）」〈http://www.chusho.meti.go.jp/zaimu/shoukei/2013/130401shokeihou_san.pdf〉75・76頁

233

第5章　税務関係

〈図10〉　非上場株式等に係る相続税の納税猶予制度の概要
　　　　　（平成25年度改正については Q73 参照）

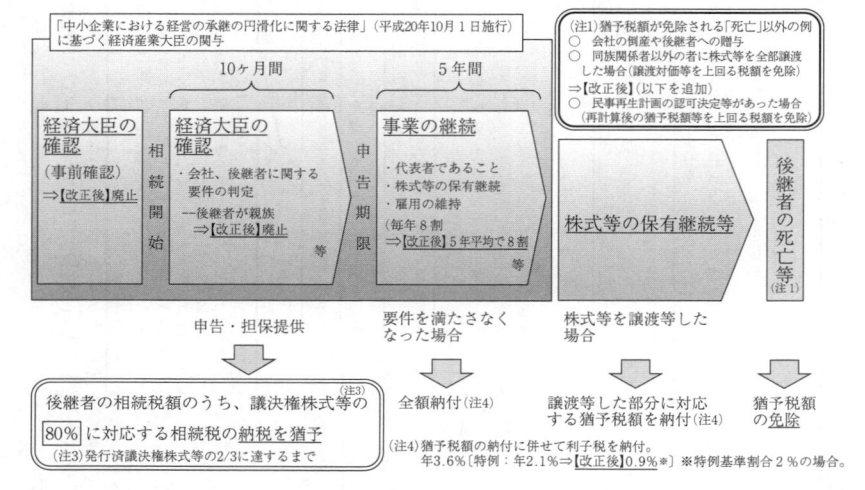

```
┌─────────────────────────────────────────────────────────────────────┐
│「中小企業における経営の承継の円滑化に関する法律」（平成20年10月1日施行）│  （注1）猶予税額が免除される「死亡」以外の例
│ に基づく経済産業大臣の関与                                          │  ○ 会社の倒産や後継者への贈与
└─────────────────────────────────────────────────────────────────────┘  ○ 同族関係者以外の者に株式等を全部譲渡
         　10ヶ月間　　　　　　　　5年間                                   した場合（譲渡対価等を上回る税額を免除）
                                                                         ⇒【改正後】（以下を追加）
┌────────┐ ┌────────┐ ┌────────┐                                        ○ 民事再生計画の認可決定等があった場合
│経済大臣の│ │経済大臣の│ │事業の継続│                                        　（再計算後の猶予税額等を上回る税額を免除）
│確認      │ │確認      │ │・代表者であること│
│（事前確認）│相│・会社、後継者に関する│申│・株式等の保有継続│株式等の保有継続等 ⇒ 後継者の死亡等（注1）
│⇒【改正後】廃止│続│　要件の判定│告│・雇用の維持│
│        │開│─後継者が親族│期│（毎年8割      │
│        │始│⇒【改正後】廃止│限│⇒【改正後】5年平均で8割）│
└────────┘ └────────┘ └────────┘
    │              │              │                │                │
    ▼              ▼              ▼                ▼                ▼
 申告・担保提供   要件を満たさなく   全額納付（注4）  譲渡等した部分に対応  猶予税額
                 なった場合                        する猶予税額を納付（注4） の免除
┌────────────────────────┐
│後継者の相続税額のうち、議決権株式等の（注3）│
│ 80% に対応する相続税の納税を猶予           │   （注4）猶予税額の納付に併せて利子税を納付。
│ （注3）発行済議決権株式等の2/3に達するまで │          年3.6%〔特例：年2.1%⇒【改正後】0.9%※〕※特例基準割合2%の場合。
└────────────────────────┘
```

（注）　改正後の制度は、平成27年1月1日以後の相続または遺贈（経産大臣の確認の廃止は平成25年4月1日以後の認定）に適用される。
　　　なお、利子税の軽減は、平成26年1月1日以後の期間に適用される。

出典：財務省ウェブサイト〈www.mof.go.jp/tax_policy/summary/property/270.htm〉

Q62 ■ ■ ■ ■ ■

> 長男が納税猶予を受けるために、Q61の要件のほかにも何か必要なことはあるのでしょうか。

A 納税猶予を受けるためには、Q61の要件のほかに、後継者は担保提供も必要となります。また、5年間の継続要件も必要となります。

■解　説

1　担保の提供

　納税猶予の特例はあくまで納税を繰り延べる制度ですから、Q61の要件を満たしたうえで、納税猶予税額とそれに伴う利子税の額に見合う担保の提供を要します。

　この場合、特例の適用を受ける非上場株式等のすべてを担保として提供した場合には、その特例非上場株式等の価額の合計額が当該納税猶予税額に満たないときであっても、納税猶予分の相続税額に相当する担保が提供されたものとみなされます（Q73参照）。

2　5年間の継続要件

　また、贈与税の申告期限から5年間は、以下①～⑤の要件を満たし続け、毎年贈与報告基準日の翌日から3カ月以内に経済産業大臣に対して事業継続に関する報告をする必要があります。

235

① 会社の代表者であること
② 雇用の80％以上を維持すること（ただし、パートなどの非正社員は除く）（平成25年度改正による要件緩和につき Q73 参照）
③ 贈与株式を継続保有していること
④ 後継者が筆頭株主であり続けること
⑤ 「資産管理会社」「風俗営業会社」「総収入金額がゼロの会社」に該当しないこと。

また、5年間、上記要件を充足したまま事業継続し、かつ、以下の事項に該当する場合には、相続税の納税額が免除されます。

ⓐ 経営承継相続人が死亡した場合
ⓑ 会社が破産または特別清算した場合
ⓒ 次の後継者に対象株式を一括贈与した場合
ⓓ 対象株式の時価が猶予税額を下回る中、その株式の譲渡を行なった場合（ただし、時価を超える猶予税額のみ免除）

なお、5年間の承継期間中に後継者が代表者を退任したり、雇用の80％維持の要件を満たさなくなった場合には、納税猶予にかかる期限が到来し、その猶予税額の全額を利子税と合わせて納税しなければならない点に注意を要します。

ただし、5年間は、対象株式等を一部でも譲渡すれば、全猶予税額の納期限が到来し、猶予税額の全額を納付する必要が生じるのに対して、5年経過後は、譲渡した株式等の割合に応じて猶予税額の納期限が到来することとなります。

Q63

仮に、長男が事業承継を拒否した場合は、どうなるのでしょうか。

A 親族内に、ほかに該当者がいる場合には、事業承継税制を活用することが可能な場合があります。

■解　説

　Q61のとおり、後継者である相続人等の要件については、相続開始から5カ月後において会社の代表者であり、被相続人である先代経営者の親族であることとなっていますが、ここでいう「親族」とは6親等内の血族、配偶者、3親等内の姻族をいいます。

　したがって、夢咲家の場合に、長男の友厚さんだけでなく長女の澪さんの両方が事業承継を拒否したとしても、勇さんあるいは妻の舞子さんの兄弟の子ども（甥姪）、もしくは勇さんの従兄弟姉妹の子ども（従姪甥）に該当者がいれば、事業承継税制を活用して株式を承継させることが可能となります（Q73参照）。

　ただし、この場合にも、筆頭株主要件等の他の要件（Q62参照）も満たさなければならないことは当然であり、注意を要します。

　また、1つの会社につき適用が受けられるのは1人に限られている点にもあわせて注意をする必要があります。

第5章 税務関係

〈図11〉 親族関係図

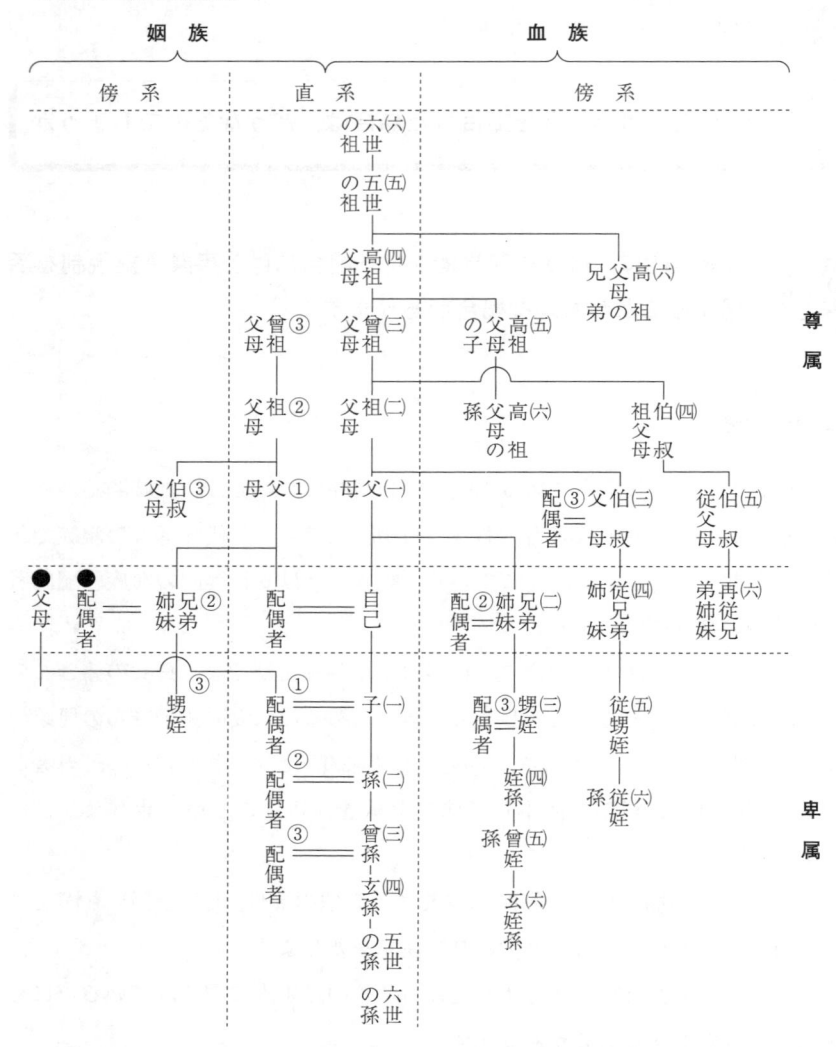

```
                         姻  族                              血  族
            ┌──────────────────┬──────────────┬──────────────────────────────┐
               傍  系              直  系                    傍  系
            ─ ─ ─ ─ ─ ─ ─ ─ ─ ─ ─ ─ ─ ─ ─ ─ ─ ─ ─ ─ ─ ─ ─ ─ ─ ─ ─ ─ ─ ─ ─ ─
                                 六世の祖(六)
                                    │
                                 五世の祖(五)
                                    │
                                 高祖父母(四) ──────────── 高祖父母(六)の兄弟
                                    │                          │
                      曾祖父母③ ── 曾祖父(三)── 高祖父母(五)の子
                         │          母                          
                         │           │                          │
                      祖父母② ── 祖父(二)── 高祖父母(六)の孫 ── 伯叔祖父母(四)
                         │          母                          │
                         │           │                          │
            伯叔父母③ ─ 父母① ── 父(一)母── 配偶者＝伯叔父(三)── 従伯叔父母(五)
                         │           │                母                      尊
            ─ ─ ─ ─ ─ ─ ─ ─ ─ ─ ─ ─ ─ ─ ─ ─ ─ ─ ─ ─ ─ ─ ─ ─ ─ ─ ─ ─ ─ ─ ─ ─ 属
    ●     ●         兄弟②     配偶者   自己   配偶者② 兄弟(二) 従兄弟(四)  再従兄(六)
   父母  配偶者 ═══  姉妹              │           姉妹         姉妹         弟姉
                         │                                     
                         │   ③     ①                ③                       
                         └─甥姪 ══ 配偶者 ─ 子(一) ─ 配偶者 ══ 甥姪(三)  従甥姪(五)
                                    ②                                       
                                   配偶者 ─ 孫(二)          姪孫(四)   従姪(六)
                                    ③                                       
                                   配偶者 ─ 曾孫(三)        曾姪孫(五)
                                            │                
                                          玄孫(四)          玄姪孫(六)     卑
                                            │                            属
                                          五世の孫
                                            │
                                          六世の孫
```

(一)印は血族とその親等、①印は姻族とその親等、●は親族でないことを示す。

238

Q64

> 納税猶予の認定要件のうち会社要件について、詳しく教えてください。

A 基本的には「中小企業基本法における中小企業」であること、Q61の会社要件に該当する会社であることが必要です。また、その他特定の会社に該当しないことも必要となります。

■解　説

1　会社の要件

納税猶予を受けるための会社の要件として、下記の6つの要件を満たす会社であることが必要となります。なお、経営承継円滑化法（施行規則）に規定する「3年以上継続して事業を行っている会社」という要件（Q14参照）は、相続税および贈与税の納税猶予制度の適用要件とはされていません。

① 中小企業基本法の中小企業であること
② 非上場会社であること
③ 風俗営業会社に該当しないこと
④ 資産管理会社（資産保有型会社、資産運用型会社）に該当しないこと
⑤ 総収入金額がゼロの会社でないこと
⑥ 従業員数がゼロの会社でないこと

ただし、資産保有会社・資産運用会社等でも、以下のように事業実態があると認められる場合は、適用することが可能となります。

> ⓐ　3年以上事業継続
> ⓑ　事務所、店舗・工場等の固定設備を所有または賃借
> ⓒ　常時使用する従業員5人以上（親族含む）（平成25年度税制改正につき Q73 参照）
>
> 　　　　　　　　　　　　　　　　　　　　　　　　　　　　　　など

　また、会社法で規定されている会社が前提のため、医療法人、社会福祉法人、NPO法人、弁護士法人、監査法人、税理士法人等は対象外です。

2　資産保有型会社とは

　資産保有型会社とは、総資産に占める特定資産（有価証券、遊休不動産、販売用不動産、賃貸用不動産、ゴルフ会員権、書画・骨董・貴金属、現預金、同族関係者貸付金等）の割合が帳簿価額ベースで70％以上の会社のことをいいます（平成25年度税制改正につき Q73 参照）。この場合、有価証券からは「実質的な子会社株式」は除かれます。

3　資産運用型会社とは

　資産運用型会社とは、直前の事業年度末の総収入金額に占める特定資産の運用収入割合が、75％以上の会社です（平成25年度税制改正につき Q73 参照）。ここで、総収入金額とは売上高＋営業収益および特別利益の合計額、特定資産の運用収入額は特定資産である株式の配当＋受取利息＋受取家賃や特手資産の譲渡収入です。

4　ユメサキメンテナンスの場合

　勇さんの会社は、中小企業基本法の中小企業に該当し、非上場会社です。また、ビルメンテナンス業という事業を営まれていることから、基本的に適用可能かと思われます。

Q65

Q64のほかに、適用が受けられないケースはあるのでしょうか。

A 認定を受けようとする会社がQ64の要件を満たしていたとしても、代表者と「生計を一にする親族」が上場企業等の大会社や風俗営業会社の株式を過半数有していた場合には、適用が認められません。

■解　説

1　特定特別子会社

　納税猶予を受けるための会社の要件は、認定を受けようとする会社だけでなく、その会社の「特別子会社」も対象となっています。すなわち、「特別子会社」が上場企業や風俗営業会社等の場合は、適用が認められません。

　特定特別子会社とは、「特別子会社」のうちその特別子会社の議決権を保有する代表者の親族の範囲が「代表者と生計を一にする親族」に限定されたものです。

　これは、いわゆる「同族関係者」の範囲が、配偶者、6親等以内の血族および3親等以内の姻族とされていることから、実務においては範囲が広すぎて「特別子会社」の把握が困難ではないかとの意見に応えて、「中小企業における経営の承継の円滑化に関する法律施行規則の一部を改正する省令」（平成23年6月30日経済産業省令第36号）において創設された概念です。

　すなわち、親族のうち、6親等以内の血族や3親等以内の姻族など、面識すらないような親族には配慮する必要がなくなり、「生計を一にする親族」

についてのみ、株式を保有している会社を確認すればよいことになりました。

2　特別子会社

　特別子会社とは、会社の代表者と当該代表者の同族関係者が合わせて総株主等議決件数の過半数を有している内国会社および外国会社をいいます。

　なお、会社法上の子会社とは異なる点に注意を要します。

3　同族関係者

　同族関係者とは会社の代表者と以下の関係のあるものをいいます。

---

① その代表権を有する者の親族

② その代表権を有するものと婚姻の届け出をしていないが事実上婚姻関係と同様の事情にあるもの

③ その代表権を有する者の使用人

④ ①～③以外の者で、その代表権を有する者から受ける金銭その他の資産によって生計を維持している者

⑤ ②～④の者と生計を一にするこれらの者の親族

⑥ 代表者と①～⑤の者が合わせて総株主等議決件数の過半数を有している会社

⑦ 代表者と①～⑥の者が合わせて総株主等議決件数の過半数を有している会社

⑧ 代表者と①～⑦の者が合わせて総株主等議決件数の過半数を有している会社

Q66

贈与税の納税猶予期間中に、私もしくは長男が亡くなった場合は、どのようになるのでしょうか。

A ①贈与者の死亡前に経営承継受贈者（長男）が死亡した場合、②贈与者（前代表者）が死亡した場合、に該当する場合には、猶予中の贈与税額に相当する額が免除されます。ただし、この場合、経営承継受贈者もしくはその相続人が、該当することとなった日から6カ月以内に税務署へ届出書を出さなければなりません。

■解　説

1　贈与者の死亡前に経営承継受贈者が死亡した場合

夢咲さんの場合、たとえば贈与者である勇さんの死亡前に経営承継受贈者である長男の友厚さんが死亡した場合、友厚さんの死亡により、相続が発生します。

猶予されていた贈与税が免除になりますが、友厚さんが保有する特例受贈非上場株式について、相続税が課税されます。

ただし、この非上場株式について、さらに贈与税の納税猶予の適用を受けることもできます。

2　贈与者が死亡した場合

贈与者である勇さんが死亡した場合、猶予されていた贈与税が免除されます。これに伴い、贈与により取得した特例受贈非上場株式は、相続または遺

第 5 章　税務関係

贈で取得したとみなし、相続税が課税されることになります。

　この場合、相続税が課税される価額は、贈与時の価額となります。

　ただし、この非上場株式については、相続税の納税猶予制度の適用に移行することも可能となります（Q67参照）。

　なお、免除事由に該当することになった日から 6 カ月以内に、届出書を所轄税務署長に提出することが必要です。

〈図12〉　非上場株式等に係る贈与税の納税猶予制度の概要（平成25年度改正についてはQ73参照）

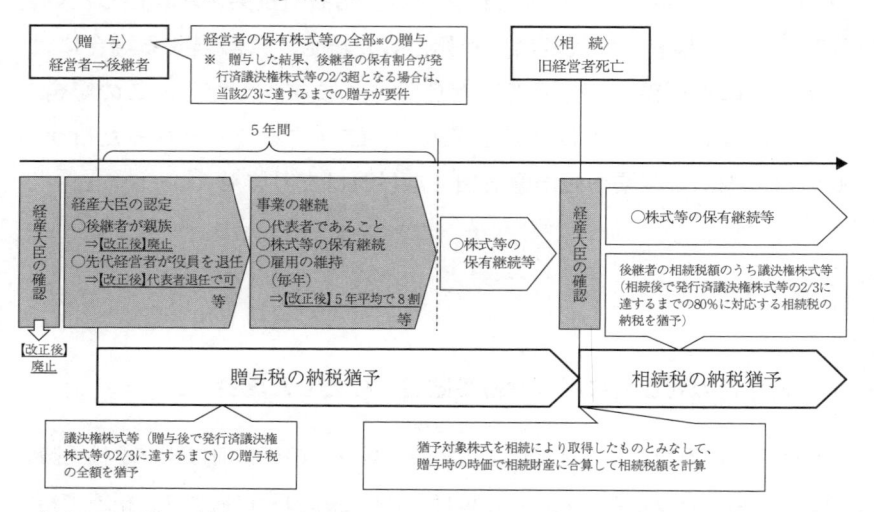

（注）　改正後の制度は、平成27年1月1日以後の贈与（経産大臣の確認の廃止は平成25年4月1日以後の認定）に適用される。

出典：財務省ウェブサイト〈http://www.mof.go.jp/tax_policy/summary/property/271.htm〉

Q67

　長男が贈与税の猶予を受けた後、私が死亡した場合にはどのようになるのでしょうか。

A　贈与税の納税猶予から相続税の納税猶予への切り替えにより、贈与税の猶予税額が免除されます。

■解　説

1　非上場株式等の贈与者が死亡した場合の相続税の課税の特例

　Q66で解説したとおり、贈与税の納税猶予の特例を受けている場合において、贈与者が死亡した場合は、猶予されていた贈与税は免除されますが、贈与者の死亡に伴う相続または遺贈に係る相続税については当然には免除されません。すなわち、後継者である長男については、贈与者から相続または遺贈により、その贈与の時における価額を基礎として計算された評価額で、その特例対象株式等の取得をしたものとみなされ（租税特別措置法70条の7の3第1項）、相続税が課税されます。

2　非上場株式等の贈与者が死亡した場合の相続税の納税猶予

　ただし、この相続税について、あらためて納税猶予制度を選択することができます。すなわち、あなたが死亡した場合の相続税の課税の特例の規定（租税特別措置法70条の7の3第1項）によって、あなたから相続または遺贈により取得したものとみなされた特例対象株式等につき、後継者が、相続税の申告書の提出により、納付すべき相続税額のうち、特例対象株式等にかか

る納税猶予額に相当する相続税について、一定の手続を行えば、その相続税の申告書の提出期限までにその納税猶予税額に相当する担保を提供した場合に限り、後継者の死亡の日まで、課税価格の80％に対応する相続税の納税を猶予することが可能となります（租税特別措置法70条の7の4第1項）。

Q68

納税猶予期間中に贈与税が免除されるケースがあると聞いたのですが、どのようなものでしょうか。

A　Q67のほか、非上場株式の全部譲渡、破産手続開始の決定、合併、株式移転・株式交換等の場合にも一部贈与税の納税猶予が受けられるケースがあります。

■解　説

1　非上場株式の全部譲渡

同族会社以外へ非上場株式等を全部譲渡した場合、次の①から②を控除した残額が免除されます。

> ①　猶予されている贈与税額
> ②　譲渡時の時価または譲渡対価のいずれか高い額＋過去の経営承継受贈者などに対する配当、損金不算入の役員給与の額

2　破産手続開始決定

破産手続の開始の決定、または特別清算開始の命令を受けた場合、次の①から②を控除した残額が免除されます。

> ①　猶予中の贈与税額
> ②　過去5年間の経営承継受贈者に対する配当、損金不算入の役員給与の額

3　合　併

同族会社以外との合併により消滅した場合は、次の①から②を控除した残額が免除されます。

> ①　猶予中の贈与税額
> ②　合併時の時価または合併対価のいずれか高い額＋過去5年間の経営承継受贈者に対する配当、損金不算入の役員給与の額

4　株式交換・移転

株式交換、株式移転により他の会社の完全子会社となった場合は、次の①から②を控除した残額が免除されます。

> ①　猶予中の贈与税額
> ②　株式交換、株式移転時の時価または株式交換、株式移転の対価のいずれか高い額＋過去5年間の経営承継受贈者に対する配当、損金不算入の役員給与の額

ただし、免除される直前の5年間に、経営承継受贈者やその受贈者と生計を一にしている者が、余剰金の配当や法人税法上損金不算入となる役員給与相当額を受け取っている場合は、その相当額につき納税する必要があります。

これは、贈与税の納税猶予を受けるために、経営承継受贈者が多額の配当や役員給与を受け取り、計画的に株価を引き下げたり、倒産したりしないための予防策です。

5　申　請

以上のような事由があり、所轄税務署に対して贈与税の申告書の提出期限の翌日から5年を経過する日または、贈与者の死亡の日のいずれか早い日までの期間までの間に申請し受理されれば免除されます。

Q69

納税猶予制度の要件を満たさなくなった場合はどうなるのでしょうか。

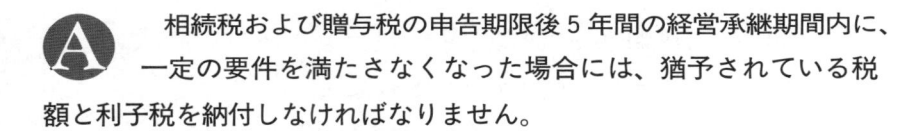

A 相続税および贈与税の申告期限後5年間の経営承継期間内に、一定の要件を満たさなくなった場合には、猶予されている税額と利子税を納付しなければなりません。

■解　説

1　納税猶予の継続適用要件

相続税および贈与税の法定申告期限から5年の間、または後継者の死亡の日のいずれか早い日までを経営承継期間とし、「事業継続」と「全株保有」が継続適用の要件となっています。この継続要件を満たしているか否かを確認するために、Q62記載の経済産業大臣への報告および税務署への届け出が義務づけられているわけです。

ただし、先代経営者（贈与者）の死亡に伴い贈与税の納税猶予から相続税の納税猶予に切替わった場合には（Q67参照）、贈与税の申告期限から5年間の経営承継要件をクリアしていれば、さらに相続税の納税猶予の際に5年間の経営承継要件を求められることはありません。

2　納税猶予の取消事由

この「事業継続」「全株保有」を満たさず納税猶予が取り消される事由は、事業承継円滑化法施行規則9条に以下のように定められています（2項は贈

与税の場合を、3項は相続税の場合を定めています)。

> **(贈与税・相続税共通)**
> ① 後継者が死亡したとき
> ② 後継者が代表者を退任したとき（ただし、代表者が身障者となった場合や要介護認定を受けた場合は除外されます）
> ③ 認定時の雇用の8割未満となったこと（平成25年度税制改正につきQ73参照）
> ④ 同族株主の持株比率が50%以下となったこと
> ⑤ 後継者が同族間で筆頭株主でなくなったこと
> ⑥ 適用対象株式の全部または一部を議決権制限株式にしたこと
> ⑦ 適用対象株式の全部または一部を譲渡・贈与したこと
> ⑧ 後継者以外の者がいわゆる拒否権付株式（黄金株）を保有すること
> ⑨ 会社が解散または解散したとみなされたこと
> ⑩ 会社が上場会社等または風俗営業会社に該当したこと
> ⑪ 会社が資産保有型会社・資産運用型会社に該当したこと
> ⑫ 会社の総収入金額がゼロになったこと
> ⑬ 会社の特定特別子会社が風俗営業会社に該当したこと
> ⑭ 5年間の報告を怠りまたは虚偽の報告をしたこと
> ⑮ 偽りその他不正の手段により認定を受けたこと
> ⑯ 資本金の額または準備金の額の減少を行ったこと
> ⑰ 組織変更があった場合で、金銭その他の資産の交付を受けたこと
> ⑱ 自ら認定取消しの申請を行う場合
> ⑲ 会社が適格交換を除き、株式交換により他の会社の完全子会社となったこと（ただし、完全親会社等が一定の要件に該当することについて経済産業大臣の確認を受けたときは、当該完全親会社等が会社の地位を承継したものとみなされます）。
> ⑳ 会社が適格合併を除き、合併により消滅した場合、認定は原則とし

て当然にその効力を失います。ただし、吸収合併存続会社等が、一定の要件に該当することについて経済産業大臣の確認を受けたときは、当該吸収合併存続会社等が会社の地位を承継したものとみなされます。

(贈与税)
① 先代経営者が代表者もしくは役員に復帰したこと（平成25年度税制改正につきQ73参照）
② 認定の有効期限までに先代経営者の相続が開始した場合に、相続税の納税猶予制度の適用を受けるための経済産業大臣の切替確認を受けていないとき

3　取消事由に該当した場合

　この制度は、あくまでも「納税猶予」を受けることができるものであり、一定の要件を満たさなくなった場合には、猶予されている税額と利子税を納付しなければならず、猶予期間が長期にわたると利子税負担も相当な額になってしまいます（原則3.6％、現行2.1％）（平成25年度税制改正につきQ73参照）。

　事業継続要件は厳しく、解散や倒産、増資や減資にも留意が必要となります（平成25年度税制改正につきQ73参照）。

　相続開始後5年以内に後継者の経営がうまくいかなくなった場合に、個人も納税猶予税額等を納付する資金的余裕を失って行き詰るケースや、5年経過後においても自社株の保有継続要件があることから、M&Aなどによる自社株の換金のチャンスを犠牲にすることにもなりかねません。

　ただし、前述のように、事業継続期間中に他社に吸収合併されたときは、一定の要件を満たす場合には、合併先の会社に認定を承継することができます。

第5章　税務関係

Q70

> 生命保険が相続対策に有効だと聞いたのですが、本当でしょうか。

A 　生命保険は指定した受取人固有の財産となるため、遺産分割を行うことなく、あげたい人に確実に財産を分けることが可能となります。また、納税資金対策としても活用が可能です。

■解　説

相続における生命保険の活用方法としては、「遺産分割対策」、「納税資金対策」、「相続税の軽減対策」の3つがあります。

1　遺産分割対策

相続財産のうち自社株や不動産の占める割合が多い場合には、相続財産を平等に分けることが困難になることが予想されます。

特に、夢咲さんの会社（ユメサキメンテナンス）のように、相続財産のうち半分以上を自社株が占める場合には、事業承継人である長男の友厚さんに自社株を相続させる必要があります。このような場合に、たとえば、友厚さんに自社株を相続させる代償として、長女の澪さんには生命保険を活用して財産を分けてあげる方法が有効となります。

死亡保険金は、保険契約上で指定した受取人の固有の財産となるため、遺産分割を行うことなく確実に受取人として指定された相続人のものとすることが可能となるのです。

2　納税資金対策

　ユメサキメンテナンスのように、相続財産に占める自社株式の割合が多い場合には、相続税の現金納付が厳しいケースが想定されます。

　このようなケースに、現金や預貯金の不足分を補うために、生命保険を活用して納税資金を確保することが可能となります。

3　相続税の軽減対策

　生命保険はQ47のように、法定相続人1人当たり500万円は非課税となり、相続税の課税対象となりません。この非課税枠を使って、法定相続人の人数×500万円を預貯金から生命保険に置き換えておくだけで、その分相続税の軽減対策として活用することができます。

Q71

> 非上場株式等にかかわる納税猶予制度や生命保険を活用してもなお、納税資金が不足する場合に、有効な納税原資対策はありますか。

A 延納や物納の活用のほか、会社への資産売却等が考えられます。ただし、延納や物納に関しては適用要件が定められているため事前に十分な検討を要します。

■解　説

1　納税資金対策

　夢咲さんの会社のように、相続財産の中に換金可能性が低く、評価額の高い自社株式や事業用不動産が多く含まれている場合には、非上場株式等にかかわる納税猶予制度の活用や生命保険による納税資金対策を実施しても、納税額が多額に上り納税資金が不足するケースが十分に想定されます。
　このような場合に、高い株式の評価額に応じて、経営者や後継者の金融資産を積み上げるための役員報酬の増額や、会社での自社株式の買取り（金庫株の活用）、延納や物納の活用等が考えられます。

2　延納制度の活用

　相続税は金銭による一時納付が原則ですが、金銭による納付が困難とする事由がある場合には、納付が困難とする金額を限度として年賦で納付することができます。この延納制度を受けるための要件は、以下のとおりです。また、延納期間中は、利子税の納付が必要となります。

① 相続税が10万円を超えること
② 金銭で納付することが困難とする事由があり、かつ、その納付を困難とする金額を限度としていること
③ 延納税額および利子税の額に相当する担保を提供すること
④ 延納しようとする相続税の納付期限または納付すべき日（延納申請期限）までに、延納申請書に担保提供関係書類を添付して税務署長に提出すること

3 物納制度の活用

延納によっても相続税を金銭で納付することが困難である場合には、物納制度により、金銭以外の物により相続税の納税をすることができます。ただし、この場合、以下のすべての要件を満たす必要があります。

① 延納によっても金銭で納付することを困難とする事由があり、かつ、その納付を困難とする金額を限度としていること
② 物納申請財産は、納付すべき相続税の課税価格計算の基礎となった相続税財産のうち、次に掲げる財産および順位で、その所在が日本国内にあること
　ⓐ 第1順位――国債、地方債、不動産、船舶
　ⓑ 第2順位――社債、株式、証券投資信託または貸付信託の受益証券
　ⓒ 第3順位――動産
③ 物納に充当できる財産は、管理処分不適格財産（注1）に該当しないものであることおよび物納劣後財産（注2）に該当する場合には、ほかに物納に充てるべき適当な財産がないこと
④ 物納しようとする相続税の納期限または納付すべき日（物納申請期限）までに、物納申請書に物納手続関係書類を添付して税務署長に提

出すること
（注1）　管理処分不適格財産とは、他者の権利が及んでいたり、現状のままでは処分することができないような財産をいいます。
（注2）　物納劣後財産とは、処分することが可能ではあるが、買い手が付きにくく、売却がはかどらないような財産で、以下のようなものが該当します。
　　・建築基準法に違反して建築された建物およびその敷地
　　・接道条件を満たしていない土地
　　・事業を休止している法人にかかる株式

Q72

> 会社分割を使った事業承継が節税対策等の観点から有効だと聞いたのですが、本当でしょうか。

A 分社型分割で事業を分社し、親会社が子会社に不動産を貸し付ける等の方法により株価の引下げが可能となります。

■解　説

　夢咲さんの会社（ユメサキメンテナンス）の貸借対照表を前提として、土地を残してそれ以外の事業を分社型新設分割によって分社し、土地を保有する親会社（持株会社）が子会社（事業会社）に対して土地を賃貸した場合を考えてみましょう。

〔表20〕　ユメサキメンテナンスの現状

①分社前

（単位：百万円）

科目	簿価	時価	科目	簿価	時価
（流動資産）	1,200	1,200	（流動負債）	500	500
（固定資産）			（固定負債）	500	500
建物	175	147			
土地	380	303	純資産	1,105	1,000
その他	350	350	（うち資本金）	(50)	(50)
	2,105	2,000		2,105	2,000

②分社後

・持株会社

(単位:百万円)

科目	簿価	時価	科目	簿価	時価
(固定資産)			(固定負債)	500	500
土地	380	303			
子会社株式	1,225	1,197	純資産	1,105	1,000
			(うち資本金)	(50)	(50)
	1,605	1,500		1,605	1,500

・事業会社

(単位:百万円)

科目	簿価	時価	科目	簿価	時価
(流動資産)	1,200	1,200	(流動負債)	500	500
(固定資産)					
建物	175	147			
			純資産	1,225	1,197
その他	350	350			
	1,725	1,697		1,725	1,697

分割前の1株あたり価額　522円（Q59より）
分割後の1株あたり価額
　1株当たり純資産価額　1,000円（変動なし）
　類似業種比準価額　134円（利益が10分の1、業種等の変更はないと仮定）
　1株当たり価額　480円（＝134円×0.60＋1,000円×0.4）

　このように、子会社である事業会社に対する土地の賃貸収入を低く抑えることにより類似業種比準価額を低価額に変化させることが可能となり、自己株式にかかわる相続税額を減額させることが可能となります。

　ただし、この場合、持株会社が「株式保有特定会社」や「土地保有特定会社」に該当しないように注意する必要があります。

Q73

平成27年に予定されている相続税・贈与税の改正のうち、事業承継税制に関係する改正について教えてください。

Q58のとおり、平成25年1月29日に閣議決定された「平成25年度税制改正大綱」に基づいて、関係改正法が平成25年3月29日に成立しました。これによる改正が、主に平成27年1月1日以降の相続・贈与から適用されることが予定されています。このうち事業承継税制に関係する部分については、要件緩和や手続負担の軽減が行われ、中小企業にとって活用しやすくなっています。

■解　説

1　納税猶予要件の緩和

(1)　雇用確保要件の緩和（Q62参照）

Q62で解説したとおり、納税猶予の適用を受けた後5年間は相続開始時または贈与時点の従業員数の80％を維持する必要があります。しかし、経済環境の激しい変化が続く中、たとえ一時期でも80％を下回ると納税猶予が打ち切りになり、非常にリスクが高いといえます。

そこで改正により、5年間の常時使用従業員数の平均が80％を下回った場合に緩和されることとなりました。

(2)　後継者の親族間承継要件の廃止

Q63で解説したとおり、納税猶予の適用を受けることができるのは先代経営者の親族に限られていました。

改正により、親族要件が撤廃されるため、たとえば親族外の番頭格に譲る場合にも納税猶予適用することが可能となりました。

(3) **先代経営者の役員退任要件の緩和（贈与税）（Q69参照）**

贈与税の納税猶予を受けるにあたって、先代経営者は認定会社の役員ではなく、また給与を受けることができませんでした。

改正法では、贈与時において代表権を持っていなければよく、また、給与の支給等を受けた場合でも、納税猶予の取消事由には該当しないことになりました。

2 負担の軽減

(1) **利子税の負担軽減**

経済産業大臣の認定の有効期間（5年間）の経過後に納税猶予税額の全部または一部を納付する場合において、当該期間中（5年間）の利子税を免除することとなりました。

また、利子税については現行の2.1％から0.9％へと引き下げられます（Q69参照）。

(2) **民事再生計画等に基づき事業再生を行う場合における納税猶予税額の再計算特例の創設（納税猶予額の一部免除）（Q68参照）**

民事再生計画の認可決定等があった場合には、その時点における株式等の価額に基づき納税猶予税額を再計算し、当該再計算後の納税猶予税額について、納税猶予を継続する特例が創設されました。

(3) **債務等を納税猶予税額に反映されやすくするための納税猶予税額の計算方法の見直し**

納税猶予税額の計算において、被相続人の債務および葬式費用を相続税の課税価格から控除する場合には、非上場株式等以外の財産の価額から控除することとされました。

3　手続の簡素化

(1)　事前確認制度の廃止（平成25年4月1日以降適用）

Q61で解説したとおり、非上場株式等の相続税および贈与税の納税猶予制度の適用を受けるためには経済産業大臣の事前確認が必要でしたが、これが廃止されました。

これに伴い、先代経営者が急死した場合でも相続税の納税猶予制度の適用を受けることが可能となりました。

(2)　提出書類の簡素化

相続税等の申告書、継続届出書等に関する添付書類のうち、一定のものについては、提出を要しないこととされました。

(3)　その他の使い勝手を向上させるための措置

(A)　株式不発行会社への適用範囲の拡大（Q62参照）

納税猶予制度を受けるためには、担保に提供するため、株券を実際に発行する必要がありました。しかし、改正法では株券不発行会社について、一定の要件を満たす場合には、株券の発行をしなくても、相続税・贈与税の納税猶予の適用を認めることとされました。

(B)　納税猶予税額に対する延納・物納の適用

雇用確保要件が満たされないために経済産業大臣の認定が取り消された場合において、納税猶予税額を納付しなければならないときは、延納または物納の適用を選択することができることとされました。

4　適正化措置

上記のような納税猶予制度の使い勝手を高める見直しのほか、以下のとおり適正化措置も講じられています。

(1)　資産保有型会社・資産運用型会社の要件（Q64参照）

適用対象となる資産保有型会社・資産運用型会社の要件について、次のとおり見直しが行われます。

> ① 常時使用従業員数が5人以上であることとする要件は、経営承継相続人等と生計を一にする親族以外の従業員数で判定することとされます。
> ② 商品の販売・貸付け等を行っていることとする要件について、経営承継相続人等の同族関係者等に対する貸付けを除外することとされます。

(2) **上場株式等を除外して納税猶予税額を計算**

資産保有型会社・資産運用型会社に該当する認定会社等を通じて上場株式等（1銘柄につき、発行済株式等の総数等の100分の3以上）を保有する場合には、納税猶予税額の計算上、当該上場株式等相当額を算入しないこととされます。

(3) **総収入額の計算方法（Q62・69参照）**

納税猶予の取消事由である「総収入金額がゼロとなった場合」について、総収入金額の範囲から営業外収益および特別利益を除外することとされます。

5 適用開始時期

これらの措置は、平成27年1月1日以降の相続・贈与より適用されます。

ただし、2(1)利子税の軽減については平成26年1月1日から適用となり、3(1)事前確認廃止制度については平成25年4月1日以降の相続・贈与より適用されています。

第3部
資 料 編

(資料1) 書式例1──取締役会議事録

取締役会議事録

　平成○○年○○月○○日14時から当社本店会議室において取締役会を開催した。
　　取締役総数　　　　　3名
　　出席した取締役　　　夢咲勇、安治一、中之島大河　以上3名
　　監査役総数　　　　　1名
　　出席した監査役　　　夢咲舞子　以上1名
　以上の出席により適法に成立したので、代表取締役社長夢咲勇は議長席につき、開催を宣し議案の審議に入る。

第1号議案　　臨時株主総会を招集する件
　　議長は本議案について、次のとおり臨時株主総会を招集することについて説明し、議場に諮ったところ全員異議なく承認可決した。
　　1．日　時　　平成○○年○○月○○日（水曜日）13時
　　2．場　所　　当社本店会議室

第2号議案　　臨時株主総会に付議する議案に関する件
　　議長は本議案について、次のとおり臨時株主総会に付議する議案及びその内容について説明し、議場に諮ったところ全員異議なく承認可決した。
　　【決議事項】
　　　議案　　定款変更の件（後記「定款変更案」のとおり）

　以上をもって全議案の審議を終了したので、議長は14時30分閉会を宣した。

　議事の経過の要領及びその結果を明らかにするため、議事録を作成して出席取締役及び出席監査役は以下に記名押印する。

平成○○年○○月○○日
　　株式会社ユメサキメンテナンス　取締役会
　　議長　代表取締役社長　　夢　咲　　　勇　　㊞

　　　　　取締役　　　　　　安　治　　　一　　㊞

　　　　　取締役　　　　　　中之島　　大　河　㊞

　　　　　監査役　　　　　　夢　咲　　舞　子　㊞

〈定款変更案〉

次のとおり定款を変更する。（下線部は変更箇所）

現行定款	変更案
第2章　株　式 第5条 　<u>当会社の発行する株式の総数は1,000株とし総て額面株式とする。</u> 　　　　　　【新設】	第2章　株　式 第5条 1.　当会社の発行可能株式総数は1,000株とし、うち普通株式800株、A種類株式200株とする。 2.<u>当会社の発行する各種類の株式の内容については、次のとおりとする。</u> 　(1)　<u>当会社は、本定款に定める期末配当金の支払いに際し、A種類株式を有する株主（以下「A種類株主」という。）又はA種類株式の登録株式質権者に対して、普通株式に先立ち、A種類株式1株につき1,000円の配当金（以下「優先配当金」という。但し、A種類株式につき、株式分割、株式併合又はこれらに類する事由があった場合には、A種類株式の価値が希薄化しないように適切に調整される。）を支払う。</u> 　(2)　<u>当会社は、A種類株主またはA種類株式の登録株式質権者に対して、前号の優先配当金を超えて配当はしない。</u> 　(3)　<u>当会社は、ある事業年度においてA種類株式に対する優先配当金の全部又は一部が支払われないときは、その不足額を翌事業年度以降に累積し、累積した不足額についてはA種類株式に対する優先配当金及び普通株式に対する期末配当金に先立ってこれをA種類株主又はA種類株式の登録株式質権者に支払う。</u> 　(4)　<u>A種類株主は、いつでも当会社に対して取得請求権を行使することができる。当会社は、その対価として、A種類株式1株につき普通株式1株（但し、A種類株式若しくは普通株式につき、株式分割、株式併合又はこれらに類する事項があった場合には、各種類株式の価値が希薄化しないように適切に調整される。）を交付する。</u> 　(5)　<u>A種類株主は、当会社の株主総会において議決権を行使することができない。</u>

以　上

(資料2) 書式例2——臨時株主総会招集通知

平成○○年○○月○○日

株 主 各 位

大阪市福島区野田一丁目○○番○○号
株式会社ユメサキメンテナンス
代表取締役社長　夢咲　　勇

臨時株主総会招集ご通知

　拝啓　時下益々ご清祥のこととお慶び申しあげます。
　さて、当社臨時株主総会を下記のとおり開催致しますので、何卒ご出席下さいますようご通知申しあげます。
　なお本総会の議案は、その決議に特別の定足数を必要としますので、当日ご出席願えない場合には、お手数ながら後記の参考書類をご検討下さいまして、同封委任状用紙に議案の賛否を明示され、お届けの印鑑をご押印のうえ、折返しご送付下さいますようお願い申しあげます。

敬　具

記

1．日　　時　　平成○○年○○月○○日（水曜日）13時

2．場　　所　　当社本店会議室

3．会議の目的事項
【決議事項】
　　議案　定款変更の件（後記「定款変更案」記載のとおり）

当日ご出席の際には、お手数ながら本状及び委任状用紙をご持参のうえ、会場受付へご提出下さい。

[議案の内容]

議案　定款変更の件

次のとおり定款を変更する。（下線部は変更箇所）

現行定款	変更案
第2章　株式 第5条 　当会社の発行する株式の総数は1,000株とし総て額面株式とする。 　　　　【新設】	第2章　株式 第5条 1.当会社の発行可能株式総数は1,000株とし、うち普通株式800株、A種類株式200株とする。 2.当会社の発行する各種類の株式の内容については、次のとおりとする。 (1)　当会社は、本定款に定める期末配当金の支払いに際し、A種類株式を有する株主（以下「A種類株主」という。）又はA種類株式の登録株式質権者に対して、普通株式に先立ち、A種類株式1株につき1,000円の配当金（以下「優先配当金」という。但し、A種類株式につき、株式分割、株式併合又はこれらに類する事由があった場合には、A種類株式の価値が希薄化しないように適切に調整される。）を支払う。 (2)　当会社は、A種類株主またはA種類株式の登録株式質権者に対して、前号の優先配当金を超えて配当はしない。 (3)　当会社は、ある事業年度においてA種類株式に対する優先配当金の全部又は一部が支払われないときは、その不足額を翌事業年度以降に累積し、累積した不足額についてはA種類株式に対する優先配当金及び普通株式に対する期末配当金に先立ってこれをA種類株主又はA種類株式の登録株式質権者に支払う。 (4)　A種類株主は、いつでも当会社に対して取得請求権を行使することができる。当会社は、その対価として、A種類株式1株につき普通株式1株（但し、A種類株式若しくは普通株式につき、株式分割、株式併合又はこれらに類する事項があった場合には、各種類株式の価値が希薄化しないように適切に調整される。）を交付する。 (5)　A種類株主は、当会社の株主総会において議決権を行使することができない。

以　上

（資料3） 書式例3 ──総会用委任状

（総会用）

委　任　状

　私は＿＿＿＿＿＿＿＿＿＿＿＿＿＿＿を代理人と定め、下記の権限を委任します。

記

　平成〇〇年〇〇月〇〇日開催の株式会社ユメサキメンテナンス臨時株主総会およびその延会または継続会に出席し、議案につき私の指示（〇印で表示）に従って議決権を行使すること。
　ただし、賛否の明示のない場合および総会の目的たる事項の範囲内で議案の修正がなされた場合はその決定を一任します。

　　　議案　　　原案に対して　　　賛　・　否

　　平成　　年　　月　　日

　　　　　議決権数　　　　　　　個

　　　　　　　　　住　所＿＿＿＿＿＿＿＿＿＿＿＿＿＿＿＿＿＿
　　　株　主
　　　　　　　　　氏　名＿＿＿＿＿＿＿＿＿＿＿＿＿＿＿＿＿印

(資料4) 書式例4────臨時株主総会議事録

臨時株主総会議事録

　平成〇〇年〇〇月〇〇日13時から、当社本店会議室において臨時株主総会を開催した。

　　議決権ある当社株主総数　　　　　　2名
　　この株主の有する議決権数　　　　　800個
　　出　席　株　主　数　　　　　　　　2名（委任状による者を含む）
　　出席株主の有する議決権の数　　　　800個
　　出席取締役　　　　代表取締役 夢咲勇、取締役 安治一、同 中之島大河
　　出席監査役　　　　監査役 夢咲舞子

　以上のとおり適法に成立したので、代表取締役社長夢咲勇は議長となって、本総会決議に必要な定足数を充足した旨告げて開会を宣した。

【決議事項】
　議案　定款変更の件
　　　議長は本議案について、後記定款変更案のとおり定款を変更したい旨説明し、議場に諮ったところ全員異議なく承認可決した。

　以上をもって全議案の審議を終了したので、議長は13時15分閉会を宣した。

　議事の経過の要領及びその結果等を明らかにするためこの議事録を作成し、出席役員は以下に記名押印する。

平成〇〇年〇〇月〇〇日
株式会社ユメサキメンテナンス　臨時株主総会

　　議長・代表取締役　　　　夢　咲　　　勇　　印　（議事録作成取締役）

　　　　　取締役　　　　　　安　治　　　一　　印

　　　　　取締役　　　　　　中之島　　大　河　印

　　　　　監査役　　　　　　夢　咲　　舞　子　印

〈定款変更案〉

次のとおり定款を変更する。（下線部は変更箇所）

現行定款	変更案
第2章　　株　式 第5条 　<u>当会社の発行する株式の総数は1,000株とし総て額面株式とする。</u> 　　　　【新設】	第2章　　株　式 第5条 1.　<u>当会社の発行可能株式総数は1,000株とし、うち普通株式800株、A種類株式200株とする。</u> 2.　<u>当会社の発行する各種類の株式の内容については、次のとおりとする。</u> 　(1)　<u>当会社は、本定款に定める期末配当金の支払いに際し、A種類株式を有する株主（以下「A種類株主」という。）又はA種類株式の登録株式質権者に対して、普通株式に先立ち、A種類株式1株につき1,000円の配当金（以下「優先配当金」という。但し、A種類株式につき、株式分割、株式併合又はこれらに類する事由があった場合には、A種類株式の価値が希薄化しないように適切に調整される。）を支払う。</u> 　(2)　<u>当会社は、A種類株主またはA種類株式の登録株式質権者に対して、前号の優先配当金を超えて配当はしない。</u> 　(3)　<u>当会社は、ある事業年度においてA種類株式に対する優先配当金の全部又は一部が支払われないときは、その不足額を翌事業年度以降に累積し、累積した不足額についてはA種類株式に対する優先配当金及び普通株式に対する期末配当金に先立ってこれをA種類株主又はA種類株式の登録株式質権者に支払う。</u> 　(4)　<u>A種類株主は、いつでも当会社に対して取得請求権を行使することができる。当会社は、その対価として、A種類株式1株につき普通株式1株（但し、A種類株式若しくは普通株式につき、株式分割、株式併合又はこれらに類する事項があった場合には、各種類株式の価値が希薄化しないように適切に調整される。）を交付する。</u> 　(5)　<u>A種類株主は、当会社の株主総会において議決権を行使することができない。</u>

以　上

(資料5) 書式例5──株式会社変更登記申請書

株式会社変更登記申請書

会社法人等番号　　株式会社 123456
商　　　　号　　株式会社ユメサキメンテナンス
本　　　店　　大阪市福島区野田一丁目○○番○○号
登 記 の 事 由　　発行可能種類株式総数及び発行する各種類の株式の内容の変更

登記すべき事項　　別紙のとおり

登録免許税額　　金30,000円

添 付 書 類
　株主総会議事録　　　　　　　　　　1通
　委 任 状　　　　　　　　　　　　　1通

上記のとおり登記を申請する。
平成○○年○○月○○日
　申　請　人　大阪市福島区野田一丁目○○番○○号
　　　　　　　株式会社ユメサキメンテナンス
　　　　　　　兵庫県尼崎市塚口町四丁目○○番○○号
　　　　　　　代表取締役　夢咲　　勇
（上記代理人）大阪市東区天神橋一丁目○○番○○号
　　　　　　　司法書士　絆　　承子　㊞

大阪法務局　御中

別紙　（登記すべき事項）

「発行可能種類株式総数及び発行する各種類の株式の内容」
普通株式　　800株
Ａ種類株式　200株
(1) 当会社は、定款に定める期末配当金の支払いに際し、Ａ種類株式を有する株主（以下「Ａ種類株主」という。）又はＡ種類株式の登録株式質権者に対して、普通株式に先立ち、Ａ種類株式１株につき1,000円の配当金（以下「優先配当金」という。但し、Ａ種類株式につき、株式分割、株式併合又はこれらに類する事由があった場合には、Ａ種類株式の価値が希薄化しないように適切に調整される。）を支払う。
(2) 当会社は、Ａ種類株主またはＡ種類株式の登録株式質権者に対して、前号の優先配当金を超えて配当はしない。
(3) 当会社は、ある事業年度においてＡ種類株式に対する優先配当金の全部又は一部が支払われないときは、その不足額を翌事業年度以降に累積し、累積した不足額についてはＡ種類株式に対する優先配当金及び普通株式に対する期末配当金に先立ってこれをＡ種類株主又はＡ種類株式の登録株式質権者に支払う。
(4) Ａ種類株主は、いつでも当会社に対して取得請求権を行使することができる。当会社は、その対価として、Ａ種類株式１株につき普通株式１株（但し、Ａ種類株式若しくは普通株式につき、株式分割、株式併合又はこれらに類する事項があった場合には、各種類株式の価値が希薄化しないように適切に調整される。）を交付する。
(5) Ａ種類株主は、当会社の株主総会において議決権を行使することができない。

「原因年月日」平成○○年○○月○○日変更

（資料6） 書式例6──登記用委任状

（登記用）

委　任　状

　　住所　大阪市東区天神橋一丁目○○番○○号
　　氏名　司法書士　絆　　　承　子

私は、上記の者を代理人と定め、次の権限を委任します。

1．当社の発行可能種類株式総数及び発行する各種類の株式の内容の変更登記申請に関する一切の件

2．原本還付請求及び受領に関する一切の件

3．登記申請の取下げ、登録免許税又は手数料の還付又は再使用証明の手続き及びその受領に関する一切の件

　　　平成○○年○○月○○日

　　　大阪市福島区野田一丁目○○番○○号
　　　株式会社ユメサキメンテナンス
　　　　代表取締役　夢　咲　　　勇

(資料7) 遺留分に関する民法の特例を利用するための相続人間での合意書記載例

　　旧代表者Ａの遺留分を有する推定相続人であるＢ、Ｃ及びＤは、中小企業における経営の承継の円滑化に関する法律（以下、単に「法」という）に基づき、以下のとおり合意する。

（目的―法7条1項1号）
第1条　本件合意は、ＢがＡからの贈与により取得したＹ社の株式につき遺留分の算定に係る合意等をすることにより、Ｙ社の経営の承継の円滑化を図ることを目的とする。

（確認―法3条2項及び3項）
第2条　Ｂ、Ｃ及びＤは、次の各事項を相互に確認する。
　① 　ＡがＹ社の代表取締役であったこと。
　② 　Ｂ、Ｃ及びＤがいずれもＡの推定相続人であり、かつ、これらの者以外にＡの推定相続人が存在しないこと。
　③ 　Ｂが、現在、Ｙ社の総株主（但し、株主総会において決議をすることができる事項の全部につき議決権を行使することができない株主を除く）の議決権〇〇個の過半数である〇〇個を保有していること。
　④ 　Ｂが、現在、Ｙ社の代表取締役であること。

（除外合意、固定合意―法4条1項1号及び2号）
第3条　Ｂ、Ｃ及びＤは、ＢがＡからの平成〇〇年〇〇月〇〇日付け贈与により取得したＹ社の株式〇〇株について、次のとおり合意する。
　① 　上記〇〇株うち□□株について、Ａを被相続人とする相続に際し、その価額を遺留分を算定するための財産の価額に導入しない。
　② 　上記〇〇株うち△△株について、Ａを被相続人とする相続に際し、遺留分を算定するための財産の価額に算入すべき価額を〇〇〇〇円（1株あたり☆☆☆円。弁護士××××が相当な価額として証明をしたもの）とする。

（衡平を図るための措置―法6条）
第4条　Ｂ、Ｃ及びＤは、Ａの推定相続人間の衡平を図るための措置として、次の贈与の全部について、Ａを被相続人とする相続に際し、その価額を遺留分を算定するための財産の価額に算入しないことを合意する。
　① 　ＣがＡから平成〇〇年〇〇月〇〇日付け贈与により取得した現金、1,000万円
　② 　ＤがＡから平成〇〇年〇〇月〇〇日付け贈与により取得した下記の土地
　　　〇〇所在〇〇番〇〇宅地〇〇 m²

（後継者以外の推定相続人がとることができる措置―法4条3項）
第5条　Ｂが第3条の合意の対象とした株式を処分したときは、Ｃ及びＤは、Ｂに対し、それぞれが、Ｂが処分した株式数に〇〇〇万円を乗じて得た金額を請求できるものとする。
2　ＢがＡの生存中にＹ社の代表取締役を退任したときは、Ｃ及びＤは、Ｂに

対し、それぞれ〇〇〇万円
を請求できるものとする。
3 　前二項のいずれかに該当したときは、C及びDは、共同して、本件合意を解除することができる。
4 　前項の規定により本件合意が解除されたときであっても、第1項又は第2項の金員の請求を妨げない。

（経済産業大臣の確認—法 7 条）
第 6 条　Bは、本件合意の成立後1ヵ月以内に、法7条所定の経済産業大臣の確認の申請をするものとする。
2 　C及びDは、前項の確認申請手続に必要な書類の収集、提出等、Bの同確認申請手続に協力するものとする。

（家庭裁判所の許可—法 8 条）
第 7 条　Bは、前条の経済産業大臣の確認を受けたときは、当該確認を受けた日から1ヵ月以内に、第3条及び第4条の合意につき、管轄家庭裁判所に対し、法8条所定の許可審判の申立をするものとする。
2 　C及びDは、前項の許可審判申立手続に必要な書類の収集、提出等、Bの同許可審判手続に協力するものとする。

出典：中小企業庁「事業承継と民法〈遺留分〉『事業承継を円滑に行うための遺留分に関する民法の特例』」（2012年9月）〈http://www.chusho.meti.go.jp/zaimu/shoukei/pamphlet/2012/download/1003Shoukei-3.pdf〉4頁

(資料8) 贈与税納税猶予制度認定申請書

様式第7

認定申請書

(施行規則第6条第1項第7号の事由に該当する場合)

年　　月　　日

経済産業大臣名　殿

便　　番　　号

会　社　所　在　地
会　　社　　名
電　　話　　番　　号
代表者の氏名　　　　　　　印

　中小企業における経営の承継の円滑化に関する法律第12条第1項の認定（同法施行規則第6条第1項第7号の事由に係るものに限る。）を受けたいので、下記のとおり申請します。

記

1　特別贈与認定中小企業者について

主たる事業内容		
資本金の額又は出資の総額		円
贈与の日		年　月　日
贈与認定申請基準日		年　月　日
贈与税申告期限		年　月　日
常時使用する従業員の数	贈与の時	贈与認定申請基準日
	(a)+(b)+(c)−(d)　人	(e)+(f)+(g)−(h)　人
厚生年金保険の被保険者の数	(a)　人	(e)　人
70歳以上75歳未満である健康保険の被保険者の数（*1）	(b)　人	(f)　人
70歳以上であって（*1）に該当しない常時使用する従業員の数	(c)　人	(g)　人

役員（使用人兼務役員を除く。）の数	(d)	人	(h)	人

施行規則第16条の確認（施行規則第17条第1項又は第2項の変更の確認をした場合には変更後の確認）に係る確認事項	確認の年月日及び番号	年　月　日　（　　号）
	特定代表者の氏名	
	特定後継者の氏名	

贈与認定申請基準事業年度（　年　月　日から　年　月　日まで）における特定資産等に係る明細表

種別		内容	利用状況	帳簿価額	運用収入
有価証券	特別子会社の株式又は持分（(*2)を除く。）			(1)　円	(12)　円
	資産保有型子会社又は資産運用型子会社に該当する特別子会社の株式又は持分(*2)			(2)　円	(13)　円
	特別子会社の株式又は持分以外のもの			(3)　円	(14)　円
不動産	現に自ら使用しているもの			(4)　円	(15)　円
	現に自ら使用していないもの			(5)　円	(16)　円
ゴルフ場その他の施設の利用に関する権利	事業の用に供することを目的として有するもの			(6)　円	(17)　円
	事業の用に供することを目的としないで有するもの			(7)　円	(18)　円
絵画、彫刻、工芸品その他の有形の文化的所産である動産、貴金属及び宝石	事業の用に供することを目的として有するもの			(8)　円	(19)　円
	事業の用に供することを目的としないで有するもの			(9)　円	(20)　円

現金、預貯金等	現金及び預貯金その他これらに類する資産			(10)　　　　円	(21)　　　　円
	経営承継受贈者及び当該経営承継受贈者に係る同族関係者等（施行規則第1条第12項第2号ホに掲げる者をいう。）に対する貸付金及び未収金その他これらに類する資産			(11)　　　　円	(22)　　　　円
特定資産の帳簿価額の合計額	(23)=(2)+(3)+(5)+(7)+(9)+(10)+(11)　　円	特定資産の運用収入の合計額			(25)=(13)+(14)+(16)+(18)+(20)+(21)+(22)　　円
資産の帳簿価額の総額	(24)　　　　円	総収入金額			(26)　　　　円
贈与認定申請基準事業年度終了の日以前の5年間（贈与の日前の期間を除く。）に経営承継受贈者及び当該経営承継受贈者に係る同族関係者に対して支払われた剰余金の配当等及び損金不算入となる給与の金額		剰余金の配当等			(27)　　　　円
		損金不算入となる給与			(28)　　　　円
特定資産の帳簿価額等の合計額が資産の帳簿価額等の総額に対する割合	(29)=((23)+(27)+(28))/((24)+(27)+(28))　　％	特定資産の運用収入の合計額が総収入金額に占める割合			(30)=(25)/(26)　　％
会社法第108条第1項第8号に掲げる事項について定めがある種類の株式（*3）の発行の有無					有□　　無□
(*3)を発行している場合にはその保有者	氏名（会社名）		住所（会社所在地）		

2　贈与者及び経営承継受贈者について

総株主等議決権数	贈与の直前	(a)	個
	贈与の時	(b)	個
	氏名		

贈与者	贈与の時の住所		
	贈与の時の役員への就任の有無	□有　□無	
	代表者であった時期	年　月　日から　年　月　日	
	代表者であって、同族関係者と合わせて申請者の総株主等議決権数の100分の50を超える数を有し、かつ、いずれの同族関係者（経営承継受贈者となる者を除く。）が有する議決権数をも下回っていなかった時期（*）	年　月　日から　年　月　日	
	(*)の時期における総株主等議決権数	(c)	個
	(*)の時期における同族関係者との保有議決権数の合計及びその割合	(d)+(e) ((d)+(e))／(c)	個 ％
	(*)の時期における保有議決権数及びその割合	(d) ((d))／(c)	個 ％
	(*)の時期における同族関係者	氏名（会社名）	住所（会社所在地）	保有議決権数及びその割合 (e) (e)／(c)	個 ％
	贈与の直前における同族関係者との保有議決権数の合計及びその割合	(f)+(g) ((f)+(g))／(a)	個 ％
	贈与の直前における保有議決権数及びその割合	(f) (f)／(a)	個 ％
	贈与の直前における同族関係者	氏名（会社名）	住所（会社所在地）	保有議決権数及びその割合 (g) (g)／(a)	個 ％
	(*2)から(*3)を控除した残数又は残額	(i)−(j)	株（円）
	贈与の直前の発行済株式又は出資（議決権の制限のない株式等に限る。）の総数又は総額（*1）	(h)	株（円）
	(*1)の3分の2（*2）	(i)=(h)×2／3	株（円）
	贈与の直前において経営承継受贈者が有していた株式等の数又は金額（*3）	(j)	株（円）
	贈与の直前において贈与者が有していた株		株（円）

279

		式等（議決権に制限のないものに限る。）の数又は金額		
		贈与者が贈与をした株式等（議決権の制限のないものに限る。）の数又は金額		株（円）
経営承継受贈者	氏名			
	住所			
	贈与の日における年齢			
	贈与の時における贈与者との続柄			
	贈与の時における代表者への就任の有無		□有　□無	
	贈与の日前3年以上にわたる役員への就任の有無		□有　□無	
	贈与の時における同族関係者との保有議決権数の合計及びその割合		(k)＋(l)＋(m)　　　　個 ((k)＋(l)＋(m))／(b)　　％	
	保有議決権数及びその割合	贈与の直前	(k)　　　　　個 (k)／(a)　　　％	贈与者から贈与により取得した数（*4）
		贈与の時	(k)＋(l)　　　個 ((k)＋(l))／(b)	(l)　　個
		(*4)のうち租税特別措置法第70条の7第1項の適用を受けようとする株式等に係る議決権の数（*5）		個
		(*5)のうち贈与認定申請基準日までに譲渡した数		個
	贈与の時における同族関係者	氏名（会社名）	住所（会社所在地）	保有議決権数及びその割合
				(m)　　　　個 (m)／(b)　　％

3　贈与の時以後における特別子会社について

区分	特定特別子会社に該当／非該当
会社名	
会社所在地	
主たる事業内容	
資本金の額又は出資の総額	円

総株主等議決権数		(a)		個
株主又は社員	氏名(会社名)	住所(会社所在地)	保有議決権数及びその割合	
			(b)	個
			(b)／(a)	％

(備考)
1　用紙の大きさは、日本工業規格Ａ４とする。
2　記名押印については、署名をする場合、押印を省略することができる。
3　申請書の写し及び施行規則第7条第2項各号に掲げる書類を添付する。
4　施行規則第6条第2項の規定により申請者が資産保有型会社又は資産運用型会社に該当しないものとみなれた場合には、その旨を証する書類を添付する。
5　贈与認定申請基準事業年度終了の日において申請者に特別子会社がある場合にあっては特別子会社に該当する旨を証する書類、当該特別子会社が資産保有型子会社又は資産運用型子会社に該当しないとき（施行規則第6条第2項の規定によりそれぞれに該当しないものとみなされた場合を含む。）には、その旨を証する書類を添付する。

(記載要領)
1　単位が「％」の欄は小数点第1位までの値を記載する。
2　「贈与認定申請基準事業年度（　年　月　日から　年　月　日まで）における特定資産等に係る明細表」については、贈与認定申請基準事業年度に該当する事業年度が複数ある場合には、その事業年度ごとに同様の表を記載する。「特定資産」又は「運用収入」については、該当するものが複数ある場合には同様の欄を追加して記載する。
3　「損金不算入となる給与」については、法人税法第34条及び第36条の規定により申請者の各事業年度の所得の金額の計算上損金の額に算入されないこととなる給与（債務の免除による利益その他の経済的な利益を含む。）の額を記載する。
4　「(*3)を発行している場合にはその保有者」については、申請者が会社法第108条第1項第8号に掲げる事項について定めがある種類の株式を発行している場合に記載し、該当する者が複数ある場合には同様の欄を追加して記載する。
5　「同族関係者」については、該当する者が複数ある場合には同様の欄を追加して記載する。
6　「(*1)の3分の2」については、1株未満又は1円未満の端数がある場合にあっては、その端数を切り上げた数又は金額を記載する。
7　「贈与者から贈与により取得した数」については、贈与の時以後のいずれかの時において申請者が合併により消滅した場合にあっては当該合併に際して交付された吸収合併存続会社の株式等（会社法第234条第1項の規定により競売しなければならない株式を除く。）に係る議決権の数、贈与の時以後のいず

れかの時において申請者が株式交換等により他の会社の株式交換完全子会社等となった場合にあっては当該株式交換等に際して交付された株式交換完全親会社等の株式等（会社法第234条第１項の規定により競売しなければならない株式を除く。）に係る議決権の数とする。
8 「特別子会社」については、贈与の時以後において申請者に特別子会社がある場合に記載する。特別子会社が複数ある場合には、それぞれにつき記載する。「株主又は社員」が複数ある場合には、同様の欄を追加して記載する。

出典：経済産業省近畿経済産業局ウェブサイト〈http://www.kansai.meti.go.jp/2chuusyou/shoukeisyoukeizouyu.htm〉

(資料9)　相続税納税猶予制度認定申請書

様式第8

認定申請書

(施行規則第6条第1項第8号の事由に該当する場合)

　　　　　　　　　　　　　　　　　　　　　　　　年　　月　　日

経済産業大臣名　殿
便　　番　　号
　　　　　　　　　　　　　　会社所在地
　　　　　　　　　　　　　　会　社　名
話　　番　　号
　　　　　　　　　　　　　　代表者の氏名　　　　　　　印

　中小企業における経営の承継の円滑化に関する法律第12条第1項の認定（同法施行規則第6条第1項第8号の事由に係るものに限る。）を受けたいので、下記のとおり申請します。

記

1　特別相続認定中小企業者について

主たる事業内容			
資本金の額又は出資の総額			円
相続の開始の日		年　月　日	
相続認定申請基準日		年　月　日	
相続税申告期限		年　月　日	
常時使用する従業員の数		相続の開始の時	相続認定申請基準日
		(a)+(b)+(c)−(d)　人	(e)+(f)+(g)−(h)　人
	厚生年金保険の被保険者の数	(a)　人	(e)　人
	70歳以上75歳未満である健康保険の被保険者の数（*1）	(b)　人	(f)　人
	70歳以上であって（*1）に該当しない常時使用する従業員の数	(c)　人	(g)　人
	役員（使用人兼務役員を除く。）の数	(d)　人	(h)　人

資料編

施行規則第16条の確認 (施行規則第17条第1項 又は第2項の変更の確認 をした場合には変更後の 確認)に係る確認事項	確認の有無	有□　無□
	確認の年月日及び番号	年　月　日（号）
	特定代表者の氏名	
	特定後継者の氏名	
	新たに特定後継者となることが見込まれる者の氏名	

相続認定申請基準事業年度（　年　月　日から　年　月　日まで）における特定資産等に係る明細表

種別		内容	利用状況	帳簿価額	運用収入
有価証券	特別子会社の株式又は持分（(*2)を除く。）			(1)　　円	(12)　　円
	資産保有型子会社又は資産運用型子会社に該当する特別子会社の株式又は持分(*2)			(2)　　円	(13)　　円
	特別子会社の株式又は持分以外のもの			(3)　　円	(14)　　円
不動産	現に自ら使用しているもの			(4)　　円	(15)　　円
	現に自ら使用していないもの			(5)　　円	(16)　　円
ゴルフ場その他の施設の利用に関する権利	事業の用に供することを目的として有するもの			(6)　　円	(17)　　円
	事業の用に供することを目的としないで有するもの			(7)　　円	(18)　　円
絵画、彫刻、工芸品その他の有形の文化的所産である動産、貴金属及び宝石	事業の用に供することを目的として有するもの			(8)　　円	(19)　　円
	事業の用に供するこ			(9)　　円	(20)　　円

	とを目的としないで有するもの				
現金、預貯金等	現金及び預貯金その他これらに類する資産			(10) 円	(21) 円
	経営承継相続人及び当該経営承継相続人に係る同族関係者等（施行規則第1条第12項第2号ホに掲げる者をいう。）に対する貸付金及び未収金その他これらに類する資産			(11) 円	(22) 円
特定資産の帳簿価額の合計額	(23)=(2)+(3)+(5)+(7)+(9)+(10)+(11) 円	特定資産の運用収入の合計額		(25)=(13)+(14)+(16)+(18)+(20)+(21)+(22) 円	
資産の帳簿価額の総額	(24) 円	総収入金額		(26) 円	
相続認定申請基準事業年度終了の日以前の5年間（相続の開始の日前の期間を除く。）に経営承継相続人及び当該経営承継相続人に係る同族関係者に対して支払われた剰余金の配当等及び損金不算入となる給与の金額		剰余金の配当等		(27) 円	
		損金不算入となる給与		(28) 円	
特定資産の帳簿価額等の合計額が資産の帳簿価額等の総額に対する割合	(29)=((23)+(27)+(28))／((24)+(27)+(28)) ％	特定資産の運用収入の合計額が総収入金額に占める割合		(30)=(25)／(26) ％	
会社法第108条第1項第8号に掲げる事項について定めがある種類の株式（*3）の発行の有無				有□ 無□	
(*3)を発行している場合にはその保有者	氏名（会社名）		住所（会社所在地）		

2　被相続人及び経営承継相続人について

総株主等議決権数	相続の開始の直前	(a)	個
	相続の開始の時	(b)	個

被相続人	氏名			
	最後の住所			
	相続の開始の日の年齢			
	代表者であった時期		年　月　日から　年　月　日	
	代表者であって、同族関係者と合わせて申請者の総株主等議決権数の100分の50を超える数を有し、かつ、いずれの同族関係者（経営承継相続人となる者を除く。）が有する議決権数をも下回っていなかった時期(*)		年　月　日から　年　月　日	
	(*)の時期における総株主等議決権数	(c)		個
	(*)の時期における同族関係者との保有議決権数		(d)+(e) ((d)+(e))／(c)	個 ％
		(*)の時期における保有議決権数及びその割合	(d) ((d))／(c)	個 ％
		(*)の時期における同族関係者	氏名（会社名）	住所（会社所在地）	保有議決権数及びその割合
					(e) (e)／(c) 　個 ％
	相続の開始の直前における同族関係者との保有議決権数の合計及びその割合		(f)+(g) ((f)+(g))／(a)	個 ％
		相続の開始の直前における保有議決権数及びその割合	(f) (f)／(a)	個 ％
		相続の開始の直前における同族関係者	氏名（会社名）	住所（会社所在地）	保有議決権数及びその割合
					(g) (g)／(a) 　個 ％
	氏名			
	住所			
	相続の開始の直前における被相続人との続柄			
	相続の開始の日の翌日から5月を経過する日における代表者への就任の有無		□有　□無	

経営承継相続人	相続の開始の直前における役員への就任の有無		□有 □無	
	相続の開始の時における同族関係者との保有議決権数の合計及びその割合		(h)+(i)+(j) 個 ((h)+(i)+(j))／(b) ％	
	保有議決権数及びその割合	相続の開始の直前	(h) 個 (h)／(a) ％	被相続人から相続又は遺贈により取得した数（*1）	(i) 個
		相続の開始の時	(h)+(i) 個 ((h)+(i))／(b) ％		
		（*1）のうち租税特別措置法第70条の7の2第1項の適用を受けようとする株式等に係る数（*2）			個
		（*2）のうち相続認定申請基準日までに譲渡した数			個
	相続の開始の時における同族関係者	氏名 (会社名)	住所 (会社所在地)	保有議決権数及びその割合	
				(j) 個 (j)／(b) ％	

3　相続の開始の時以後における特別子会社について

区分			特定特別子会社に　該当／非該当	
会社名				
会社所在地				
主たる事業内容				
資本金の額又は出資の総額				円
総株主等議決権数		(a)		個
株主又は社員	氏名(会社名)	住所(会社所在地)	保有議決権数及びその割合	
			(b) 個 (b)／(a) ％	

（備考）
1　用紙の大きさは、日本工業規格A4とする。
2　記名押印については、署名をする場合、押印を省略することができる。
3　申請書の写し及び施行規則第7条第3項各号に掲げる書類を添付する。
4　施行規則第6条第2項の規定により申請者が資産保有型会社又は資産運用型会社に該当しないものとみなされた場合には、その旨を証する書類を添付する。

5 　相続認定申請基準事業年度終了の日において申請者に特別子会社がある場合にあっては特別子会社に該当する旨を証する書類、当該特別子会社が資産保有型子会社又は資産運用型子会社に該当しないとき（施行規則第 6 条第 2 項の規定によりそれぞれに該当しないものとみなされた場合を含む。）には、その旨を証する書類を添付する。

（記載要領）
1 　「施行規則第16条の確認（施行規則第17条第 1 項又は第 2 項の変更の確認をした場合には変更後の確認）に係る確認事項」については、当該確認を受けていない場合には「確認の有無」以外は空欄とする。「新たに特定後継者となることが見込まれる者」については、当該確認を受けている場合であって該当する者がいないときには空欄とする。
2 　単位が「％」の欄は小数点第 1 位までの値を記載する。
3 　「相続認定申請基準事業年度（　年　月　日から　年　月　日まで）における特定資産等に係る明細表」については、相続認定申請基準事業年度に該当する事業年度が複数ある場合には、その事業年度ごとに同様の表を記載する。「特定資産」又は「運用収入」については、該当するものが複数ある場合には同様の欄を追加して記載する。
4 　「損金不算入となる給与」については、法人税法第34条及び第36条の規定により申請者の各事業年度の所得の金額の計算上損金の額に算入されないこととなる給与（債務の免除による利益その他の経済的な利益を含む。）の額を記載する。
5 　「(*3)を発行している場合にはその保有者」については、申請者が会社法第108条第 1 項第 8 号に掲げる事項について定めがある種類の株式を発行している場合に記載し、該当する者が複数ある場合には同様の欄を追加して記載する。
6 　「相続の開始の直前における保有議決権数の合計及びその割合」については、平成21年 3 月31日までに経営承継相続人がその被相続人から申請者の株式等を贈与により取得した場合であって、当該株式等が選択特定受贈同族会社株式等又は選択特定同族株式等であるときは、当該株式等（当該経営承継相続人が引き続き有している株式等に限る。）に係る議決権数及びその割合を加算して記載する。この場合、その旨を証する書類を添付する。
7 　「同族関係者」については、該当する者が複数ある場合には同様の欄を追加して記載する。
8 　「被相続人から相続又は遺贈により取得した数」については、相続の開始の時以後のいずれかの時において申請者が合併により消滅した場合にあっては当該合併に際して交付された吸収合併存続会社等の株式等（会社法第234条第 1 項の規定により競売しなければならない株式を除く。）に係る議決権の数、相続の開始の時以後のいずれかの時において申請者が株式交換等により他の会社の株式交換完全子会社等となった場合にあっては当該株式交換等に際して交付

された株式交換完全親会社等の株式等（会社法第234条第1項の規定により競売しなければならない株式を除く。）に係る議決権の数とする。
9 「特別子会社」については、相続の開始の時以後において申請者に特別子会社がある場合に記載する。特別子会社が複数ある場合には、それぞれにつき記載する。「株主又は社員」が複数ある場合には、同様の欄を追加して記載する。
10 申請者が施行規則第6条第3項に該当する場合には、「相続の開始」を「贈与」と読み替えて記載する。ただし、「相続の開始の日の翌日から5月を経過する日における代表者への就任」は「贈与の時における代表者への就任」と、「相続の開始の直前における役員への就任」は「贈与の日前3年以上にわたる役員への就任」と読み替えて記載する。

出典：経済産業省近畿経済産業局ウェブサイト〈http://www.kansai.meti.go.jp/2chuusyou/shoukei/syoukeisouzoku.htm〉

（資料10）　中小企業における経営の承継の円滑化に関する法律
（平成20年5月16日法律第33号）

第1章　総則
（目的）
第1条　この法律は、多様な事業の分野において特色ある事業活動を行い、多様な就業の機会を提供すること等により我が国の経済の基盤を形成している中小企業について、代表者の死亡等に起因する経営の承継がその事業活動の継続に影響を及ぼすことにかんがみ、遺留分に関し民法（明治29年法律第89号）の特例を定めるとともに、中小企業者が必要とする資金の供給の円滑化等の支援措置を講ずることにより、中小企業における経営の承継の円滑化を図り、もって中小企業の事業活動の継続に資することを目的とする。

（定義）
第2条　この法律において「中小企業者」とは、次の各号のいずれかに該当する者をいう。
　一　資本金の額又は出資の総額が3億円以下の会社並びに常時使用する従業員の数が300人以下の会社及び個人であって、製造業、建設業、運輸業その他の業種（次号から第4号までに掲げる業種及び第5号の政令で定める業種を除く。）に属する事業を主たる事業として営むもの
　二　資本金の額又は出資の総額が1億円以下の会社並びに常時使用する従業員の数が100人以下の会社及び個人であって、卸売業（第五号の政令で定める業種を除く。）に属する事業を主たる事業として営むもの
　三　資本金の額又は出資の総額が5000万円以下の会社並びに常時使用する従業員の数が100人以下の会社及び個人であって、サービス業（第5号の政令で定める業種を除く。）に属する事業を主たる事業として営むもの
　四　資本金の額又は出資の総額が5000万円以下の会社並びに常時使用する従業員の数が50人以下の会社及び個人であって、小売業（次号の政令で定める業種を除く。）に属する事業を主たる事業として営むもの
　五　資本金の額又は出資の総額がその業種ごとに政令で定める金額以下の会社並びに常時使用する従業員の数がその業種ごとに政令で定める数以下の会社及び個人であって、その政令で定める業種に属する事業を主たる事業として営むもの

第2章　遺留分に関する民法の特例
（定義）
第3条　この章において「特例中小企業者」とは、中小企業者のうち、一定期間以上継続して事業を行っているものとして経済産業省令で定める要件に該当する会社（金融商品取引法（昭和23年法律第25号）第2条第16項に規定する金融商品取

引所に上場されている株式又は同法第67条の11第１項の店頭売買有価証券登録原簿に登録されている株式を発行している株式会社を除く。）をいう。
2　この章において「旧代表者」とは、特例中小企業者の代表者であった者（代表者である者を含む。）であって、その推定相続人（相続が開始した場合に相続人となるべき者のうち被相続人の兄弟姉妹及びこれらの者の子以外のものに限る。以下同じ。）のうち少なくとも一人に対して当該特例中小企業者の株式等（株式（株主総会において決議をすることができる事項の全部につき議決権を行使することができない株式を除く。）又は持分をいう。以下同じ。）の贈与をしたものをいう。
3　この章において「後継者」とは、旧代表者の推定相続人のうち、当該旧代表者から当該特例中小企業者の株式等の贈与を受けた者又は当該贈与を受けた者から当該株式等を相続、遺贈若しくは贈与により取得した者であって、当該特例中小企業者の総株主（株主総会において決議をすることができる事項の全部につき議決権を行使することができない株主を除く。以下同じ。）又は総社員の議決権の過半数を有し、かつ、当該特例中小企業者の代表者であるものをいう。

（後継者が取得した株式等に関する遺留分の算定に係る合意等）
第４条　旧代表者の推定相続人は、そのうちの一人が後継者である場合には、その全員の合意をもって、書面により、次に掲げる内容の定めをすることができる。ただし、当該後継者が所有する当該特例中小企業者の株式等のうち当該定めに係るものを除いたものに係る議決権の数が総株主又は総社員の議決権の100分の50を超える数となる場合は、この限りでない。
　一　当該後継者が当該旧代表者からの贈与又は当該贈与を受けた旧代表者の推定相続人からの相続、遺贈若しくは贈与により取得した当該特例中小企業者の株式等の全部又は一部について、その価額を遺留分を算定するための財産の価額に算入しないこと。
　二　前号に規定する株式等の全部又は一部について、遺留分を算定するための財産の価額に算入すべき価額を当該合意の時における価額（弁護士、弁護士法人、公認会計士（公認会計士法（昭和23年法律第103号）第16条の２第５項に規定する外国公認会計士を含む。）、監査法人、税理士又は税理士法人がその時における相当な価額として証明をしたものに限る。）とすること。
2　次に掲げる者は、前項第２号に規定する証明をすることができない。
　一　旧代表者
　二　後継者
　三　業務の停止の処分を受け、その停止の期間を経過しない者
　四　弁護士法人、監査法人又は税理士法人であって、その社員の半数以上が第１号又は第２号に掲げる者のいずれかに該当するもの
3　旧代表者の推定相続人は、第１項の規定による合意をする際に、併せて、その全員の合意をもって、書面により、次に掲げる場合に後継者以外の推定相続人が

とることができる措置に関する定めをしなければならない。
　一　当該後継者が第1項の規定による合意の対象とした株式等を処分する行為をした場合
　二　旧代表者の生存中に当該後継者が当該特例中小企業者の代表者として経営に従事しなくなった場合

（後継者が取得した株式等以外の財産に関する遺留分の算定に係る合意等）
第5条　旧代表者の推定相続人は、前条第1項の規定による合意をする際に、併せて、その全員の合意をもって、書面により、後継者が当該旧代表者からの贈与又は当該贈与を受けた旧代表者の推定相続人からの相続、遺贈若しくは贈与により取得した財産（当該特例中小企業者の株式等を除く。）の全部又は一部について、その価額を遺留分を算定するための財産の価額に算入しない旨の定めをすることができる。

第6条　旧代表者の推定相続人が、第4条第1項の規定による合意をする際に、併せて、その全員の合意をもって、当該推定相続人間の衡平を図るための措置に関する定めをする場合においては、当該定めは、書面によってしなければならない。
2　旧代表者の推定相続人は、前項の規定による合意として、後継者以外の推定相続人が当該旧代表者からの贈与又は当該贈与を受けた旧代表者の推定相続人からの相続、遺贈若しくは贈与により取得した財産の全部又は一部について、その価額を遺留分を算定するための財産の価額に算入しない旨の定めをすることができる。

（経済産業大臣の確認）
第7条　第4条第1項の規定による合意（前2条の規定による合意をした場合にあっては、同項及び前2条の規定による合意。以下この条において同じ。）をした後継者は、次の各号のいずれにも該当することについて、経済産業大臣の確認を受けることができる。
　一　当該合意が当該特例中小企業者の経営の承継の円滑化を図るためにされたものであること。
　二　申請をした者が当該合意をした日において後継者であったこと。
　三　当該合意をした日において、当該後継者が所有する当該特例中小企業者の株式等のうち当該合意の対象とした株式等を除いたものに係る議決権の数が総株主又は総社員の議決権の100分の50以下の数であったこと。
　四　第4条第3項の規定による合意をしていること。
2　前項の確認の申請は、経済産業省令で定めるところにより、第4条第1項の規定による合意をした日から1月以内に、次に掲げる書類を添付した申請書を経済産業大臣に提出してしなければならない。
　一　当該合意の当事者の全員の署名又は記名押印のある次に掲げる書面
　　イ　当該合意に関する書面

ロ　当該合意の当事者の全員が当該特例中小企業者の経営の承継の円滑化を図るために当該合意をした旨の記載がある書面
　二　第4条第1項第2号に掲げる内容の定めをした場合においては、同号に規定する証明を記載した書面
　三　前2号に掲げるもののほか、経済産業省令で定める書類
3　第4条第1項の規定による合意をした後継者が死亡したときは、その相続人は、第1項の確認を受けることができない。
4　経済産業大臣は、第1項の確認を受けた者について、偽りその他不正の手段によりその確認を受けたことが判明したときは、その確認を取り消すことができる。

（家庭裁判所の許可）
第8条　第4条第1項の規定による合意（第5条又は第6条第2項の規定による合意をした場合にあっては、第4条第1項及び第5条又は第6条第2項の規定による合意）は、前条第1項の確認を受けた者が当該確認を受けた日から1月以内にした申立てにより、家庭裁判所の許可を受けたときに限り、その効力を生ずる。
2　家庭裁判所は、前項に規定する合意が当事者の全員の真意に出たものであるとの心証を得なければ、これを許可することができない。
3　前条第1項の確認を受けた者が死亡したときは、その相続人は、第1項の許可を受けることができない。

（合意の効力）
第9条　前条第1項の許可があった場合には、民法第1029条第1項の規定及び同法第1044条において準用する同法第903条第1項の規定にかかわらず、第4条第1項第1号に掲げる内容の定めに係る株式等並びに第5条及び第6条第2項の規定による合意に係る財産の価額を遺留分を算定するための財産の価額に算入しないものとする。
2　前条第1項の許可があった場合における第4条第1項第2号に掲げる内容の定めに係る株式等について遺留分を算定するための財産の価額に算入すべき価額は、当該定めをした価額とする。
3　前2項の規定にかかわらず、前条第1項に規定する合意は、旧代表者がした遺贈及び贈与について、当該合意の当事者（民法第887条第2項（同条第3項において準用する場合を含む。）の規定により当該旧代表者の相続人となる者（次条第4号において「代襲者」という。）を含む。次条第3号において同じ。）以外の者に対してする減殺に影響を及ぼさない。

（合意の効力の消滅）
第10条　第8条第1項に規定する合意は、次に掲げる事由が生じたときは、その効力を失う。
　一　第7条第1項の確認が取り消されたこと。
　二　旧代表者の生存中に後継者が死亡し、又は後見開始若しくは保佐開始の審判を受けたこと。

三 当該合意の当事者以外の者が新たに旧代表者の推定相続人となったこと。
四 当該合意の当事者の代襲者が旧代表者の養子となったこと。
第11条 削除

第3章 支援措置
（経済産業大臣の認定）
第12条 次の各号に掲げる者は、当該各号に該当することについて、経済産業大臣の認定を受けることができる。
一 会社である中小企業者（金融商品取引法第2条第16項に規定する金融商品取引所に上場されている株式又は同法第67条の11第1項の店頭売買有価証券登録原簿に登録されている株式を発行している株式会社を除く。）当該中小企業者における代表者の死亡等に起因する経営の承継に伴い、死亡したその代表者（代表者であった者を含む。）又は退任したその代表者の資産のうち当該中小企業者の事業の実施に不可欠なものを取得するために多額の費用を要することその他経済産業省令で定める事由が生じているため、当該中小企業者の事業活動の継続に支障が生じていると認められること。
二 個人である中小企業者他の個人である中小企業者の死亡等に起因する当該他の個人である中小企業者が営んでいた事業の経営の承継に伴い、当該他の個人である中小企業者の資産のうち当該個人である中小企業者の事業の実施に不可欠なものを取得するために多額の費用を要することその他経済産業省令で定める事由が生じているため、当該個人である中小企業者の事業活動の継続に支障が生じていると認められること。
2 前項の認定に関し必要な事項は、経済産業省令で定める。

（中小企業信用保険法の特例）
第13条 中小企業信用保険法（昭和25年法律第264号）第3条第1項に規定する普通保険、同法第3条の2第1項に規定する無担保保険又は同法第3条の3第1項に規定する特別小口保険の保険関係であって、経営承継関連保証（同法第3条第1項、第3条の2第1項又は第3条の3第1項に規定する債務の保証であって、前条第1項の認定を受けた中小企業者（以下「認定中小企業者」という。）の事業に必要な資金に係るものをいう。）を受けた認定中小企業者に係るものについての次の表の上欄に掲げる同法の規定の適用については、これらの規定中同表の中欄に掲げる字句は、同表の下欄に掲げる字句とする。

第3条第1項	保険価額の合計額が	中小企業における経営の承継の円滑化に関する法律第13条に規定する経営承継関連保証（以下「経営承継関連保証」という。）に係る保険関係の保険価額の合計額とその他の保険関係の保険価額の合計額とがそれぞれ

第3条の2第1項及び第3条の3第1項	保険価額の合計額が	経営承継関連保証に係る保険関係の保険価額の合計額とその他の保険関係の保険価額の合計額とがそれぞれ
第3条の2第3項	当該借入金の額のうち	経営承継関連保証及びその他の保証ごとに、それぞれ当該借入金の額のうち
	当該債務者	経営承継関連保証及びその他の保証ごとに、当該債務者
第3条の3第2項	当該保証をした	経営承継関連保証及びその他の保証ごとに、それぞれ当該保証をした
	当該債務者	経営承継関連保証及びその他の保証ごとに、当該債務者

（株式会社日本政策金融公庫法及び沖縄振興開発金融公庫法の特例）
第14条 株式会社日本政策金融公庫又は沖縄振興開発金融公庫は、株式会社日本政策金融公庫法（平成19年法律第57号）第11条又は沖縄振興開発金融公庫法（昭和47年法律第31号）第19条の規定にかかわらず、認定中小企業者（第12条第1項第1号に掲げる中小企業者に限る。）の代表者に対し、当該代表者が相続により承継した債務であって当該認定中小企業者の事業の実施に不可欠な資産を担保とする借入れに係るものの弁済資金その他の当該代表者が必要とする資金であって当該認定中小企業者の事業活動の継続に必要なものとして経済産業省令で定めるもののうち別表の上欄に掲げる資金を貸し付けることができる。
2　前項の規定による別表の上欄に掲げる資金の貸付けは、株式会社日本政策金融公庫法又は沖縄振興開発金融公庫法の適用については、それぞれ同表の下欄に掲げる業務とみなす。

（指導及び助言）
第15条 経済産業大臣は、中小企業者であって、その代表者の死亡等に起因する経営の承継に伴い、従業員数の減少を伴う事業の規模の縮小又は信用状態の低下等によって当該中小企業者の事業活動の継続に支障が生じることを防止するために、多様な分野における事業の展開、人材の育成及び資金の確保に計画的に取り組むことが特に必要かつ適切なものとして経済産業省令で定める要件に該当するものの経営に従事する者に対して、必要な指導及び助言を行うものとする。

第4章　雑則
（権限の委任）
第16条 この法律に規定する経済産業大臣の権限は、経済産業省令で定めるところにより、経済産業局長に委任することができる。

附　則
（施行期日）
第１条　この法律は、平成20年10月１日から施行する。ただし、第２章の規定は、公布の日から起算して１年を超えない範囲内において政令で定める日から施行する。
（相続税の課税についての措置）
第２条　政府は、平成20年度中に、中小企業における代表者の死亡等に起因する経営の承継に伴い、その事業活動の継続に支障が生じることを防止するため、相続税の課税について必要な措置を講ずるものとする。
（検討）
第３条　政府は、この法律の施行後五年を経過した場合において、この法律の施行の状況について検討を加え、必要があると認めるときは、その結果に基づいて所要の措置を講ずるものとする。

　　附　則（平成23年５月25日法律第53号）
この法律は、新非訟事件手続法の施行の日から施行する。

別表（第14条関係）

一　小口の資金	株式会社日本政策金融公庫法第11条第１項第１号の規定による同法別表第１第１号の下欄に掲げる資金の貸付けの業務又は沖縄振興開発金融公庫法第19条第１項の業務
二　農林漁業の持続的かつ健全な発展に資する長期かつ低利の資金	株式会社日本政策金融公庫法第11条第１項第１号の規定による同法別表第１第８号の下欄のチ、ヲ若しくはタに掲げる資金の貸付けの業務又は沖縄振興開発金融公庫法第19条第１項の業務
三　長期の資金（前号に掲げるものを除く。）	株式会社日本政策金融公庫法第11条第１項第１号の規定による同法別表第１第14号の下欄に掲げる資金の貸付けの業務又は沖縄振興開発金融公庫法第19条第１項の業務

(資料11)　中小企業における経営の承継の円滑化に関する法律施行規則（抄）
（平成21年3月31日経済産業省令第22号）

　中小企業における経営の承継の円滑化に関する法律（平成20年法律第33号）第3条第1項、第7条第2項、第12条、第14条第1項、第15条及び第16条の規定に基づき、並びに同法を実施するため、中小企業における経営の承継の円滑化に関する法律施行規則（平成20年経済産業省令第63号）の全部を改正する省令を次のとおり定める。

（定義）
第1条　この省令において「中小企業者」とは、中小企業における経営の承継の円滑化に関する法律（以下「法」という。）第2条に規定する中小企業者をいう。
2　この省令において「特例中小企業者」とは、法第3条第1項に規定する特例中小企業者をいう。
3　この省令において「旧代表者」とは、法第3条第2項に規定する旧代表者をいう。
4　この省令において「後継者」とは、法第3条第3項に規定する後継者をいう。
5　この省令において「戸籍謄本等」とは、戸籍の謄本若しくは抄本又は戸籍に記載した事項に関する証明書及び除かれた戸籍の謄本若しくは抄本又は除かれた戸籍に記載した事項に関する証明書をいう。
6　この省令において「従業員数証明書」とは、厚生年金保険法（昭和29年法律第115号）第21条第1項及び第22条第1項の規定による標準報酬月額の決定を通知する書類、健康保険法（大正11年法律第70号）第41条第1項及び第42条第1項の規定による標準報酬月額の決定を通知する書類その他の中小企業者の常時使用する従業員（次に掲げるいずれかに該当する者をいう。以下同じ。）の数を証するために必要な書類をいう。
　一　厚生年金保険法第9条、船員保険法（昭和14年法律第73号）第2条第1項又は健康保険法第3条第1項に規定する被保険者（厚生年金保険法第18条第1項若しくは船員保険法第15条第1項に規定する厚生労働大臣の確認又は健康保険法第39条第1項に規定する保険者等の確認があった者に限る。）
　二　当該中小企業者と2月を超える雇用契約を締結している者で75歳以上であるもの
7　この省令において「上場会社等」とは、金融商品取引法（昭和23年法律第25号）第2条第16項に規定する金融商品取引所（以下「金融商品取引所」という。）に上場されている株式又は同法第67条の11第1項の店頭売買有価証券登録原簿（以下「店頭売買有価証券登録原簿」という。）に登録されている株式を発行している株式会社をいう。
8　この省令において「事業用資産等」とは、中小企業者の事業の実施に不可欠な不動産（土地（土地の上に存する権利を含む。）又は建物及びその附属設備（当

該建物と一体として利用されると認められるものに限る。）若しくは構築物（建物と同一視しうるものに限る。）をいう。以下同じ。）及び動産並びに当該中小企業者に対する貸付金及び未収金をいう。

9　この省令において「同族関係者」とは、中小企業者の代表者（代表者であった者を含む。以下この項において同じ。）の関係者のうち次に掲げるものをいう。

　一　当該代表者の親族
　二　当該代表者と婚姻の届出をしていないが事実上婚姻関係と同様の事情にある者
　三　当該代表者の使用人
　四　前3号に掲げる者以外の者で当該代表者から受ける金銭その他の資産によって生計を維持しているもの
　五　前3号に掲げる者と生計を一にするこれらの者の親族
　六　次に掲げる会社
　　イ　代表者等（当該代表者及び当該代表者に係る前各号に掲げる者をいう。以下この号において同じ。）が会社の総株主等議決権数（総株主（株主総会において決議をすることができる事項の全部につき議決権を行使することができない株主を除く。）又は総社員の議決権の数をいう。以下同じ。）の100分の50を超える議決権の数を有する場合における当該会社
　　ロ　代表者等及びこれとイの関係がある会社が他の会社の総株主等議決権数の100分の50を超える議決権の数を有する場合における当該他の会社
　　ハ　代表者等及びこれとイ又はロの関係がある会社が他の会社の総株主等議決権数の100分の50を超える議決権の数を有する場合における当該他の会社

10　この省令において「特別子会社」とは、会社並びにその代表者及び当該代表者に係る同族関係者が他の会社（外国会社（会社法（平成17年法律第86号）第2条第2号に規定する外国会社をいう。以下同じ。）を含む。）の総株主等議決権数の100分の50を超える議決権の数を有する場合における当該他の会社をいう。

11　この省令において「大会社」とは、会社であって、中小企業者以外のものをいう。

12　この省令において「資産保有型会社」とは、一の日において、第1号及び第3号に掲げる金額の合計額に対する第2号及び第3号に掲げる金額の合計額の割合が100分の70以上である会社をいう。

　一　当該一の日における当該会社の資産の帳簿価額の総額
　二　当該一の日における次に掲げる資産（以下「特定資産」という。）の帳簿価額の合計額
　　イ　金融商品取引法第2条第1項に規定する有価証券及び同条第2項の規定により有価証券とみなされる権利（以下「有価証券」という。）であって、当該会社の特別子会社（資産の帳簿価額の総額に対する有価証券（当該特別子会社の特別子会社の株式又は持分を除く。）及びロからホまでに掲げる資産

(イにおいて「特別特定資産」という。）の帳簿価額の合計額の割合が100分の70以上である会社（第6条第2項において「資産保有型子会社」という。）又は当該一の日の属する事業年度の直前の事業年度における総収入金額に占める特別特定資産の運用収入の合計額の割合が100分の75以上である会社（同項において「資産運用型子会社」という。）以外の会社に限る。）の株式又は持分以外のもの
- ロ　当該会社が現に自ら使用していない不動産（不動産の一部分につき現に自ら使用していない場合は、当該一部分に限る。）
- ハ　ゴルフ場その他の施設の利用に関する権利（当該会社の事業の用に供することを目的として有するものを除く。）
- ニ　絵画、彫刻、工芸品その他の有形の文化的所産である動産、貴金属及び宝石（当該会社の事業の用に供することを目的として有するものを除く。）
- ホ　現金、預貯金その他これらに類する資産（次に掲げる者に対する貸付金、未収金その他これらに類する資産を含む。）
    (1) 経営承継受贈者（第6条第1項第7号トの経営承継受贈者をいう。次号において同じ。）又は経営承継相続人（同項第8号トの経営承継相続人をいう。次号において同じ。）
    (2) (1)に掲げる者の関係者のうち、第9条第6号中「会社」とあるのを「会社（外国会社を含む。）」と読み替えた場合における同項各号に掲げる者
- 三　次に掲げる期間において、当該会社の経営承継受贈者又は経営承継相続人及びこれらの者に係る同族関係者に対して支払われた剰余金の配当等（株式又は持分に係る剰余金の配当又は利益の配当をいう。以下同じ。）及び給与（債務の免除による利益その他の経済的な利益を含む。第9条第2項第21号において同じ。）のうち法人税法（昭和40年法律第34号）第34条及び第36条の規定により当該会社の各事業年度の所得の金額の計算上損金の額に算入されないこととなるものの金額
    - イ　当該会社の代表者が経営承継受贈者である場合にあっては、当該一の日以前の5年間（経営承継贈与者（第6条第1項第8号ト(7)の経営承継贈与者をいう。）からの贈与の日前の期間を除く。）
    - ロ　当該会社の代表者が経営承継相続人である場合にあっては、当該一の日以前の5年間（当該経営承継相続人の被相続人の相続の開始の日前の期間を除く。）
13　この省令において「資産運用型会社」とは、一の事業年度における総収入金額に占める特定資産の運用収入の合計額の割合が100分の75以上である会社をいう。
14　この省令において「支配関係」とは、一の者が他の法人の発行済株式又は持分（当該他の法人の自己の株式又は持分を除く。）の総数又は総額の100分の50を超える数又は金額の株式又は持分を直接又は間接に有する場合における当該一の者と当該他の法人との関係をいう。

（法第 3 条第 1 項の経済産業省令で定める要件）
第 2 条　法第 3 条第 1 項の経済産業省令で定める要件は、3 年以上継続して事業を行っていることとする。
（法第 7 条第 1 項の確認の申請）
第 3 条　法第 7 条第 2 項の申請書は、様式第 1 によるものとする。
2　法第 7 条第 2 項第 3 号の経済産業省令で定める書類は、次に掲げるものとする。
　一　法第 4 条第 1 項の規定による合意（法第 5 条又は第 6 条の規定による合意をした場合にあっては、同項及び第 5 条又は第 6 条の規定による合意。以下同じ。）の書面に当事者が押印した場合にあっては、当該当事者が押印した印鑑に係る印鑑登録証明書（法第 7 条第 1 項の確認を申請する日の前 3 月以内に作成されたものに限る。）
　二　法第 4 条第 1 項の規定による合意をした日（以下「合意日」という。）における特例中小企業者の定款の写し（会社法その他の法律の規定により定款の変更をしたものとみなされる事項がある場合にあっては、当該事項を記載した書面を含む。以下同じ。）
　三　特例中小企業者の登記事項証明書（法第 7 条第 1 項の確認を申請する日の前 3 月以内に作成されたものに限る。）
　四　合意日における特例中小企業者の従業員数証明書
　五　特例中小企業者の合意日の前 3 年以内に終了した各事業年度の会社法第 435 条第 2 項又は第 617 条第 2 項に規定する書類その他これらに類する書類
　六　特例中小企業者が上場会社等に該当しない旨の誓約書
　七　特例中小企業者が農地法（昭和 27 年法律第 229 号）第 2 条第 3 項に規定する農業生産法人（同法第 6 条第 1 項の報告をしなければならないものに限る。以下同じ。）である場合にあっては、合意日において農業生産法人である旨の農業委員会（農業委員会等に関する法律（昭和 26 年法律第 88 号）第 3 条第 1 項ただし書又は第 5 項の規定により農業委員会を置かない市町村にあっては、市町村長）の証明書
　八　旧代表者が合意日において特例中小企業者の代表者でない場合にあっては、旧代表者が当該特例中小企業者の代表者であった旨の記載のある登記事項証明書
　九　合意日における旧代表者と、その推定相続人（相続が開始した場合に相続人となるべき者のうち被相続人の兄弟姉妹及びこれらの者の子以外のものに限る。）全員との関係を明らかにするすべての戸籍謄本等
　十　特例中小企業者が株式会社である場合にあっては、合意日における株主名簿の写し
　十一　前各号に掲げるもののほか、法第 7 条第 1 項の確認の参考となる書類
3　第 1 項の申請書には、当該申請書の写し及び法第 7 条第 2 項第 1 号の書面の写し各 2 通を添付するものとする。

4　法第7条第1項の確認の申請は、特例中小企業者の主たる事業所の所在地を管轄する経済産業局を経由して行うことができる。

第4条　（略）

（確認書の交付）

第5条　経済産業大臣は、法第7条第1項の確認の申請を受けた場合において、当該確認をしたときは様式第2による確認書を交付し、当該確認をしない旨の決定をしたときは様式第3により申請者である後継者に対して通知しなければならない。

2　法第4条第1項の規定による合意の当事者は、経済産業大臣に対し、様式第4による申請書を提出して、法第7条第1項の確認をしたことを証明した書面（以下「確認証明書」という。）の交付を請求することができる。

3　確認証明書は、様式第5によるものとする。

（法第12条第1項の経済産業省令で定める事由）

第6条　法第12条第1項第1号の経済産業省令で定める事由は、中小企業者の代表者（代表者であった者を含む。）の死亡又は退任に起因する経営の承継に伴い生じる事由であって、次に掲げるものとする。

一　当該中小企業者又はその代表者が、当該中小企業者又は当該代表者以外の者が有する当該中小企業者の株式等（株式（株主総会において決議をすることができる事項の全部につき議決権を行使することができない株式を除く。）又は持分をいう。以下同じ。）又は事業用資産等を取得する必要があること。

二　当該中小企業者の代表者が相続若しくは遺贈（贈与をした者（以下「贈与者」という。）の死亡により効力を生ずる贈与を含む。以下同じ。）又は贈与（遺贈に含まれる贈与を除く。以下同じ。）により取得した当該中小企業者の株式等若しくは事業用資産等に係る多額の相続税又は贈与税を納付することが見込まれること（第7号又は第8号に掲げる事由に該当する場合を除く。）。

三　当該中小企業者の代表者（代表者であった者を含む。）が死亡又は退任した後の3月間における当該中小企業者の売上高又は販売数量（以下「売上高等」という。）が、前年同期の3月間における売上高等の100分の80以下に減少することが見込まれること。

四　仕入先（当該中小企業者の仕入額の総額に占める当該仕入先からの仕入額の割合が100分の20以上である場合における当該仕入先に限る。以下同じ。）からの仕入れに係る取引条件について当該中小企業者の不利益となる設定又は変更が行われたこと。

五　取引先金融機関（預金保険法（昭和46年法律第34号）第2条第1項に規定する金融機関、農水産業協同組合貯金保険法（昭和48年法律第53号）第2条第1項に規定する農水産業協同組合、株式会社日本政策金融公庫、株式会社国際協力銀行、沖縄振興開発金融公庫及び株式会社日本政策投資銀行であって、当該中小企業者の借入金額の総額に占める当該取引先金融機関からの借入金額の割

合が100分の20以上である場合における当該取引先金融機関に限る。以下同じ。）からの借入れに係る返済方法その他の借入条件の悪化、借入金額の減少又は与信取引の拒絶その他の取引先金融機関との取引に係る支障が生じたこと。
六　次に掲げるいずれかを内容とする判決が確定し、裁判上若しくは裁判外の和解があり、又は家事事件手続法（平成23年法律第52号）により審判が確定し、若しくは調停が成立したこと。
　　イ　当該中小企業者の代表者が当該中小企業者の株式等又は事業用資産等をもってする分割に代えて当該代表者が他の共同相続人に対して債務を負担する旨の遺産の分割
　　ロ　当該中小企業者の代表者が有する当該中小企業者の株式等又は事業用資産等に対して遺留分の減殺を受けた場合における当該株式等又は事業用資産等の返還義務を免れるための価額弁償
七　当該中小企業者が次に掲げるいずれにも該当する場合であって、当該中小企業者の代表者（当該代表者に係る贈与者からの贈与の時以後において代表者である者に限る。以下この号において同じ。）が贈与により取得した当該中小企業者の株式等に係る贈与税を納付することが見込まれること。
　　イ　当該贈与の時以後において、上場会社等（金融商品取引所若しくは店頭売買有価証券登録原簿に上場若しくは登録の申請がされている株式又は金融商品取引所若しくは店頭売買有価証券登録原簿に類するものであって外国に所在する若しくは備えられるものに上場若しくは登録若しくはこれらの申請がされている株式若しくは持分に係る会社を含む。以下この項において同じ。）又は風俗営業等の規制及び業務の適正化等に関する法律（昭和23年法律第122号）第2条第5項に規定する性風俗関連特殊営業に該当する事業を営む会社（以下「風俗営業会社」という。）のいずれにも該当しないこと。
　　ロ　当該贈与の日の属する事業年度の直前の事業年度の開始の日以後において、資産保有型会社に該当しないこと。
　　ハ　贈与認定申請基準事業年度（当該贈与の日の属する事業年度の直前の事業年度及び当該贈与の日の属する事業年度から贈与認定申請基準日（次に掲げる場合の区分に応じ、それぞれ次に定める日をいう。以下同じ。）の翌日の属する事業年度の直前の事業年度までの各事業年度をいう。以下同じ。）においていずれも資産運用型会社に該当しないこと。
　　　(1)　当該贈与の日が1月1日から10月15日までのいずれかの日である場合（(3)に規定する場合を除く。）　当該10月15日
　　　(2)　当該贈与の日が10月16日から12月31日までのいずれかの日である場合　当該贈与の日
　　　(3)　当該贈与の日の属する年の5月15日前に当該中小企業者の経営承継受贈者（トに規定する経営承継受贈者をいう。）又は経営承継贈与者（当該経営承継受贈者に係る贈与者をいう。）の相続が開始した場合　当該相続の

開始の日の翌日から５月を経過する日
ニ　贈与認定申請基準事業年度においていずれも総収入金額が零を超えること。
ホ　当該贈与の時において、当該中小企業者の常時使用する従業員の数が１人以上（当該中小企業者の特別子会社が外国会社に該当する場合（当該中小企業者又は当該中小企業者による支配関係がある法人が当該特別子会社の株式又は持分を有する場合に限る。）にあっては５人以上）であること。
ヘ　当該贈与の時以後において、当該中小企業者の特定特別子会社（第１条第９項第１号中「の親族」とあるのを「と生計を一にする親族」と読み替えた場合における同条第10項に規定する当該他の会社をいう。以下同じ。）が上場会社等、大会社又は風俗営業会社のいずれにも該当しないこと。
ト　当該中小企業者の代表者が次に掲げるいずれにも該当する者（２人以上あるときは、そのうちの当該中小企業者が定めた１人に限る。以下「経営承継受贈者」という。）であること。
　(1)　当該贈与により当該中小企業者の株式等を取得した代表者（代表権を制限されている者を除く。以下この号において同じ。）であって、当該贈与の時において、当該代表者に係る同族関係者と合わせて当該中小企業者の総株主等議決権数の100分の50を超える議決権の数を有し、かつ、当該代表者が有する当該株式等に係る議決権の数がいずれの当該同族関係者が有する当該株式等に係る議決権の数も下回らない者であること。
　(2)　当該贈与の時において、当該中小企業者の株式等の贈与者の親族であること。
　(3)　当該贈与の日において、20歳以上であること。
　(4)　当該贈与の日まで引き続き３年以上にわたり当該中小企業者の役員（会社法第329条第１項に規定する役員をいい、当該中小企業者が持分会社である場合にあっては、業務を執行する社員をいう。以下同じ。）であること。
　(5)　当該贈与の時以後において、当該代表者が当該贈与により取得した当該中小企業者の株式等（当該贈与の時以後のいずれかの時において当該中小企業者が合併により消滅した場合にあっては当該合併に際して交付された吸収合併存続会社等（会社法第749条第１項に規定する吸収合併存続会社又は同法第753条第１項に規定する新設合併設立会社をいう。以下同じ。）の株式等（同法第234条第１項の規定により競売しなければならない株式を除く。）、当該贈与の時以後のいずれかの時において当該中小企業者が株式交換又は株式移転（以下「株式交換等」という。）により他の会社の株式交換完全子会社等（同法第768条第１項第１号に規定する株式交換完全子会社又は同法第773条第１項第５号に規定する株式移転完全子会社をいう。以下同じ。）となった場合にあっては当該株式交換等に際して交付された株式交換完全親会社等（同法第767条に規定する株式交換完全親会社

又は同法第773条第1項第1号に規定する株式移転設立完全親会社をいう。以下同じ。）の株式等（同法第234条第1項の規定により競売しなければならない株式を除く。））のうち租税特別措置法（昭和32年法律第26号）第70条の7第1項の規定の適用を受けようとする株式等の全部を有していること。
　(6) 削除
　(7) 当該中小企業者の株式等の贈与者（当該贈与の時前において、当該中小企業者の代表者であった者に限る。）が、当該贈与の直前（当該贈与者が当該贈与の直前において当該中小企業者の代表者でない場合には、当該贈与者が当該代表者であった期間内のいずれかの時及び当該贈与の直前）において、当該贈与者に係る同族関係者と合わせて当該中小企業者の総株主等議決権数の100分の50を超える議決権の数を有し、かつ、当該贈与者が有する当該株式等に係る議決権の数がいずれの当該同族関係者（当該中小企業者の経営承継受贈者となる者を除く。）が有していた当該株式等に係る議決権の数も下回らなかった者であること。
　(8) 当該贈与の時において、当該中小企業者の株式等の贈与者が当該中小企業者の役員でないこと。
チ　当該贈与が、次の(1)又は(2)に掲げる場合の区分に応じ、当該(1)又は(2)に定める贈与であること。
　(1) 当該贈与の直前において、当該中小企業者の株式等の贈与者が有していた当該株式等（議決権に制限のない株式等に限る。以下チにおいて同じ。）の数又は金額が、当該中小企業者の発行済株式又は出資（議決権に制限のない株式等に限る。）の総数又は総額の3分の2（1株未満又は1円未満の端数がある場合にあっては、その端数を切り上げた数又は金額）から当該代表者（当該中小企業者の経営承継受贈者となる者に限る。）が有していた当該株式等の数又は金額を控除した残数又は残額以上の場合　当該控除した残数又は残額以上の数又は金額に相当する株式等の贈与
　(2) (1)に掲げる場合以外の場合　当該中小企業者の株式等の贈与者が当該贈与の直前において有していた当該株式等のすべての贈与
リ　当該中小企業者が会社法第108条第1項第8号に掲げる事項についての定めがある種類の株式を発行している場合にあっては、当該贈与の時以後において当該株式を当該中小企業者の代表者（当該中小企業者の経営承継受贈者となる者に限る。）以外の者が有していないこと。
ヌ　贈与認定申請基準日における当該中小企業者の常時使用する従業員の数が当該贈与の時における常時使用する従業員の数に100分の80を乗じて計算した数（その数に一未満の端数があるときは、その端数を切り上げた数）を下回らないこと。
八　当該中小企業者が次に掲げるいずれにも該当する場合であって、当該中小企

業者の代表者（当該代表者の被相続人（遺贈をした者を含む。以下同じ。）の相続の開始の日の翌日から５月を経過する日以後において代表者である者に限る。以下この号において同じ。）が相続又は遺贈により取得した当該中小企業者の株式等（次条第３項に規定する申請書を提出する時において、当該相続又は遺贈に係る共同相続人又は包括受遺者によってまだ分割されていないものを除く。）に係る相続税を納付することが見込まれること。

イ　当該相続の開始の時以後において、上場会社等又は風俗営業会社のいずれにも該当しないこと。

ロ　当該相続の開始の日の属する事業年度の直前の事業年度の開始の日以後において、資産保有型会社に該当しないこと。

ハ　相続認定申請基準事業年度（当該相続の開始の日の属する事業年度の直前の事業年度及び当該相続の開始の日の属する事業年度から相続認定申請基準日（当該相続の開始の日の翌日から５月を経過する日をいう。以下同じ。）の翌日の属する事業年度の直前の事業年度までの各事業年度をいう。以下同じ。）においていずれも資産運用型会社に該当しないこと。

ニ　相続認定申請基準事業年度においていずれも総収入金額が零を超えること。

ホ　当該相続の開始の時において、当該中小企業者の常時使用する従業員の数が１人以上（当該中小企業者の特別子会社が外国会社に該当する場合（当該中小企業者又は当該中小企業者による支配関係がある法人が当該特別子会社の株式又は持分を有する場合に限る。）にあっては５人以上）であること。

ヘ　当該相続の開始の時以後において、当該中小企業者の特定特別子会社が上場会社等、大会社又は風俗営業会社のいずれにも該当しないこと。

ト　当該中小企業者の代表者が次に掲げるいずれにも該当する者（２人以上あるときは、そのうちの当該中小企業者が定めた１人に限る。以下「経営承継相続人」という。）であること。

　(1)　当該相続又は遺贈により当該中小企業者の株式等を取得した代表者（代表権を制限されている者を除く。以下この号において同じ。）であって、当該相続の開始の時において、当該代表者に係る同族関係者と合わせて当該中小企業者の総株主等議決権数の100分の50を超える議決権の数を有し、かつ、当該代表者が有する当該株式等に係る議決権の数がいずれの当該同族関係者が有する当該株式等に係る議決権の数も下回らない者であること。

　(2)　当該相続の開始の直前において、当該被相続人の親族であったこと。

　(3)　当該相続の開始の直前において当該中小企業者の役員であったこと（当該代表者の被相続人が60歳未満で死亡した場合を除く。）。

　(4)　当該相続の開始の時以後において、当該代表者がその被相続人から相続又は遺贈により取得した当該中小企業者の株式等（当該相続の開始の時以後のいずれかの時において当該中小企業者が合併により消滅した場合にあっては当該合併に際して交付された吸収合併存続会社等の株式等（会社法

305

第234条第1項の規定により競売しなければならない株式を除く。)、当該相続の開始の時以後のいずれかの時において当該中小企業者が株式交換等により他の会社の株式交換完全子会社等となった場合にあっては当該株式交換等に際して交付された株式交換完全親会社等の株式等（同項の規定により競売しなければならない株式を除く。))のうち租税特別措置法第70条の7の2第1項の規定の適用を受けようとする株式等の全部を有していること。

 (5) 削除

 (6) 当該代表者の被相続人（当該相続の開始前において、当該中小企業者の代表者であった者に限る。）が、当該相続の開始の直前（当該被相続人が当該相続の開始の直前において当該中小企業者の代表者でない場合には、当該被相続人が当該代表者であった期間内のいずれかの時及び当該相続の開始の直前）において、当該被相続人に係る同族関係者と合わせて当該中小企業者の総株主等議決権数の100分の50を超える議決権の数を有し、かつ、当該被相続人が有する当該中小企業者の株式等に係る議決権の数がいずれの当該同族関係者（当該中小企業者の経営承継相続人となる者を除く。）が有していた当該株式等に係る議決権の数も下回らなかった者であること。

 (7) 当該中小企業者が特別贈与認定中小企業者等（第13条第1項の特別贈与認定中小企業者等をいう。）である場合にあっては、当該代表者の被相続人が当該特別贈与認定中小企業者等の経営承継贈与者（経営承継受贈者に係る贈与者をいう。以下同じ。）でなかったこと。

 チ 当該中小企業者が会社法第108条第1項第8号に掲げる事項についての定めがある種類の株式を発行している場合にあっては、当該相続の開始の時以後において当該株式を当該中小企業者の代表者（当該中小企業者の経営承継相続人となる者に限る。）以外の者が有していないこと。

 リ 相続認定申請基準日における当該中小企業者の常時使用する従業員の数が当該相続の開始の時における常時使用する従業員の数に100分の80を乗じて計算した数（その数に1未満の端数があるときは、その端数を切り上げた数）を下回らないこと。

九 前各号に掲げるもののほか、当該中小企業者の事業活動の継続に支障を生じさせること。

2 前項第7号及び第8号の規定の適用については、中小企業者の経営承継贈与者からの贈与の時又は中小企業者の経営承継相続人の被相続人の相続の開始の時において、当該中小企業者が次に掲げるいずれにも該当するときは当該中小企業者は資産保有型会社及び資産運用型会社に該当しないものとみなし、当該中小企業者の特別子会社が次に掲げるいずれにも該当するときは当該特別子会社は資産保有型子会社及び資産運用型子会社に該当しないものとみなす。

一　当該中小企業者の常時使用する従業員の数が5人以上であること。
二　当該中小企業者が、前号の常時使用する従業員が勤務している事務所、店舗、工場その他これらに類するものを所有し、又は賃借していること。
三　当該贈与の日又は当該相続の開始の日まで引き続き3年以上にわたり、次に掲げるいずれかの業務をしていること。
　　イ　商品販売等（商品の販売、資産の貸付け又は役務の提供で、継続して対価を得て行われるものをいい、その商品の開発若しくは生産又は役務の開発を含む。以下同じ。）
　　ロ　商品販売等を行うために必要となる資産（前号の事務所、店舗、工場その他これらに類するものを除く。）の所有又は賃借
　　ハ　イ及びロに掲げる業務に類するもの
3　中小企業者の代表者が、贈与（第1項第7号チ(1)又は(2)に掲げる場合の区分に応じ、当該(1)又は(2)に定める贈与に限る。）により当該中小企業者の株式等を取得していた場合において、当該贈与の日の属する年において当該株式等の贈与者の相続が開始し、かつ、当該贈与者からの相続又は遺贈により財産を取得したことにより相続税法（昭和25年法律第73号）第19条又は第21条の15の規定により当該贈与により取得した当該株式等の価額が相続税の課税価格に加算されることとなるとき（当該株式等について同法第21条の16の規定の適用がある場合を含む。）は、第1項第8号の規定の適用については、当該贈与者を当該代表者の被相続人と、当該贈与により取得した株式等を当該贈与者から相続又は遺贈により取得した株式等とみなす。この場合において、次の表の上欄に掲げる規定中同表の中欄に掲げる字句は、同表の下欄に掲げる字句と読み替えるものとする。

第1条第12項第3号ロ	の相続の開始	からの贈与
第6条第1項第8号	被相続人（遺贈をした者を含む。以下同じ。）の相続の開始の日の翌日から5月を経過する日	被相続人（遺贈をした者を含む。以下同じ。）からの贈与の時
第6条第1項第8号イ、ロ、ホ、ヘ、ト(1)、(2)及び(4)から(6)まで、チ並びにリ	当該相続の開始	当該代表者の被相続人からの贈与
第6条第1項第8号ハ	当該相続の開始の日の属する事業年度	当該代表者の被相続人からの贈与の日の属する事業年度
第6条第1項第8号ト(3)	当該相続の開始の直前	当該代表者の被相続人からの贈与の直前
	当該相続の開始の直前にお	当該代表者の被相続人か

	いて当該中小企業者の役員であったこと（次に掲げるいずれかに該当する場合を除く。）。	らの贈与の日まで引き続き3年以上にわたり当該中小企業者の役員であったこと。
第7条第3項第2号及び第5号から第9号まで	当該相続の開始	当該経営承継相続人の被相続人からの贈与
第9条第3項第3号	当該認定に係る相続の開始	当該特別相続認定中小企業者の経営承継相続人の被相続人からの贈与

4　中小企業者は、当該中小企業者が第1項第7号の事由に係る法第12条第1項の認定を受ける前に受贈者（当該中小企業者の株式等を贈与により取得した者をいう。）が死亡した場合（当該贈与の日の属する年の翌年の1月15日までに当該受贈者が死亡した場合に限る。）において、当該死亡の直前に当該受贈者が贈与により取得した当該株式等に係る贈与税を納付することが見込まれることにより当該中小企業者が第1項第7号に該当していたときは、当該中小企業者の代表者が当該受贈者から相続又は遺贈により取得した当該中小企業者の株式等に係る相続税を納付することが見込まれることにより当該中小企業者が第1項第8号の事由に係る法第12条第1項の認定を受けることができるときに限り、その認定と併せて、当該受贈者が贈与により取得した当該株式等に係る贈与税を納付することが見込まれることにより第1項第7号の事由に係る法第12条第1項の認定を受けることができる。

5　中小企業者は、当該中小企業者が第1項第8号の事由に係る法第12条第1項の認定を受ける前に第一次経営承継相続人（当該中小企業者の株式等を相続又は遺贈により取得した者をいう。）が死亡した場合（当該相続の開始の日の翌日から8月を経過する日までに当該第一次経営承継相続人が死亡した場合に限る。）において、当該死亡の直前に当該第一次経営承継相続人が相続又は遺贈により取得した当該株式等に係る相続税を納付することが見込まれることにより当該中小企業者が第1項第8号（同号の適用については、当該第一次経営承継相続人がその被相続人の相続の開始の日の翌日から5月を経過する日までに死亡した場合にあっては、当該第一次経営承継相続人が当該中小企業者の代表者とならなかったときにおいても、代表者となったものとみなす。）に該当していたときは、当該中小企業者の代表者（以下「第二次経営承継相続人」という。）が当該第一次経営承継相続人から相続又は遺贈により取得した当該中小企業者の株式等に係る相続税を納付することが見込まれることにより当該中小企業者が第1項第8号の事由に係る法第12条第1項の認定を受けることができるときに限り、その認定と併せて、当該第一次経営承継相続人が相続又は遺贈により取得した当該株式等に係る相続税を納付することが見込まれることにより第1項第8号の事由に係る法第12

条第1項の認定を受けることができる。
6　法第12条第1項第2号の経済産業省令で定める事由は、他の個人である中小企業者の死亡又は当該他の個人である中小企業者が営んでいた事業の譲渡に起因する当該事業の経営の承継に伴い生じる事由であって、次に掲げるものとする。
　一　当該中小企業者が、当該中小企業者以外の者が有する当該中小企業者の事業用資産等を取得する必要があること。
　二　当該中小企業者が相続若しくは遺贈又は贈与により取得した当該中小企業者の事業用資産等に係る相続税又は贈与税を納付することが見込まれること。
　三　当該他の個人である中小企業者が死亡又は当該他の個人である中小企業者が営んでいた事業を譲渡した後の3月間における当該中小企業者の売上高等が、前年同期の3月間における売上高等の100分の80以下に減少することが見込まれること。
　四　仕入先からの仕入れに係る取引条件について当該中小企業者の不利益となる設定又は変更が行われたこと。
　五　取引先金融機関からの借入れに係る返済方法その他の借入条件の悪化、借入金額の減少又は与信取引の拒絶その他の取引先金融機関との取引に係る支障が生じたこと。
　六　次に掲げるいずれかを内容とする判決が確定し、裁判上若しくは裁判外の和解があり、又は家事事件手続法により審判が確定し、若しくは調停が成立したこと。
　　イ　当該中小企業者がその事業用資産等をもってする分割に代えて当該中小企業者が他の共同相続人に対して債務を負担する旨の遺産の分割
　　ロ　当該中小企業者が有するその事業用資産等に対して遺留分の減殺を受けた場合における当該事業用資産等の返還義務を免れるための価額弁償
　七　前各号に掲げるもののほか、当該中小企業者の事業活動の継続に支障を生じさせること。

（認定の申請）
第7条　法第12条第1項の認定（前条第1項第7号又は第8号の事由に係るものを除く。）を受けようとする中小企業者は、様式第6による申請書に、当該申請書の写し1通及び次に掲げる書類（前条第1項各号（第7号及び第8号を除く。）又は第6項各号に掲げる事由のうち当該中小企業者に生じているものを証するために必要なものに限る。）を添付して、経済産業大臣に提出するものとする。
　一　当該中小企業者の代表者の被相続人（当該中小企業者が個人である場合にあっては、当該個人の被相続人）の戸籍謄本等
　二　当該中小企業者又はその代表者が譲受けの申込みをしようとする事業用資産等の登記事項証明書（当該事業用資産等が不動産である場合に限る。）及び当該事業用資産等の価格を証する書類
　三　当該中小企業者の代表者（当該中小企業者が個人である場合にあっては、当

該個人）が相続若しくは遺贈又は贈与により取得した当該中小企業者の株式等若しくは事業用資産等に係る相続税又は贈与税の見込額を記載した書類
　四　前条第１項第６号又は第６項第６号の判決、裁判上若しくは裁判外の和解、審判又は調停に係る判決書、和解契約書、裁判上の和解の調書、審判書又は調停の調書
　五　当該中小企業者の売上高等が減少することが見込まれることを証する書類
　六　仕入先からの仕入れに係る取引条件について当該中小企業者の不利益となる設定又は変更が行われたことを証する書類
　七　取引先金融機関からの借入れに係る返済方法その他の借入条件の悪化、借入金額の減少又は与信取引の拒絶その他の取引先金融機関との取引に係る支障が生じたことを証する書類
　八　法第12条第１項の認定を申請する日（以下「認定申請日」という。）における当該中小企業者の従業員数証明書
　九　当該中小企業者が会社である場合にあっては、次に掲げる書類
　　イ　登記事項証明書（認定申請日の前３月以内に作成されたものに限る。）
　　ロ　認定申請日における当該中小企業者の定款の写し
　　ハ　当該中小企業者の認定申請日の属する事業年度の直前の事業年度の会社法第435条第２項又は第617条第２項に規定する書類その他これらに類する書類
　　ニ　当該中小企業者が株式会社である場合にあっては、認定申請日における株主名簿の写し
　　ホ　当該中小企業者が上場会社等に該当しない旨の誓約書
　　ヘ　当該中小企業者又はその代表者が譲受けの申込みをしようとする当該中小企業者の株式等の価格を証する書類
　　ト　当該中小企業者又はその代表者以外の者が当該中小企業者の事業用資産等を有していることを証する書類
　十　当該中小企業者が個人である場合にあっては、次に掲げる書類
　　イ　当該中小企業者の認定申請日の属する年の前年の会計帳簿及び貸借対照表又はこれらに準ずる書類並びに事業内容の概要を記載した書類
　　ロ　当該中小企業者以外の者が当該中小企業者の事業用資産等を有していることを証する書類
　　ハ　他の個人である中小企業者との間の事業の譲渡に関する契約書
　十一　前各号に掲げるもののほか、法第12条第１項の認定（前条第１項第７号又は第８号の事由に係るものを除く。）の参考となる書類
２　法第12条第１項の認定（前条第１項第７号の事由に係るものに限る。）を受けようとする会社である中小企業者は、当該認定に係る贈与の日の属する年の翌年の１月15日（当該贈与に係る贈与税申告期限（次条第２項の贈与税申告期限をいう。以下この項において同じ。）前に当該中小企業者の経営承継贈与者の相続が開始した場合（当該贈与の日の属する年において当該経営承継贈与者の相続が開

始し、かつ、当該中小企業者の経営承継受贈者が当該経営承継贈与者からの相続又は遺贈により財産を取得したことにより相続税法第19条又は第21条の15の規定により当該贈与により取得した当該株式等の価額が相続税の課税価格に加算されることとなる場合（当該株式等について同法第21条の16の規定の適用がある場合を含む。）を除く。）にあっては当該経営承継贈与者の相続の開始の日の翌日から8月を経過する日又は当該贈与の日の属する年の翌年の1月15日のいずれか早い日、当該贈与税申告期限前に当該経営承継受贈者の相続が開始した場合にあっては当該経営承継受贈者の相続の開始の日の翌日から8月を経過する日）までに、様式第7による申請書に、当該申請書の写し1通及び次に掲げる書類を添付して、経済産業大臣に提出するものとする。

一 当該贈与に係る贈与認定申請基準日における当該中小企業者の定款の写し

二 当該贈与の直前（当該経営承継贈与者が当該贈与の直前において当該中小企業者の代表者（代表権を制限されている者を除く。次号において同じ。）でない場合にあっては当該経営承継贈与者が当該代表者であった期間内のいずれかの時及び当該贈与の直前。以下この号において同じ。）、当該贈与の時及び当該贈与に係る贈与認定申請基準日における当該中小企業者（当該経営承継贈与者又は当該経営承継受贈者に係る同族関係者である会社がある場合にあっては、当該会社を含む。以下この号において同じ。）の株主名簿の写し（当該中小企業者が持分会社である場合にあっては、当該贈与の直前及び当該贈与の時における当該中小企業者の定款の写し）

三 登記事項証明書（当該贈与に係る贈与認定申請基準日以後に作成されたものに限り、当該経営承継贈与者が当該贈与の直前において当該中小企業者の代表者でない場合にあっては当該経営承継贈与者が代表者であった旨の記載のある登記事項証明書を含む。）

四 当該経営承継受贈者が贈与により取得した当該中小企業者の株式等に係る贈与契約書の写しその他の当該贈与の事実を証する書類及び当該株式等に係る贈与税の見込額を記載した書類

五 当該贈与の時及び当該贈与に係る贈与認定申請基準日における当該中小企業者の従業員数証明書

六 当該中小企業者の当該贈与に係る贈与認定申請基準事業年度（前条第2項に該当する中小企業者である場合にあっては、当該贈与の日前3年以内に終了した各事業年度を含む。）の会社法第435条第2項又は第617条第2項に規定する書類その他これらに類する書類

七 当該贈与の時から当該贈与に係る贈与認定申請基準日までの間において当該中小企業者が上場会社等（金融商品取引所若しくは店頭売買有価証券登録原簿に上場若しくは登録の申請がされている株式又は金融商品取引所若しくは店頭売買有価証券登録原簿に類するものであって外国に所在する若しくは備えられるものに上場若しくは登録若しくはこれらの申請がされている株式若しくは持

分に係る会社を含む。以下同じ。）又は風俗営業会社のいずれにも該当しない旨の誓約書
　　八　次に掲げる誓約書
　　　イ　当該贈与の時において、当該中小企業者の特別子会社が外国会社に該当する場合であって当該中小企業者又は当該中小企業者による支配関係がある法人が当該特別子会社の株式又は持分を有しないときは、当該有しない旨の誓約書
　　　ロ　当該贈与の時から当該贈与に係る贈与認定申請基準日までの間において、当該中小企業者の特定特別子会社が上場会社等、大会社又は風俗営業会社のいずれにも該当しない旨の誓約書
　　九　当該贈与の時における当該経営承継贈与者及びその親族（当該中小企業者の経営承継贈与者からの贈与の時において、当該中小企業者が前条第2項各号に掲げるいずれにも該当するときは、当該中小企業者の株式等を有する親族に限る。以下この号において同じ。）の戸籍謄本等並びに当該贈与の時における当該経営承継受贈者及びその親族の戸籍謄本等
　　十　削除
　　十一　前各号に掲げるもののほか、法第12条第1項の認定（前条第1項第7号の事由に係るものに限る。）の参考となる書類
3　法第12条第1項の認定（前条第1項第8号の事由に係るものに限る。）を受けようとする会社である中小企業者は、当該認定に係る相続の開始の日の翌日から8月を経過する日（当該相続に係る相続税申告期限（次条第3項の相続税申告期限をいう。）前に当該中小企業者の経営承継相続人の相続が開始した場合にあっては、当該経営承継相続人の相続の開始の日の翌日から8月を経過する日）までに、様式第8による申請書に、当該申請書の写し1通及び次に掲げる書類を添付して、経済産業大臣に提出するものとする。
　　一　当該相続に係る相続認定申請基準日における当該中小企業者の定款の写し
　　二　当該相続の開始の直前（当該被相続人が当該相続の開始の直前において当該中小企業者の代表者（代表権を制限されている者を除く。次号において同じ。）でない場合にあっては当該被相続人が当該代表者であった期間内のいずれかの時及び当該相続の開始の直前。以下この号において同じ。）、当該相続の開始の時及び当該相続に係る相続認定申請基準日における当該中小企業者（当該被相続人又は当該経営承継相続人に係る同族関係者である会社がある場合にあっては、当該会社を含む。以下この号において同じ。）の株主名簿の写し（当該中小企業者が持分会社である場合にあっては、当該相続の開始の直前及び当該相続の開始の時における当該中小企業者の定款の写し）
　　三　登記事項証明書（当該相続に係る相続認定申請基準日以後に作成されたものに限り、当該被相続人が当該相続の開始の直前において当該中小企業者の代表者でない場合にあっては当該被相続人が代表者であった旨の記載のある登記事

項証明書を含む。）
四　当該経営承継相続人が相続又は遺贈により取得した当該中小企業者の株式等に係る遺言書の写し、遺産の分割の協議に関する書類（当該相続に係る全ての共同相続人及び包括受遺者が自署し、自己の印を押しているものに限る。）の写しその他の当該株式等の取得の事実を証する書類及び当該株式等に係る相続税の見込額を記載した書類
五　当該相続の開始の日及び当該相続に係る相続認定申請基準日における当該中小企業者の従業員数証明書
六　当該中小企業者の当該相続に係る相続認定申請基準事業年度（前条第2項に該当する中小企業者である場合にあっては、当該相続の開始の日前3年以内に終了した各事業年度を含む。）の会社法第435条第2項又は第617条第2項に規定する書類その他これらに類する書類
七　当該相続の開始の時から当該相続に係る相続認定申請基準日までの間において当該中小企業者が上場会社等又は風俗営業会社のいずれにも該当しない旨の誓約書
八　次に掲げる誓約書
　　イ　当該相続の開始の時において、当該中小企業者の特別子会社が外国会社に該当する場合であって当該中小企業者又は当該中小企業者による支配関係がある法人が当該特別子会社の株式又は持分を有しないときは、当該有しない旨の誓約書
　　ロ　当該相続の開始の時から当該相続に係る相続認定申請基準日までの間において、当該中小企業者の特定特別子会社が上場会社等、大会社又は風俗営業会社のいずれにも該当しない旨の誓約書
九　当該相続の開始の時における当該被相続人及びその親族（当該中小企業者の経営承継相続人の被相続人の相続の開始の時において、当該中小企業者が前条第2項各号に掲げるいずれにも該当するときは、当該中小企業者の株式等を有する親族に限る。以下この号において同じ。）の戸籍謄本等並びに当該相続の開始の時における経営承継相続人及びその親族の戸籍謄本等
十　削除
十一　前各号に掲げるもののほか、法第12条第1項の認定（前条第1項第8号の事由に係るものに限る。）の参考となる書類
4　経済産業大臣は、前3項の申請を受けた場合において、法第12条第1項の認定をしたときは様式第9による認定書を交付し、当該認定をしない旨の決定をしたときは様式第10により申請者である中小企業者に対して通知しなければならない。

（認定の有効期限）
第8条　法第12条第1項の認定（第6条第1項第7号及び第8号の事由に係るものを除く。）の有効期限は、当該認定を受けた日の翌日から1年を経過する日とする。

2 　法第12条第1項の認定（第6条第1項第7号の事由に係るものに限る。）の有効期限は、同号の贈与に係る相続税法第28条第1項の規定による申告書の提出期限（以下「贈与税申告期限」という。）の翌日から5年を経過する日とする。
3 　法第12条第1項の認定（第6条第1項第8号の事由に係るものに限る。）の有効期限は、同号の相続に係る相続税法第27条第1項の規定による申告書の提出期限（以下「相続税申告期限」という。）の翌日から5年を経過する日とする。

（認定の取消し）
第9条　経済産業大臣は、法第12条第1項の認定（第6条第1項第7号又は第8号の事由に係るものを除く。）を受けた中小企業者（以下「認定中小企業者」という。）が、次に掲げるいずれかに該当することが判明したときは、その認定を取り消すことができる。
　一　当該認定中小企業者が会社である場合にあっては、当該認定中小企業者の当該認定の申請に係る代表者が退任したこと。
　二　当該認定中小企業者が個人である場合にあっては、当該認定中小企業者が事業の全部を廃止又は譲渡したこと。
　三　偽りその他不正の手段により当該認定を受けたこと。
　四　当該認定中小企業者から第5項の申請があったこと。
2 　経済産業大臣は、法第12条第1項の認定（第6条第1項第7号の事由に係るものに限る。）を受けた中小企業者（以下「特別贈与認定中小企業者」という。）が、次に掲げるいずれかに該当することが判明したときは、その認定を取り消すことができる。
　一　当該特別贈与認定中小企業者の経営承継受贈者が死亡したこと。
　二　当該特別贈与認定中小企業者の経営承継受贈者が当該特別贈与認定中小企業者の代表者を退任したこと（その代表権を制限されたことを含む。以下この条において同じ。）。
　三　贈与報告基準日（第12条第1項の贈与報告基準日をいう。）又は臨時贈与報告基準日（同条第11項の臨時贈与報告基準日をいう。）において、当該特別贈与認定中小企業者の常時使用する従業員の数が当該認定に係る贈与の時における常時使用する従業員の数に100分の80を乗じて計算した数（その数に1未満の端数があるときは、その端数を切り上げた数）を下回る数となったこと。
　四　当該特別贈与認定中小企業者の経営承継受贈者及び当該経営承継受贈者に係る同族関係者と合わせて有する当該特別贈与認定中小企業者の株式等に係る議決権の数の合計が、当該特別贈与認定中小企業者の総株主等議決権数の100分の50以下となったこと。
　五　当該特別贈与認定中小企業者の経営承継受贈者に係る同族関係者のうちいずれかの者が、当該経営承継受贈者が有する当該特別贈与認定中小企業者の株式等に係る議決権の数を超える議決権の数を有することとなったこと。
　六　当該特別贈与認定中小企業者が株式会社である場合にあっては、その経営承

継受贈者が当該認定に係る贈与により取得した当該特別贈与認定中小企業者の株式（租税特別措置法第70条の7第1項の規定の適用を受けている若しくは受けようとする又は同法第70条の7の4第1項の規定の適用を受けている株式に限る。）の全部又は一部の種類を株主総会において議決権を行使することができる事項につき制限のある種類の株式に変更したこと。
七　当該特別贈与認定中小企業者が持分会社である場合にあっては、その経営承継受贈者が有する議決権を制限する旨の定款の変更をしたこと。
八　当該特別贈与認定中小企業者の経営承継受贈者が当該認定に係る贈与により取得した当該特別贈与認定中小企業者の株式等（当該特別贈与認定中小企業者が合併により消滅した場合にあっては当該合併に際して交付された吸収合併存続会社等の株式等（会社法第234条第1項の規定により競売しなければならない株式を除く。）、当該特別贈与認定中小企業者が株式交換等により他の会社の株式交換完全子会社等となった場合にあっては当該株式交換等に際して交付された株式交換完全親会社等の株式等（同項の規定により競売しなければならない株式を除く。））のうち租税特別措置法第70条の7第1項の規定の適用を受けている若しくは受けようとする又は同法第70条の7の4第1項の規定の適用を受けている株式等の全部又は一部を譲渡したこと（当該特別贈与認定中小企業者が会社分割により吸収分割会社（会社法第758条第1号に規定する吸収分割会社をいう。以下同じ。）又は新設分割会社（同法第763条第5号に規定する新設分割会社をいう。以下同じ。）となる場合において、吸収分割がその効力を生ずる日又は新設分割設立会社（同法第763条に規定する新設分割設立会社をいう。以下同じ。）の成立の日に、吸収分割承継会社（同法第757条に規定する吸収分割承継会社をいう。）又は新設分割設立会社の株式又は持分を配当財産とする剰余金の配当をしたことを含む。）。
九　当該特別贈与認定中小企業者が会社法第108条第1項第8号に掲げる事項についての定めがある種類の株式を発行している場合にあっては、当該株式を当該特別贈与認定中小企業者の経営承継受贈者以外の者が有することとなったこと。
十　当該特別贈与認定中小企業者が解散（合併により消滅する場合を除き、会社法その他の法律の規定により解散したものとみなされる場合を含む。以下同じ。）したこと。
十一　当該特別贈与認定中小企業者が上場会社等又は風俗営業会社に該当したこと。
十二　当該特別贈与認定中小企業者が資産保有型会社（第6条第2項第1号及び第2号のいずれにも該当する特別子会社であって、同項第3号イからハまでに掲げるいずれかの業務をしているものの株式又は持分を特定資産から除いた場合であっても、資産保有型会社に該当する会社に限り、同項第1号及び第2号のいずれにも該当する会社であって、同項第3号イからハまでに掲げるいずれ

かの業務をしているものを除く。以下同じ。）に該当したこと。
十三　贈与認定申請基準日の属する事業年度以後のいずれかの事業年度において、当該特別贈与認定中小企業者が資産運用型会社（第6条第2項第1号及び第2号のいずれにも該当する特別子会社であって、同項第3号イからハまでに掲げるいずれかの業務をしているものの株式又は持分を特定資産から除いた場合であっても、資産運用型会社に該当する会社に限り、同項第1号及び第2号のいずれにも該当する会社であって、同項第3号イからハまでに掲げるいずれかの業務をしているものを除く。以下同じ。）に該当したこと。
十四　贈与認定申請基準日の属する事業年度以後のいずれかの事業年度において、当該特別贈与認定中小企業者の総収入金額が零であったこと。
十五　当該特別贈与認定中小企業者の特定特別子会社が風俗営業会社に該当したこと。
十六　第12条第1項、第5項及び第11項の報告をせず、又は虚偽の報告をしたこと。
十七　偽りその他不正の手段により当該認定を受けたこと。
十八　当該特別贈与認定中小企業者が会社法第447条第1項又は第626条第1項の規定により資本金の額を減少したこと（減少する資本金の額の全部を準備金とする場合並びに同法第309条第2項第9号イ及びロに該当する場合を除く。以下同じ。）。
十九　当該特別贈与認定中小企業者が会社法第448条第1項の規定により準備金の額を減少したこと（減少する準備金の額の全部を資本金とする場合及び同法第449条第1項ただし書に該当する場合を除く。以下同じ。）。
二十　当該特別贈与認定中小企業者が組織変更をした場合にあっては、当該組織変更に際して当該特別贈与認定中小企業者の株式等以外の財産が交付されたこと。
二十一　当該特別贈与認定中小企業者の経営承継贈与者が当該特別贈与認定中小企業者の代表者又は役員（代表者を除き、当該特別贈与認定中小企業者から給与の支給を受けた役員に限る。第4項において同じ。）となったこと。
二十二　当該認定の有効期限までに当該特別贈与認定中小企業者の経営承継贈与者の相続が開始した場合にあっては、当該特別贈与認定中小企業者が第13条第1項の確認を受けていないこと。
二十三　当該特別贈与認定中小企業者から第5項の申請があったこと。
3　経済産業大臣は、法第12条第1項の認定（第6条第1項第8号の事由に係るものに限る。）を受けた中小企業者（以下「特別相続認定中小企業者」という。）が、次に掲げるいずれかに該当することが判明したときは、その認定を取り消すことができる。
一　当該特別相続認定中小企業者の経営承継相続人が死亡したこと。
二　当該特別相続認定中小企業者の経営承継相続人が当該特別相続認定中小企業

者の代表者を退任したこと。
三　相続報告基準日（第12条第3項の相続報告基準日をいう。）において、当該特別相続認定中小企業者の常時使用する従業員の数が当該認定に係る相続の開始の時における常時使用する従業員の数に100分の80を乗じて計算した数（その数に1未満の端数があるときは、その端数を切り上げた数）を下回る数となったこと。
四　当該特別相続認定中小企業者の経営承継相続人及び当該経営承継相続人に係る同族関係者の有する当該特別相続認定中小企業者の株式等に係る議決権の数の合計が、当該特別相続認定中小企業者の総株主等議決権数の100分の50以下となったこと。
五　当該特別相続認定中小企業者の経営承継相続人に係る同族関係者のうちいずれかの者が、当該経営承継相続人が有する当該特別相続認定中小企業者の株式等に係る議決権の数を超える議決権の数を有することとなったこと。
六　当該特別相続認定中小企業者が株式会社である場合にあっては、その経営承継相続人が当該認定に係る相続又は遺贈により取得した当該特別相続認定中小企業者の株式（租税特別措置法第70条の7の2第1項の規定の適用を受けている又は受けようとする株式に限る。）の全部又は一部の種類を株主総会において議決権を行使することができる事項につき制限のある種類の株式に変更したこと。
七　当該特別相続認定中小企業者が持分会社である場合にあっては、その経営承継相続人が有する議決権を制限する旨の定款の変更をしたこと。
八　当該特別相続認定中小企業者の経営承継相続人が当該認定に係る相続又は遺贈により取得した当該特別相続認定中小企業者の株式等（当該特別相続認定中小企業者が合併により消滅した場合にあっては当該合併に際して交付された吸収合併存続会社等の株式等（会社法第234条第1項の規定により競売しなければならない株式を除く。）、当該特別相続認定中小企業者が株式交換等により他の会社の株式交換完全子会社等となった場合にあっては当該株式交換等に際して交付された株式交換完全親会社等の株式等（同項の規定により競売しなければならない株式を除く。））のうち租税特別措置法第70条の7の2第1項の規定の適用を受けている又は受けようとする株式等の全部又は一部を譲渡したこと（当該特別相続認定中小企業者が会社分割により吸収分割会社又は新設分割会社となる場合において、吸収分割がその効力を生ずる日又は新設分割設立会社の成立の日に、吸収分割承継会社又は新設分割設立会社の株式又は持分を配当財産とする剰余金の配当をしたことを含む。）。
九　当該特別相続認定中小企業者が会社法第108条第1項第8号に掲げる事項についての定めがある種類の株式を発行している場合にあっては、当該株式を当該特別相続認定中小企業者の経営承継相続人以外の者が有することとなったこと。

十　当該特別相続認定中小企業者が解散したこと。
十一　当該特別相続認定中小企業者が上場会社等又は風俗営業会社に該当したこと。
十二　当該特別相続認定中小企業者が資産保有型会社に該当したこと。
十三　相続認定申請基準日の属する事業年度以後のいずれかの事業年度において、当該特別相続認定中小企業者が資産運用型会社に該当したこと。
十四　相続認定申請基準日の属する事業年度以後のいずれかの事業年度において、当該特別相続認定中小企業者の総収入金額が零であったこと。
十五　当該特別相続認定中小企業者の特定特別子会社が風俗営業会社に該当したこと。
十六　第12条第3項及び第7項の報告をせず、又は虚偽の報告をしたこと。
十七　偽りその他不正の手段により当該認定を受けたこと。
十八　当該特別相続認定中小企業者が会社法第447条第1項又は第626条第1項の規定により資本金の額を減少したこと。
十九　当該特別相続認定中小企業者が会社法第448条第1項の規定により準備金の額を減少したこと。
二十　当該特別相続認定中小企業者が組織変更をした場合にあっては、当該組織変更に際して当該特別相続認定中小企業者の株式等以外の財産が交付されたこと。
二十一　当該特別相続認定中小企業者から第5項の申請があったこと。

4　特別贈与認定中小企業者又は特別相続認定中小企業者が法第12条第1項の認定（第6条第1項第7号又は第8号の事由に係るものに限る。）を受けた後、その経営承継受贈者又は経営承継相続人が次に掲げるいずれかに該当するに至った場合であって、その旨を証する書類を経済産業大臣に提出したときは、当該経営承継受贈者が当該特別贈与認定中小企業者の代表者を退任した場合若しくは当該特別贈与認定中小企業者の経営承継贈与者が当該特別贈与認定中小企業者の代表者若しくは役員となった場合又は当該経営承継相続人が当該特別相続認定中小企業者の代表者を退任した場合であっても、第2項第2号若しくは第21号又は前項第2号に該当しないものとみなす。ただし、民事再生法（平成11年法律第225号）第64条第2項又は会社更生法（平成14年法律第154号）第42条第1項の規定による管財人を選任する旨の裁判所の決定が確定した場合は、この限りでない。
一　精神保健及び精神障害者福祉に関する法律（昭和25年法律第123号）第45条第2項の規定により精神障害者保健福祉手帳（同法施行令（昭和25年政令第155号）第6条第3項に規定する障害等級が1級である者として記載されているものに限る。）の交付を受けたこと。
二　身体障害者福祉法（昭和24年法律第283号）第15条第4項の規定により身体障害者手帳（身体上の障害の程度が1級又は2級である者として記載されているものに限る。）の交付を受けたこと。

三　介護保険法（平成9年法律第123号）第19条第1項の規定により要介護認定（要介護状態区分が要介護5である場合に限る。）を受けたこと。
　　四　前3号に掲げる場合に類すると認められること。
　5　認定中小企業者、特別贈与認定中小企業者又は特別相続認定中小企業者が法第12条第1項の認定の取消しを受けようとするときは、様式第10の2による申請書に、当該申請書の写し1通を添付して、経済産業大臣に提出するものとする。
　6　経済産業大臣は、第1項から第3項までの規定により認定を取り消したときは、様式第10の3により当該認定を受けていた中小企業者にその旨を通知しなければならない。

第10条・11条　（略）
（報告）
第12条　特別贈与認定中小企業者は、当該認定に係る贈与に係る贈与税申告期限から5年間、当該贈与税申告期限の翌日から起算して1年を経過するごとの日（以下「贈与報告基準日」という。）の翌日から3月を経過する日までに、次に掲げる事項を経済産業大臣に報告しなければならない。
　　一　贈与報告基準期間（当該贈与報告基準日の属する年の前年の贈与報告基準日（これに当たる日がないときは、贈与認定申請基準日。以下同じ。）の翌日から当該贈与報告基準日までの間をいう。以下同じ。）における代表者の氏名
　　二　当該贈与報告基準日における常時使用する従業員の数
　　三　贈与報告基準期間における当該特別贈与認定中小企業者の株主又は社員の氏名及びこれらの者が有する株式等に係る議決権の数
　　四　贈与報告基準期間において、当該特別贈与認定中小企業者が上場会社等又は風俗営業会社のいずれにも該当しないこと。
　　五　贈与報告基準期間において、当該特別贈与認定中小企業者が資産保有型会社に該当しないこと。
　　六　贈与報告基準事業年度（当該贈与報告基準日の属する年の前年の贈与報告基準日の翌日の属する事業年度から当該贈与報告基準日の翌日の属する事業年度の直前の事業年度までの各事業年度をいう。以下同じ。）においていずれも当該特別贈与認定中小企業者が資産運用型会社に該当しないこと。
　　七　贈与報告基準事業年度における当該特別贈与認定中小企業者の総収入金額
　　八　贈与報告基準期間において、当該特別贈与認定中小企業者の特定特別子会社が風俗営業会社に該当しないこと。
　2　前項の報告をしようとする特別贈与認定中小企業者は、様式第11による報告書に、当該報告書の写し1通及び次に掲げる書類を添付して、経済産業大臣に提出するものとする。
　　一　贈与報告基準日における当該特別贈与認定中小企業者の定款の写し
　　二　登記事項証明書（贈与報告基準日以後に作成されたものに限る。）
　　三　当該特別贈与認定中小企業者が株式会社である場合にあっては、贈与報告基

準日における当該特別贈与認定中小企業者の株主名簿の写し
　　四　贈与報告基準日における当該特別贈与認定中小企業者の従業員数証明書
　　五　当該特別贈与認定中小企業者の贈与報告基準事業年度の会社法第435条第2項又は第617条第2項に規定する書類その他これらに類する書類
　　六　贈与報告基準期間において、当該特別贈与認定中小企業者が上場会社等又は風俗営業会社のいずれにも該当しない旨の誓約書
　　七　贈与報告基準期間において、当該特別贈与認定中小企業者の特定特別子会社が風俗営業会社に該当しない旨の誓約書
　　八　前各号に掲げるもののほか、前項各号に掲げる事項に関し参考となる書類
3　特別相続認定中小企業者は、当該認定に係る相続に係る相続税申告期限から5年間、当該相続税申告期限の翌日から起算して1年を経過するごとの日（以下「相続報告基準日」という。）の翌日から3月を経過する日までに、次に掲げる事項を経済産業大臣に報告しなければならない。
　　一　相続報告基準期間（当該相続報告基準日の属する年の前年の相続報告基準日（これに当たる日がないときは、相続認定申請基準日。以下同じ。）の翌日から当該相続報告基準日までの間をいう。以下同じ。）における代表者の氏名
　　二　当該相続報告基準日における常時使用する従業員の数
　　三　相続報告基準期間における当該特別相続認定中小企業者の株主又は社員の氏名及びこれらの者が有する株式等に係る議決権の数
　　四　相続報告基準期間において、当該特別相続認定中小企業者が上場会社等又は風俗営業会社のいずれにも該当しないこと。
　　五　相続報告基準期間において、当該特別相続認定中小企業者が資産保有型会社に該当しないこと。
　　六　相続報告基準事業年度（当該相続報告基準日の属する年の前年の相続報告基準日の翌日の属する事業年度から当該相続報告基準日の翌日の属する事業年度の直前の事業年度までの各事業年度をいう。以下同じ。）においていずれも当該特別相続認定中小企業者が資産運用型会社に該当しないこと。
　　七　相続報告基準事業年度における当該特別相続認定中小企業者の総収入金額
　　八　相続報告基準期間において、当該特別相続認定中小企業者の特定特別子会社が風俗営業会社に該当しないこと。
4　前項の報告をしようとする特別相続認定中小企業者は、様式第11による報告書に、当該報告書の写し1通及び次に掲げる書類を添付して、経済産業大臣に提出するものとする。
　　一　相続報告基準日における当該特別相続認定中小企業者の定款の写し
　　二　登記事項証明書（相続報告基準日以後に作成されたものに限る。）
　　三　当該特別相続認定中小企業者が株式会社である場合にあっては、相続報告基準日における当該特別相続認定中小企業者の株主名簿の写し
　　四　相続報告基準日における当該特別相続認定中小企業者の従業員数証明書

五　当該特別相続認定中小企業者の相続報告基準事業年度の会社法第435条第２項又は第617条第２項に規定する書類その他これらに類する書類
　　六　相続報告基準期間において、当該特別相続認定中小企業者が上場会社等又は風俗営業会社のいずれにも該当しない旨の誓約書
　　七　相続報告基準期間において、当該特別相続認定中小企業者の特定特別子会社が風俗営業会社に該当しない旨の誓約書
　　八　前各号に掲げるもののほか、前項各号に掲げる事項に関し参考となる書類
５　第１項の規定にかかわらず、特別贈与認定中小企業者は、第９条第２項各号（第３号を除く。以下この項において同じ。）のいずれかに該当した場合（当該認定に係る贈与に係る贈与税申告期限前に当該特別贈与認定中小企業者の経営承継受贈者が死亡した場合を除く。）にあっては、同項各号のいずれかに該当した日（以下「随時贈与報告基準日」という。）の翌日から１月（当該経営承継受贈者が死亡した場合にあっては、４月）を経過する日までに、その旨を経済産業大臣に報告しなければならない。ただし、当該経営承継受贈者が死亡した場合にあっては、次に掲げる事項も併せて報告しなければならない。
　　一　随時贈与報告基準期間（当該随時贈与報告基準日の直前の贈与報告基準日の翌日から当該随時贈与報告基準日までの間をいう。以下同じ。）における代表者の氏名
　　二　当該随時贈与報告基準日における常時使用する従業員の数
　　三　随時贈与報告基準期間における当該特別贈与認定中小企業者の株主又は社員の氏名及びこれらの者が有する株式等に係る議決権の数
　　四　随時贈与報告基準期間において、当該特別贈与認定中小企業者が上場会社等又は風俗営業会社のいずれにも該当しないこと。
　　五　随時贈与報告基準期間において、当該特別贈与認定中小企業者が資産保有型会社に該当しないこと。
　　六　随時贈与報告基準事業年度（当該随時贈与報告基準日の直前の贈与報告基準日の翌日の属する事業年度から当該随時贈与報告基準日の翌日の属する事業年度の直前の事業年度までの各事業年度をいう。以下同じ。）においていずれも当該特別贈与認定中小企業者が資産運用型会社に該当しないこと。
　　七　随時贈与報告基準事業年度における当該特別贈与認定中小企業者の総収入金額
　　八　随時贈与報告基準期間において、当該特別贈与認定中小企業者の特定特別子会社が風俗営業会社に該当しないこと。
６　前項ただし書の報告をしようとする特別贈与認定中小企業者は、様式第12による報告書に、当該報告書の写し１通及び次に掲げる書類を添付して、経済産業大臣に提出するものとする。
　　一　随時贈与報告基準日における当該特別贈与認定中小企業者の定款の写し
　　二　登記事項証明書（随時贈与報告基準日以後に作成されたものに限る。）

三　当該特別贈与認定中小企業者が株式会社である場合にあっては、随時贈与報告基準日における当該特別贈与認定中小企業者の株主名簿の写し
四　随時贈与報告基準日における当該特別贈与認定中小企業者の従業員数証明書
五　当該特別贈与認定中小企業者の随時贈与報告基準事業年度の会社法第435条第２項又は第617条第２項に規定する書類その他これらに類する書類
六　随時贈与報告基準期間において、当該特別贈与認定中小企業者が上場会社等又は風俗営業会社のいずれにも該当しない旨の誓約書
七　随時贈与報告基準期間において、当該特別贈与認定中小企業者の特定特別子会社が風俗営業会社に該当しない旨の誓約書
八　前各号に掲げるもののほか、前項各号に掲げる事項に関し参考となる書類

7　第３項の規定にかかわらず、特別相続認定中小企業者は、第９条第３項各号（第３号を除く。以下この項において同じ。）のいずれかに該当した場合（当該認定に係る相続に係る相続税申告期限前に当該特別相続認定中小企業者の経営承継相続人が死亡した場合を除く。）にあっては、同項各号のいずれかに該当した日（以下「随時相続報告基準日」という。）の翌日から１月（当該経営承継相続人が死亡した場合にあっては、４月）を経過する日までに、その旨を経済産業大臣に報告しなければならない。ただし、当該経営承継相続人が死亡した場合にあっては、次に掲げる事項も併せて報告しなければならない。
一　随時相続報告基準期間（当該随時相続報告基準日の直前の相続報告基準日の翌日から当該随時相続報告基準日までの間をいう。以下同じ。）における代表者の氏名
二　当該随時相続報告基準日における常時使用する従業員の数
三　随時相続報告基準期間における当該特別相続認定中小企業者の株主又は社員の氏名及びこれらの者が有する株式等に係る議決権の数
四　随時相続報告基準期間において、当該特別相続認定中小企業者が上場会社等又は風俗営業会社のいずれにも該当しないこと。
五　随時相続報告基準期間において、当該特別相続認定中小企業者が資産保有型会社に該当しないこと。
六　随時相続報告基準事業年度（当該随時相続報告基準日の直前の相続報告基準日の翌日の属する事業年度から当該随時相続報告基準日の翌日の属する事業年度の直前の事業年度までの各事業年度をいう。以下同じ。）においていずれも当該特別相続認定中小企業者が資産運用型会社に該当しないこと。
七　随時相続報告基準事業年度における当該特別相続認定中小企業者の総収入金額
八　随時相続報告基準期間において、当該特別相続認定中小企業者の特定特別子会社が風俗営業会社に該当しないこと。

8　前項ただし書の報告をしようとする特別相続認定中小企業者は、様式第12による報告書に、当該報告書の写し１通及び次に掲げる書類を添付して、経済産業大

臣に提出するものとする。
一　随時相続報告基準日における当該特別相続認定中小企業者の定款の写し
二　登記事項証明書（随時相続報告基準日以後に作成されたものに限る。）
三　当該特別相続認定中小企業者が株式会社である場合にあっては、随時相続報告基準日における当該特別相続認定中小企業者の株主名簿の写し
四　随時相続報告基準日における当該特別相続認定中小企業者の従業員数証明書
五　当該特別相続認定中小企業者の随時相続報告基準事業年度の会社法第435条第2項又は第617条第2項に規定する書類その他これらに類する書類
六　随時相続報告基準期間において、当該特別相続認定中小企業者が上場会社等又は風俗営業会社のいずれにも該当しない旨の誓約書
七　随時相続報告基準期間において、当該特別相続認定中小企業者の特定特別子会社が風俗営業会社に該当しない旨の誓約書
八　前各号に掲げるもののほか、前項各号に掲げる事項に関し参考となる書類

9　第1項又は第3項の規定にかかわらず、第10条第1項又は第2項の吸収合併存続会社等は、経済産業大臣に対し、合併効力発生日等の後、遅滞なく、同条第1項各号又は第2項各号に該当する旨を報告しなければならない。この場合において、当該吸収合併存続会社等は、様式第13による報告書に、当該報告書の写し1通及び次に掲げる書類を添付して、経済産業大臣に提出するものとする。
一　吸収合併契約書又は新設合併契約書の写し
二　当該合併効力発生日等における当該吸収合併存続会社等の定款の写し
三　当該合併効力発生日等の後の当該吸収合併存続会社等の登記事項証明書
四　当該合併効力発生日等の直前における当該吸収合併存続会社及び吸収合併消滅会社（会社法第749条第1項第1号に規定する吸収合併消滅会社をいう。）（新設合併の場合にあっては、新設合併消滅会社（同法第753条第1項第1号に規定する新設合併消滅会社をいう。））の従業員数証明書（第10条第1項ただし書の規定による地位の承継前の特別贈与認定中小企業者又は同条第2項ただし書の規定による地位の承継前の特別相続認定中小企業者のものを除く。）
五　当該吸収合併存続会社等が株式会社である場合にあっては、当該合併効力発生日等における当該吸収合併存続会社等の株主名簿の写し
六　当該吸収合併存続会社等の当該合併効力発生日等の翌日の属する事業年度の直前の事業年度の会社法第435条第2項又は第617条第2項に規定する書類その他これらに類する書類
七　当該合併効力発生日等における当該吸収合併存続会社等の資産の帳簿価額の総額及びその内訳を記載した書面
八　当該吸収合併存続会社等が上場会社等又は風俗営業会社のいずれにも該当しない旨の誓約書
九　当該吸収合併存続会社等の特定特別子会社が風俗営業会社に該当しない旨の誓約書

十　前各号に掲げるもののほか、第10条第1項各号又は第2項各号に掲げる事項に関し参考となる書類
10　第1項又は第3項の規定にかかわらず、前条第1項又は第2項の株式交換完全親会社等は、経済産業大臣に対し、株式交換効力発生日等の後、遅滞なく、同条第1項各号又は第2項各号に該当する旨を報告しなければならない。この場合において、当該株式交換完全親会社等は、様式第14による報告書に、当該報告書の写し1通及び次に掲げる書類を添付して、経済産業大臣に提出するものとする。
　一　株式交換契約書又は株式移転計画書の写し
　二　当該株式交換効力発生日等における当該株式交換完全親会社等の定款の写し
　三　当該株式交換効力発生日等の後の当該株式交換完全親会社等及び株式交換完全子会社等の登記事項証明書
　四　当該株式交換効力発生日等の直前における当該株式交換完全親会社等の従業員数証明書
　五　当該株式交換完全親会社等が株式会社である場合にあっては、当該株式交換効力発生日等における当該株式交換完全親会社等の株主名簿の写し
　六　当該株式交換完全親会社等の当該株式交換効力発生日等の翌日の属する事業年度の直前の事業年度の会社法第435条第2項又は第617条第2項に規定する書類その他これらに類する書類
　七　株式移転の場合にあっては、株式移転設立完全親会社の成立の日における当該株式移転設立完全親会社の資産の帳簿価額の総額及びその内訳を記載した書面
　八　当該株式交換完全親会社等が上場会社等又は風俗営業会社のいずれにも該当しない旨の誓約書
　九　当該株式交換完全親会社等の特定特別子会社が風俗営業会社に該当しない旨の誓約書
　十　前各号に掲げるもののほか、前条第1項各号又は第2項各号に掲げる事項に関し参考となる書類
11　第1項の規定にかかわらず、特別贈与認定中小企業者は、当該認定の有効期限までに当該特別贈与認定中小企業者の経営承継贈与者の相続が開始した場合（当該認定に係る贈与に係る贈与税申告期限前に当該経営承継贈与者の相続が開始した場合を除く。）にあっては、当該経営承継贈与者の相続の開始の日（以下「臨時贈与報告基準日」という。）の翌日から4月を経過する日までに、次に掲げる事項を経済産業大臣に報告しなければならない。
　一　臨時贈与報告基準期間（当該臨時贈与報告基準日の直前の贈与報告基準日の翌日から当該臨時贈与報告基準日までの間をいう。以下同じ。）における代表者の氏名
　二　当該臨時贈与報告基準日における常時使用する従業員の数
　三　臨時贈与報告基準期間における当該特別贈与認定中小企業者の株主又は社員

の氏名及びこれらの者が有する株式等に係る議決権の数
　四　臨時贈与報告基準期間において、当該特別贈与認定中小企業者が上場会社等又は風俗営業会社のいずれにも該当しないこと。
　五　臨時贈与報告基準期間において、当該特別贈与認定中小企業者が資産保有型会社に該当しないこと。
　六　臨時贈与報告基準事業年度（当該臨時贈与報告基準日の直前の贈与報告基準日の翌日の属する事業年度から当該臨時贈与報告基準日の翌日の属する事業年度の直前の事業年度までの各事業年度をいう。以下同じ。）においていずれも当該特別贈与認定中小企業者が資産運用型会社に該当しないこと。
　七　臨時贈与報告基準事業年度における当該特別贈与認定中小企業者の総収入金額
　八　臨時贈与報告基準期間において、当該特別贈与認定中小企業者の特定特別子会社が風俗営業会社に該当しないこと。
12　前項の報告をしようとする特別贈与認定中小企業者は、様式第15による報告書に、当該報告書の写し1通及び次に掲げる書類を添付して、経済産業大臣に提出するものとする。
　一　臨時贈与報告基準日における当該特別贈与認定中小企業者の定款の写し
　二　登記事項証明書（臨時贈与報告基準日以後に作成されたものに限る。）
　三　当該特別贈与認定中小企業者が株式会社である場合にあっては、臨時贈与報告基準日における当該特別贈与認定中小企業者の株主名簿の写し
　四　臨時贈与報告基準日における当該特別贈与認定中小企業者の従業員数証明書
　五　当該特別贈与認定中小企業者の臨時贈与報告基準事業年度の会社法第435条第2項又は第617条第2項に規定する書類その他これらに類する書類
　六　臨時贈与報告基準期間において、当該特別贈与認定中小企業者が上場会社等又は風俗営業会社のいずれにも該当しない旨の誓約書
　七　臨時贈与報告基準期間において、当該特別贈与認定中小企業者の特定特別子会社が風俗営業会社に該当しない旨の誓約書
　八　前各号に掲げるもののほか、前項各号に掲げる事項に関し参考となる書類
13　経済産業大臣は、第1項、第3項及び第11項の報告を受けた場合には第9条第2項各号又は第3項各号に該当しないこと、第5項ただし書及び第7項ただし書の報告を受けた場合には第9条第2項第2号から第22号まで又は第9条第3項第2号から第20号までに該当しないこと、第9項の報告を受けた場合には第10条第1項各号又は第2項各号に該当すること、並びに第10項の報告を受けた場合には前条第1項各号又は第2項各号に該当することをそれぞれ確認したときは、これらの報告をした特別贈与認定中小企業者又は特別相続認定中小企業者（第9項の報告を受けた場合にあっては吸収合併存続会社等、第10項の報告を受けた場合にあっては株式交換完全親会社等）に対し、様式第16による確認書を交付するものとする。

（経営承継贈与者の相続が開始した場合の経済産業大臣の確認）
第13条 特別贈与認定中小企業者等（特別贈与認定中小企業者（特別贈与認定中小企業者であった者を含み、第9条第2項の規定により当該認定が取り消された者を除く。以下この条において同じ。）及び第7条第2項に規定する申請書を提出している中小企業者並びに特別贈与認定中小企業者が合併により消滅した場合における吸収合併存続会社等及び特別贈与認定中小企業者が株式交換等により他の会社の株式交換完全子会社等となった場合における株式交換完全親会社等をいう。以下同じ。）は、当該特別贈与認定中小企業者等（同項に規定する申請書を提出しようとしている中小企業者を含む。）に係る経営承継贈与者の相続が開始した場合には、次の各号のいずれにも該当することについて、経済産業大臣の確認を受けることができる。
一　当該相続の開始の時において、当該特別贈与認定中小企業者等が中小企業者であること。
二　当該相続の開始の時において、当該特別贈与認定中小企業者等が上場会社等又は風俗営業会社のいずれにも該当しないこと。
三　当該相続の開始の時において、当該特別贈与認定中小企業者等が資産保有型会社に該当しないこと。
四　当該相続の開始の日の翌日の属する事業年度の直前の事業年度において、当該特別贈与認定中小企業者等が資産運用型会社に該当しないこと。
五　当該相続の開始の日の翌日の属する事業年度の直前の事業年度において、当該特別贈与認定中小企業者等の総収入金額が零を超えること。
六　当該相続の開始の時において、当該特別贈与認定中小企業者等の常時使用する従業員の数が1人以上（当該特別贈与認定中小企業者等の特別子会社が外国会社に該当する場合（当該特別贈与認定中小企業者等又は当該特別贈与認定中小企業者等による支配関係がある法人が当該特別子会社の株式又は持分を有する場合に限る。）にあっては5人以上）であること。
七　当該相続の開始の時において、当該特別贈与認定中小企業者等の特定特別子会社が上場会社等、大会社又は風俗営業会社のいずれにも該当しないこと。
八　当該特別贈与認定中小企業者等の経営承継受贈者が、次に掲げるいずれにも該当する者であること。
　イ　当該特別贈与認定中小企業者等の代表者（代表権を制限されている者を除き、第9条第4項各号のいずれかに該当する者を含む。）であって、当該相続の開始の時において、当該経営承継受贈者に係る同族関係者と合わせて当該特別贈与認定中小企業者等の総株主等議決権数の100分の50を超える議決権の数を有し、かつ、当該代表者が有する当該特別贈与認定中小企業者等の株式等に係る議決権の数がいずれの当該同族関係者が有する当該株式等に係る議決権の数も下回らない者であること。
　ロ　当該相続の開始の直前において、当該経営承継贈与者の親族であったこと。

九　当該特別贈与認定中小企業者等が会社法第108条第１項第８号に掲げる事項についての定めがある種類の株式を発行している場合にあっては、当該相続の開始の時において当該株式を当該特別贈与認定中小企業者等の経営承継受贈者以外の者が有していないこと。
2　前項の確認を受けようとする特別贈与認定中小企業者等は、当該特別贈与認定中小企業者等の経営承継贈与者の相続の開始の日の翌日から８月を経過する日までに、様式第17による申請書に、当該申請書の写し１通及び次に掲げる書類を添付して、経済産業大臣に提出するものとする。
　　一　当該相続の開始の時における当該特別贈与認定中小企業者等の定款の写し
　　二　当該相続の開始の時における当該特別贈与認定中小企業者等の株主名簿の写し
　　三　登記事項証明書（当該相続の開始の日以後に作成されたものに限る。）
　　四　当該相続の開始の時における当該特別贈与認定中小企業者等の従業員数証明書
　　五　当該特別贈与認定中小企業者等の当該相続の開始の日の翌日の属する事業年度の直前の事業年度の会社法第435条第２項又は第617条第２項に規定する書類その他これらに類する書類
　　六　当該相続の開始の時において、当該特別贈与認定中小企業者等が上場会社等又は風俗営業会社のいずれにも該当しない旨の誓約書
　　七　次に掲げる誓約書
　　　イ　当該相続の開始の時において、当該特別贈与認定中小企業者等の特別子会社が外国会社に該当する場合であって当該特別贈与認定中小企業者等又は当該特別贈与認定中小企業者等による支配関係がある法人が当該特別子会社の株式又は持分を有しないときは、当該有しない旨の誓約書
　　　ロ　当該相続の開始の時において、当該特別贈与認定中小企業者等の特定特別子会社が上場会社等、大会社又は風俗営業会社のいずれにも該当しない旨の誓約書
　　八　当該相続の開始の時における当該経営承継贈与者及びその親族（当該特別贈与認定中小企業者等が第６条第２項に規定する中小企業者に該当する場合にあっては、当該特別贈与認定中小企業者等の株式等を有する親族に限る。以下この号において同じ。）の戸籍謄本等並びに当該相続の開始の時における当該特別贈与認定中小企業者等の経営承継受贈者及びその親族の戸籍謄本等
3　経済産業大臣は、前項の申請を受けた場合において、第１項の確認をしたときは様式第18による確認書を交付し、当該確認をしない旨の決定をしたときは様式第19により申請者である特別贈与認定中小企業者等に対して通知しなければならない。
4　経済産業大臣は、第１項の確認を受けた特別贈与認定中小企業者等について、偽りその他不正の手段により当該確認を受けたことが判明したときは、その確認

を取り消すことができる。
5　経済産業大臣は、前項の規定により確認を取り消したときは、様式第19の2により当該確認を受けていた中小企業者にその旨を通知しなければならない。
第14条～第20条　（略）

附　　則
第1条　この省令は、平成21年4月1日から施行する。
第2条　平成20年10月1日から平成22年3月31日までの間に中小企業者（この省令による改正後の中小企業における経営の承継の円滑化に関する法律施行規則（以下「新規則」という。）第15条第1号及び第2号に該当する者に限る。）の代表者（2人以上あるときは、そのうちの当該中小企業者が定めた1人に限る。）の被相続人の相続が開始し、かつ、当該代表者がその被相続人の親族である場合において、当該中小企業者が法第12条第1項の認定（新規則第6条第1項第8号の事由に係るものに限る。）を受けようとするときは、当該中小企業者が次に掲げるいずれかに該当する旨を証する書類を経済産業大臣に提出したときに限り、当該中小企業者は新規則第15条第1号から第5号までに掲げる要件に該当することについて新規則第16条第1項の確認を受けた者と、当該代表者は当該中小企業者に係る特定後継者とみなす。
一　当該代表者が、その被相続人の相続の開始の日前に、当該中小企業者の役員に就任していたこと。
二　当該代表者が、その被相続人の相続の開始の日前に、当該被相続人から当該中小企業者の株式等又は事業用資産等の贈与を受けていたこと。
三　前2号に掲げるものほか、当該被相続人の相続の開始の日前に当該中小企業者において、当該代表者に対して経営の承継に係る計画的な取組が行われていたと認められること。
2　前項の書類を提出する際に、併せて、前項の規定により特定後継者とみなされた代表者又はその被相続人の親族のうちの1人が当該代表者の相続が開始した場合に新たに特定後継者となることが見込まれる者である旨の書類を提出したときは、当該中小企業者は新規則第15条第1号から第6号までに掲げる要件に該当することについて新規則第16条第1項の確認を受けた者と、当該親族は当該中小企業者に係る新たに特定後継者となることが見込まれる者とみなす。
第3条　この省令の施行前にされたこの省令による改正前の中小企業における経営の承継の円滑化に関する法律施行規則（以下「旧規則」という。）第6条第1項第1号から第6号までの事由に係る法第12条第1項の認定及びその申請については、なお従前の例による。
2　この省令の施行前にされた旧規則第6条第1項第7号及び第8号並びに第3項各号の事由に係る法第12条第1項の認定及びその申請については、この省令の施行後は、それぞれ新規則第6条第1項第8号及び第9号並びに第6項各号の事由

に係る法第12条第1項の認定及びその申請とみなす。

第4条　平成21年3月31日までに中小企業者の代表者が当該中小企業者の株式等を贈与により取得した場合であって、当該株式等が選択特定受贈同族会社株式等（所得税法等の一部を改正する法律（平成21年法律第13号。以下「所得税法等改正法」という。）附則第64条第2項に規定する選択特定受贈同族会社株式等をいう。以下同じ。）又は選択特定同族株式等（同条第7項に規定する選択特定同族株式等をいう。以下同じ。）であるときにおける新規則第6条第1項第8号の規定の適用については、当該株式等を当該代表者の被相続人から相続又は遺贈により取得した株式等とみなす。

第5条　平成21年3月31日までに中小企業者の代表者が当該中小企業者の株式等を贈与により取得した場合であって、当該株式等が選択特定受贈同族会社株式等又は選択特定同族株式等であるときにおける新規則第6条第1項第8号の規定の適用については、同号ト(6)中「当該被相続人が有する当該中小企業者の株式等に係る議決権」とあるのは、「当該被相続人が有する当該中小企業者の株式等に係る議決権（当該被相続人がその相続の開始前に経営承継相続人となる者に対して贈与をした選択特定受贈同族会社株式等（所得税法等の一部を改正する法律（平成21年法律第13号）附則第64条第2項に規定する選択特定受贈同族会社株式等をいう。）又は選択特定同族株式等（同条第7項に規定する選択特定同族株式等をいう。）のうち当該経営承継相続人となる者が引き続き有しているものに係る議決権を含む。）」と読み替えるものとする。

第6条　平成20年10月1日から平成21年3月31日までの間において経営承継相続人の被相続人の相続が開始した場合にあっては、新規則第7条第3項、第8条第3項並びに第12条第3項及び第7項の相続税申告期限については、所得税法等改正法附則第65条第1項及び第2項の規定によるものとする。この場合において、新規則第6条中「5月を経過する日」とあるのは「5月を経過する日又は平成21年9月1日のいずれか遅い日」と、同条及び第7条第3項中「8月を経過する日」とあるのは「8月を経過する日又は平成21年12月1日のいずれか遅い日」と読み替えるものとする。

第7条　この省令の施行前にされた旧規則第15条の確認及び旧規則第16条第1項又は第2項の変更の確認並びにこれらの申請については、この省令の施行後は、新規則第16条の確認及び新規則第17条第1項又は第2項の変更の確認並びにこれらの申請とみなす。

第8条　平成21年3月31日までに中小企業者の特定後継者が当該中小企業者の株式等を贈与により取得した場合であって、当該株式等が選択特定受贈同族会社株式等又は選択特定同族株式等であるときにおける新規則第15条第1項第4号の規定の適用については、同号イ(1)中「当該代表者が有する当該中小企業者の株式等に係る議決権」とあるのは「当該代表者が有する当該中小企業者の株式等に係る議決権（当該代表者が当該中小企業者の特定後継者に対して贈与をした選択特定受

贈同族会社株式等（所得税法等の一部を改正する法律（平成21年法律第13号）附則第64条第2項に規定する選択特定受贈同族会社株式等をいう。以下同じ。）又は選択特定同族株式等（同条第7項に規定する選択特定同族株式等をいう。以下同じ。）のうち当該特定後継者が引き続き有しているものに係る議決権を含む。）」と、同号ロ(1)中「当該代表者であった者が有する当該中小企業者の株式等に係る議決権」とあるのは「当該代表者であった者が有する当該中小企業者の株式等に係る議決権（当該代表者であった者が当該中小企業者の特定後継者に対して贈与をした選択特定受贈同族会社株式等又は選択特定同族株式等のうち当該特定後継者が引き続き有しているものに係る議決権を含む。）」と読み替えるものとする。

　　附　則　（平成21年12月14日経済産業省令第67号）
　この省令は、農地法等の一部を改正する法律の施行の日（平成21年12月15日）から施行する。

　　附　則　（平成22年3月31日経済産業省令第17号）
（施行期日）
第1条　この省令は、平成22年4月1日から施行する。
（経過措置）
第2条　この省令の施行前に次の各号に掲げる事由があった場合であってこの省令の施行後に当該事由に係る法第12条第1項の認定（当該各号に定める事由に係るものに限る。）の申請がされたときにおける同項の認定については、なお従前の例による。
　一　贈与　この省令による改正前の中小企業における経営の承継の円滑化に関する法律施行規則（以下「旧規則」という。）第6条第1項第7号の事由
　二　相続　旧規則第6条第1項第8号の事由
2　この省令の施行前にされた法第12条第1項の認定の申請であってこの省令の施行の際認定をするかどうかの処分がされていないものに係る同項の認定については、なお従前の例による。
第3条　この省令の施行前にされた法第12条第1項の認定及び前条第1項又は第2項の規定によりなお従前の例によりされた認定（以下「旧認定」と総称する。）に係る旧規則第8条第1項から第3項までの認定の有効期限、旧規則第9条第1項から第3項までの認定の取消し、旧規則第10条第1項及び第2項の合併があった場合の認定の承継、旧規則第11条第1項及び第2項の株式交換等があった場合の認定の承継並びに旧規則第12条第1項、第3項、第5項、第7項、第9項、第10項及び第11項の報告については、なお従前の例による。
2　この省令の施行前に旧認定に係る旧規則第13条第1項に規定する経営承継贈与者の相続が開始した場合には、同項の経済産業大臣の確認及び同条第4項の確認の取消しについては、なお従前の例による。この場合において、同条第1項中

「以下この条において同じ。）並びに」とあるのは「以下この条において同じ。）及び第7条第2項に規定する申請書を提出している中小企業者並びに」と、「当該特別贈与認定中小企業者等に係る経営承継贈与者の相続が開始した場合（当該認定に係る贈与に係る贈与税申告期限前に当該経営承継贈与者の相続が開始した場合を除く。）には」とあるのは「当該特別贈与認定中小企業者等（同項に規定する申請書を提出しようとしている中小企業者を含む。）に係る経営承継贈与者の相続が開始した場合には」と、それぞれ読み替えるものとする。

3　旧認定に係るこの省令による改正後の中小企業における経営の承継の円滑化に関する法律施行規則（以下「新規則」という。）第13条第1項の経済産業大臣の確認及び同条第4項の確認の取消しについては、同条第1項第6号中「5人以上」とあるのは、「1人以上」と読み替えるものとする。

第4条　この省令の施行前にされた旧規則第16条第1項の確認又は旧規則第17条第1項若しくは第2項の変更の確認の申請であってこの省令の施行の際確認をするかどうかの処分がされていないものに係るこれらの確認については、なお従前の例による。

第5条　この省令の施行前にされた旧規則第16条第1項の確認若しくは旧規則第17条第1項若しくは第2項の変更の確認又は前条の規定によりなお従前の例によることとされた確認（以下「旧確認」と総称する。）であって次の各号のいずれかに該当するものに係る旧規則第18条第1項の確認の取消しについては、なお従前の例による。
　一　旧認定に係る旧確認
　二　附則第2条第1項又は第2項の規定によりなお従前の例によることとされた認定の申請をしようとしている又は申請をした場合における当該認定に係る旧確認

第6条　旧確認（前条各号のいずれかに該当するものを除く。この条において同じ。）は、新規則第16条第1項の確認又は新規則第17条第1項若しくは第2項の変更の確認（以下「新確認」と総称する。）とみなす。

2　前項の旧確認に係る次の各号に掲げる者は、同項の規定によりみなされた新確認に係る当該各号に定める者とみなす。
　一　旧規則第15条第3号の特定後継者　新規則第15条第3号の特定後継者
　二　旧規則第15条第4号の特定代表者　新規則第15条第4号の特定代表者
　三　旧規則第15条第6号の新たに特定後継者となることが見込まれる者がいる場合における当該見込まれる者　新規則第15条第6号の新たに特定後継者となることが見込まれる者

第7条　平成21年3月31日までに中小企業者の代表者が当該中小企業者の株式等を贈与により取得した場合であって、当該株式等が選択特定受贈同族会社株式等（所得税法等の一部を改正する法律（平成21年法律第13号）附則第64条第2項に規定する選択特定受贈同族会社株式等をいう。以下同じ。）又は選択特定同族株

式等（同条第7項に規定する選択特定同族株式等をいう。以下同じ。）であるときにおける新規則第6条第1項第8号の規定の適用については、当該株式等を当該代表者の被相続人から相続又は遺贈により取得した株式等とみなす。この場合において、同号ト(6)中「議決権の数が」とあるのは、「議決権（当該被相続人がその相続の開始前に経営承継相続人となる者に対して贈与をした選択特定受贈同族会社株式等（所得税法等の一部を改正する法律（平成21年法律第13号）附則第64条第2項に規定する選択特定受贈同族会社株式等をいう。）又は選択特定同族株式等（同条第7項に規定する選択特定同族株式等をいう。）のうち当該経営承継相続人となる者が引き続き有しているものに係る議決権を含む。）の数が」とする。

第8条　平成21年3月31日までに中小企業者の特定後継者が当該中小企業者の株式等を贈与により取得した場合であって、当該株式等が選択特定受贈同族会社株式等又は選択特定同族株式等であるときにおける新規則第15条第1項第4号の規定の適用については、同号イ(1)中「当該代表者が有する当該中小企業者の株式等に係る議決権」とあるのは「当該代表者が有する当該中小企業者の株式等に係る議決権（当該代表者が当該中小企業者の特定後継者に対して贈与をした選択特定受贈同族会社株式等（所得税法等の一部を改正する法律（平成21年法律第13号）附則第64条第2項に規定する選択特定受贈同族会社株式等をいう。以下同じ。）又は選択特定同族株式等（同条第7項に規定する選択特定同族株式等をいう。以下同じ。）のうち当該特定後継者が引き続き有しているものに係る議決権を含む。）」と、同号ロ(1)中「当該代表者であった者が有する当該中小企業者の株式等に係る議決権」とあるのは「当該代表者であった者が有する当該中小企業者の株式等に係る議決権（当該代表者であった者が当該中小企業者の特定後継者に対して贈与をした選択特定受贈同族会社株式等又は選択特定同族株式等のうち当該特定後継者が引き続き有しているものに係る議決権を含む。）」とする。

　　附　　則（平成23年6月30日経済産業省令第36号）
（施行期日）
第1条　この省令は、公布の日から施行する。
（経過措置）
第2条　この省令の施行前に次の各号に掲げる事由があった場合であってこの省令の施行後に当該事由に係る法第12条第1項の認定（当該各号に定める事由に係るものに限る。）の申請がされたときにおける同項の認定については、この省令による改正後の中小企業における経営の承継の円滑化に関する法律施行規則（以下「新規則」という。）第20条の規定を除き、なお従前の例による。
　一　贈与　この省令による改正前の中小企業における経営の承継の円滑化に関する法律施行規則（以下「旧規則」という。）第6条第1項第7号の事由
　二　相続　旧規則第6条第1項第8号の事由

2　この省令の施行前にされた法第12条第1項の認定の申請であってこの省令の施行の際認定をするかどうかの処分がされていないものに係る同項の認定については、新規則第20条の規定を除き、なお従前の例による。

第3条　この省令の施行前にされた法第12条第1項の認定及び前条第1項又は第2項の規定によりなお従前の例によりされた認定（以下「旧認定」と総称する。）に係る旧規則第8条第1項から第3項までの認定の有効期限、旧規則第9条第1項から第3項までの認定の取消し、旧規則第10条第1項及び第2項の合併があった場合の認定の承継、旧規則第11条第1項及び第2項の株式交換等があった場合の認定の承継並びに旧規則第12条第1項、第3項、第5項、第7項、第9項、第10項及び第11項の報告並びにこの省令の施行前に旧認定に係る旧規則第13条第1項に規定する経営承継贈与者の相続が開始した場合における同項の経済産業大臣の確認及び同条第4項の確認の取消しについては、新規則第20条の規定を除き、なお従前の例による。

第4条　この省令の施行前にされた旧規則第16条第1項の確認又は旧規則第17条第1項若しくは第2項の変更の確認の申請であってこの省令の施行の際確認をするかどうかの処分がされていないものに係るこれらの確認については、なお従前の例による。

第5条　この省令の施行前にされた旧規則第16条第1項の確認若しくは旧規則第17条第1項若しくは第2項の変更の確認又は前条の規定によりなお従前の例によることとされた確認（以下「旧確認」と総称する。）であって次の各号のいずれかに該当するものに係る旧規則第18条第1項の確認の取消しについては、なお従前の例による。

一　旧認定に係る旧確認
二　附則第2条第1項又は第2項の規定によりなお従前の例によることとされた認定の申請をしようとしている又は申請をした場合における当該認定に係る旧確認

第6条　旧確認（前条各号のいずれかに該当するものを除く。この条において同じ。）は、新規則第16条第1項の確認又は新規則第17条第1項若しくは第2項の変更の確認（以下「新確認」と総称する。）とみなす。

2　前項の旧確認に係る次の各号に掲げる者は、同項の規定によりみなされた新確認に係る当該各号に定める者とみなす。

一　旧規則第15条第3号の特定後継者　新規則第15条第3号の特定後継者
二　旧規則第15条第4号の特定代表者　新規則第15条第4号の特定代表者
三　旧規則第15条第6号の新たに特定後継者となることが見込まれる者がいる場合における当該見込まれる者　新規則第15条第6号の新たに特定後継者となることが見込まれる者

　　附　則　（平成24年3月30日経済産業省令第23号）

この省令は、平成24年4月1日から施行する。

　　　附　則（平成24年12月28日経済産業省令第90号）
1　この省令は、非訟事件手続法及び家事事件手続法の施行に伴う関係法律の整備等に関する法律の施行の日（平成25年1月1日）から施行する。
2　この省令の規定による改正後の中小企業における経営の承継の円滑化に関する法律施行規則第6条第1項第6号及び同条第6項第6号並びに第14条第3号の規定の適用については、非訟事件手続法及び家事事件手続法の施行に伴う関係法律の整備等に関する法律第3条の規定による廃止前の家事審判法（昭和22年法律第152号）の規定による審判の確定又は調停の成立は、家事事件手続法の規定による審判の確定又は調停の成立とみなす。

　　　附　則（平成25年3月30日経済産業省令第18号）
1　この省令は、所得税法等の一部を改正する法律の施行の日（平成25年4月1日）から施行する。
2　この省令の施行前にされた中小企業における経営の承継の円滑化に関する法律第12条第1項の認定の申請であってこの省令の施行の際認定をするかどうかの処分がされていないものに係る同項の認定については、なお従前の例による。
3　この省令の施行の際現に中小企業における経営の承継の円滑化に関する法律施行規則第16条第1項の確認若しくは第17条第1項若しくは第2項の変更の確認を受けている中小企業者又はこの省令の施行前にされた第16条第1項の確認若しくは第17条第1項若しくは第2項の変更の確認の申請であってこの省令の施行後に当該申請に係る確認若しくは変更の確認を受けた中小企業者に対するこの省令による改正後の中小企業における経営の承継の円滑化に関する法律施行規則第6条第1項第8号ト(3)(ⅲ)並びに第7条第2項第2号及び第3号並びに第3項第2号及び第3号の規定の適用については、なお従前の例によることができる。

　　　附　則（平成25年7月1日経済産業省令第35号）　抄
（施行期日）
第1条　この省令は、平成27年1月1日から施行する。ただし、次の各号に掲げる規定は、当該各号に定める日から施行する。
　一　第1条中中小企業における経営の承継の円滑化に関する法律施行規則第6条第3項の改正規定（同項の表第6条第1項第8号ト(5)の項を削る部分に限る。）及び第2条中東日本大震災に対処するための中小企業における経営の承継の円滑化に関する法律施行規則の特例を定める省令第3条第8項の改正規定　公布の日
（経過措置）
第2条　この省令の施行前に次の各号に掲げる事由があった場合であってこの省令

の施行後に当該事由に係る中小企業における経営の承継の円滑化に関する法律（平成20年法律第33号。以下「法」という。）第12条第１項の認定（当該各号に掲げる事由に係るものに限る。）の申請がされたときにおける同項の認定については、なお従前の例による。
　一　贈与　この省令による改正前の中小企業における経営の承継の円滑化に関する法律施行規則（以下「旧規則」という。）第６条第１項第７号の事由
　二　相続　旧規則第６条第１項第８号の事由
２　この省令の施行前にされた法第12条第１項の認定の申請であってこの省令の施行の際認定をするかどうかの処分がされていないものに係る同項の認定については、なお従前の例による。
３　この省令の施行前にされた法第12条第１項の認定並びに第１項及び前項の規定によりなお従前の例によりされた認定（以下「旧認定」という。）に係る旧規則の規定の適用については、なお従前の例による。
第３条　この省令の施行前にされた旧規則第16条第１項の確認又は旧規則第17条第１項若しくは第２項の変更の確認の申請であってこの省令の施行の際確認をするかどうかの処分がされていないものに係るこれらの確認については、なお従前の例による。
様式第１～第25　（略）

［編者所在地］

中小企業事業承継・実務研究会

〒541―0041　大阪市中央区今橋2丁目3番16号
　　　　　　　　MID今橋ビル4階
　　　　　　　瑞木総合法律事務所内
TEL　06-6231-6041／FAX　06-6231-6043

Q&A 中小企業・事業承継のすべて

平成26年3月7日　第1刷発行

定価　本体3000円＋税

編　　者　中小企業事業承継・実務研究会
発　　行　株式会社　民事法研究会
印　　刷　株式会社　太平印刷社
発　行　所　株式会社　民事法研究会
　〒150-0013　東京都渋谷区恵比寿3-7-16
　　　　　TEL 03(5798)7257〔営業〕　FAX 03(5798)7258
　　　　　TEL 03(5798)7277〔編集〕　FAX 03(5798)7278
　　　　　http://www.minjiho.com/

落丁・乱丁はおとりかえします。　ISBN978-4-89628-904-6 C2032 ￥3000E
カバーデザイン　鈴木　弘